轻松掌握

信用卡与
个人贷款

（省钱、赚钱、提升额度）

刘益杰————编著

中国铁道出版社有限公司
CHINA RAILWAY PUBLISHING HOUSE CO., LTD.

内 容 简 介

本书以图文并茂的方式，配合实际案例，讲述了信用卡各方面知识以及个人贷款的相关知识。全书共包括 12 章，其主要内容有关于信用卡、了解信用卡、办理信用卡、选择信用卡、申领信用卡、使用信用卡、偿还信用卡、精通信用卡、信用卡心得、购车贷款、购房贷款和个人信用贷款等内容。

通过本书的学习，帮助未接触过信用卡的读者全面了解信用卡，帮助已有信用卡的读者精通信用卡的使用方法，同时也帮助急需资金的人士了解个人购车贷款、购房贷款和信用贷款的相关知识。

本书内容深入浅出、循序渐进，包括个人贷款方面的入门知识，适合想要办理信用卡或初步接触信用卡与个人贷款的读者，也可作为资深信用卡用户借鉴参阅材料。

图书在版编目（CIP）数据

轻松掌握信用卡与个人贷款:省钱、赚钱、提升额度/刘益杰编著.—2 版.—北京：中国铁道出版社，2018.4（2022.1 重印）
ISBN 978-7-113-24084-4

Ⅰ.①轻… Ⅱ.①刘… Ⅲ.①信用卡–基本知识–中国 ②个人–贷款–基本知识–中国 Ⅳ.①F832.46 ②F832.479

中国版本图书馆 CIP 数据核字（2017）第 302390 号

书　　名：**轻松掌握信用卡与个人贷款（省钱、赚钱、提升额度）**
作　　者：刘益杰

责任编辑：张亚慧　　编辑部电话：(010)51873035　　邮箱：lampard@vip.163.com
封面设计：MXK DESIGN STUDIO
责任印制：赵星辰

出版发行：中国铁道出版社有限公司（100054，北京市西城区右安门西街 8 号）
印　　刷：佳兴达印刷（天津）有限公司
版　　次：2015 年 5 月第 1 版　2018 年 4 月第 2 版　2022 年 1 月第 5 次印刷
开　　本：700 mm×1 000 mm　1/16　印张：21.75　字数：320 千
书　　号：ISBN 978-7-113-24084-4
定　　价：55.00 元

俗话说"你不理财，财不理你"，理财这点事，已经成为很多家庭财富积累的首要选择。信用卡也是一种个人理财产品，你可以"先花银行的钱，先让银行为你埋单"。另外，当你急需资金时，又是否考虑过贷款呢？对于贷款知识，你又了解多少呢？

同样是使用信用卡，有的人却能通过信用卡"赚到"银行的钱，而有的人却是在通过信用卡为银行赚钱，前者我们将其称之为"卡神"，后者我们将其称之为"卡奴"。"卡神"与"卡奴"仅有一字之差，一方面在享受信用卡带给自己的便捷生活，而另一方面却在承受每月"出乎意料"的账单。为什么会出现这种情况呢？

同样是向银行贷款，有的人贷款可以享受超低利息，而有的人却不仅要为贷款支付一大笔利息，而且还不容易拿到银行的放款。

要解决这些问题，就要深入了解信用卡，更好地使用信用卡，有效减少信用卡的压力。秉承着信用卡成为一种"赚钱工具"的理念，我们编写了此书，从信用卡的基本知识到认识各大银行信用卡，再到申领、使用、偿还信用卡，全面讲解信用卡的使用。另外，本书还从购车贷款、购房贷款和个人信用贷款三大方面，讲解了关于个人贷款的相关知识。

精彩内容

本书共 12 章，通过图文并茂的方式，全面讲解信用卡基础知识和使用方法，以及个人贷款基础知识，使读者轻松掌握信用卡理财方法。

第 1 章　讲解信用卡的基本功能、信用卡的神奇之处、信用卡的外观、信用卡的分类、信用卡组织和信用卡专业术语等。

第 2 章　讲解信用卡可以给持卡人带来的各种好处。

第 3 章　讲解各种信用卡的优势，并针对不同的消费人群介绍其适合办理哪种信用卡。

第 4 章　详细介绍了国内 13 家主要银行的主流信用卡。

第 5 章　讲解信用卡的申请渠道、申请流程以及领取信用卡后如何开卡激活。

第 6 章　讲解信用卡的多种支付方式、如何刷卡才能享受最长免息期、几大银行分期消费相关数据以及如何刷信用卡更省钱等。

第 7 章　讲解多种信用卡偿还方式，以保证及时还款，避免影响个人信用记录。

第 8 章　讲解如何使用信用卡才能让信用卡真正成为一种理财工具，而不会给生活带来负担。

第 9 章　讲解信用卡申请、使用以及还款过程中的一些经验心得。

第 10 章　讲解关于购车贷款的相关知识和多种方法。

第 11 章　讲解关于购房消费贷款的相关知识。

第 12 章　讲解主流的个人信用贷款方式。

前言
PREFACE

内容特性

真实实用

本书在创作过程中侧重于信用卡合理申请及使用，这也是大多数人对于信用卡最关心的一个问题，摈弃了一些不实用的纯理论文字，很多内容均以实际操作或实际案例为导向，真正让读者一看就会。而对于个人贷款方面，以基本的理论知识+实用的贷款方式进行讲解。

全面详尽

本书从信用卡基础知识开始，详细介绍各大银行的主要信用卡知识。然后从如何申领信用卡、领取信用卡后如何激活、激活信用卡后如何消费、如何能让信用卡成为一种"赚钱工具"、如何偿还信用卡以及信用卡的使用技巧等方面，对信用卡进行了全面详尽的讲解。

图文并茂

本书在创作过程中，将大量规律性文字以图示的形式展现出来，让枯燥的文字变得更加生动，也让所学的知识更容易理解与记忆。对于大量的数据，本书采用表格的形式展示，不仅使数据展示有条不紊，也让数据的对比更加明显。

读者对象

本书作为一本信用卡从入门到精通的书籍，其中也包括了个人贷款的入门知识，适合于想要办理信用卡或初步接触信用卡与个人贷款的读者，也可作为资深信用卡用户借鉴参阅的材料。

编　者
2017 年 12 月

目　录

关于信用卡知多少

信用卡也称为贷记卡，是一种非现金交易付款的方式，也是一种简单的信贷服务。信用卡 20 世纪 60 年代产生于美国，到 20 世纪 80 年代才开始进入我国市场，但并未盛行，直到 2010 年以后，信用卡已经有很多人使用了。关于这"神秘"的信用卡，你对它了解多少呢？

◇　信用卡的基本功能
◇　信用卡的神奇之处
◇　信用卡的分类
◇　了解信用卡的外观
◇　了解信用卡的相关术语

1.1　神秘的信用卡却有神奇的功能

随着信用卡行业发展不断成熟，信用卡已经成为人们生活的一部分。现在市面上的信用卡基本都是由银行发行的，而不同的信用卡功能也不完全相同，其具体功能是由发卡银行根据社会需要和内部经营能力决定的，但基本都包含消费购物、转账结算、分期付款、支取现金和小额贷款等。

1.1.1　消费购物

消费购物是信用卡的基本功能之一，用户在支持信用卡刷卡的商户处购买商品，可以不用支付现金，而使用信用卡支付。

通常在各大商场、超市等购物场所，商家都支持信用卡刷卡消费。这使得用户购物不再需要携带大量的现金，在一定程度上保证资金的安全，增加购物的便捷性。

1.1.2　转账结算

使用信用卡消费，持卡人不需要当场支付现金，而是从自己的信用卡账户支付所需金额，商户和银行会在特定的时间进行交接，届时银行将从持卡人账户中转出相应金额给商户。

信用卡的转账结算功能，能为社会提供一种广泛的结算服务，方便信用卡持卡人与商场、超市、饭店等服务行业的购销活动，减少社会流通中的货币量，从而节约社会劳动力。

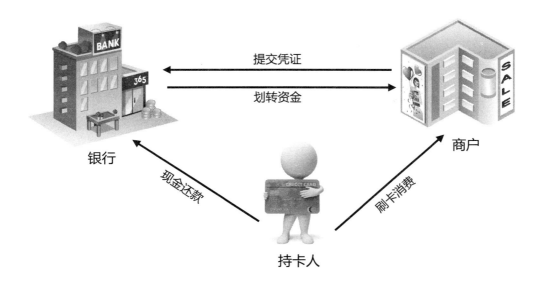

1.1.3　分期付款

　　分期付款也是信用卡的一大基本功能。持卡人使用信用卡进行大额消费时，由发卡行向商户一次性支付持卡人消费的所有金额。持卡人根据申请，按照每月偿还分期金额的方式，将消费的金额和所需的其他费用偿还给银行。

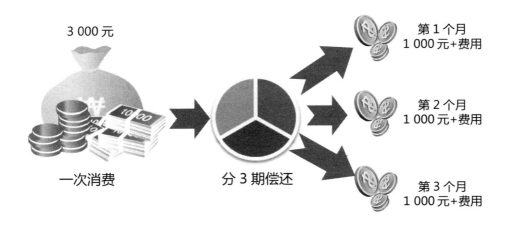

根据信用卡提供分期服务的操作方式不同,可将信用卡分期分为商场分期、邮购分期和自由分期3种。

- **商场分期**：又称为 POS 分期,是指持卡人在支持分期的商场中指定的 POS 机上刷指定银行的信用卡并提交相关的证明材料,商场为持卡人办理该笔交易的分期方式。

- **邮购分期**：是指持卡人在发卡银行提供的分期商场中选择购买商品,并选择分期付款服务,同时发卡银行自动从持卡人信用卡账户中根据持卡人的选择而分期扣除消费金额。

邮购分期的特点

邮购分期与商场分期效果类似,商场分期需要到指定的商场刷指定的信用卡才可以分期,而邮购分期则需要在发卡银行的网上商场选择相应的商品来进行分期。邮购分期通常不需要支付分期手续费（由于其商品价格通常高于市场价格,分期消费的总额已经完全能够弥补银行不收手续费的"损失"）。

- **自由分期**：根据持卡人的需要,对达到一定限额的单笔消费或某期账单申请分期服务,并根据银行的规定,支付

相应的分期手续费,在用户申请的分期时间内,每月偿还分期金额。这种分期方式最为方便,持卡人可以在任意商户刷卡消费,然后在发卡银行的网上银行上办理或通过电话申请分期服务。

1.1.4 支取现金

信用卡也称为贷记卡，在持卡人未向其中存入多余的现金时，其中的余额为"信用额度"。根据不同银行和不同信用卡的限制，持卡人在必要的情况下，也可以通过 ATM 将"信用额度"作为现金取出。

从为顾客提供人性化服务的角度出发，很多发卡银行都提供了信用卡取现功能，只要在限定的额度内，持卡人就可以随时从 ATM 中取走现金。

信用卡取现需要注意

与储蓄卡不同，信用卡的主要功能并不是储蓄已有资金，而是使用信用额度。信用卡取现不像储蓄卡取现，只要在本地同行 ATM 取现就没有费用，信用卡取现通常都会按比例收取一定的取现费用（不同的银行收取的费用不等）。并且信用卡取现后，从取现当日开始，银行将按日收取取现金额 0.5‰（万分之五）的日利息。

1.1.5 小额贷款

大多数银行发行的信用卡都提供小额贷款服务，这也称为小额信贷。这种贷款不需要任何抵押物品，手续简单，但由于银行需要承受的风险较大，因此贷款的额度通常不是很高，并且利息相对于从普通银行贷款要高一些。

既然称这种贷款方式为小额信贷，其贷款发放的主要依据就是持卡人的信用度，信用度是持卡人平时在使用信用卡的过程中积累起来的。信用卡使

用频率越高，而且都能按时还款，信用记录就较为良好，银行放款的概率也就相对较高。

1.2　信用卡神奇在什么地方

信用卡在我国兴盛起来的时间并不长，很多人对信用卡还不是很了解，总感觉信用卡是一个神秘的东西，在某些人手里具有神奇的效果，然而你又知道信用卡到底神奇在哪些地方吗？

1.2.1　提前消费，先享受后承受

信用卡最神奇的功能之一，就是让国人可以实现西方人的消费模式——先享受后承受。

信用卡发卡单位在核发信用卡之前，会根据申请人提供的各种资料，为申请人发放相应信用额度的信用卡。这里的"信用额度"就是申请人可以通过该信用卡"透支"的金额。

信用卡从申请到首次消费的过程中，持卡人不需要支付任何费用，也不用像储蓄卡一样，事先向其中存钱。拿到信用卡后，即可查询其中的余额，并可以在支持信用卡消费的商户中直接刷卡消费。

这里面的余额，就是信用卡发卡单位"借给"持卡人的，持卡人可以任意支配这笔资金，只需要在发卡单位规定的到期还款日之前，把所消费的资金还入所持信用卡中即可。

※事例故事

小刘是一名刚毕业的大学生，在一家小公司上班，月收入 3 000 元左右，每月结余不足 1 000 元。他一直想买一部新手机，但需要 3 000 多元，苦于手上现金不足，小刘一直没能如愿。

经同事介绍，小刘办理了一张信用卡，信用额度为 5 000 元。于是他果断将手机买了下来，并在信用卡最后还款日之前，将买手机的钱还入了信用卡中。

享受之前，先考虑是否能承受

信用卡虽然赋予了持卡人"先享受，后承受"的权力，但是在"享受"之前，持卡人首先应考虑自己是否能"承受"。如果持卡人使用信用卡消费，那么在信用卡规定的账单日将会列出该卡本期的所有消费金额，并要求持卡人在规定的日期之前将所需金额还入信用卡中，否则发卡机构将按照规定的利率收取消费金额的利息。因此，持卡人在提交消费之前，必须考虑自己到期是否有足够的资金偿还这笔消费，如果偿还能力不够，就应该克制消费。

1.2.2　轻松出行，刷卡购物更方便

对于经常出差或旅游的人而言，随身携带大量现金不仅不方便，而且不安全，而携带储蓄卡在异地取现或刷卡消费，通常都要付一些手续费。

在出差旅游时，如果随身携带几张信用卡，则可以完美解决这些困扰。

信用卡由于本身并没有现金余额，并且本身有额度限制，即使被盗或丢失，损失也不会过大，并且只要及时电话通知发卡银行进行相应的处理，即可以最大限度地保障账户安全。

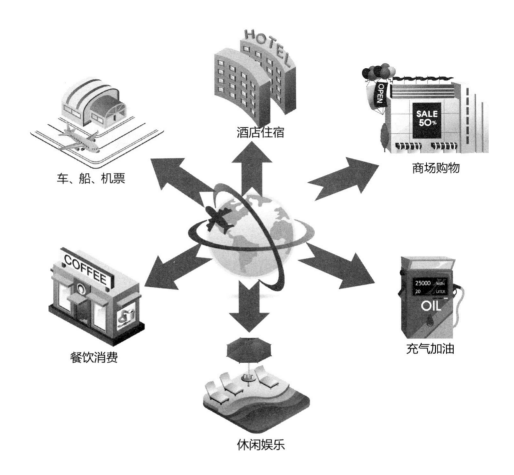

1.2.3　信用积累，展现金融信誉

信用卡与个人信用密切相关，当公民申请办理并使用信用卡时，他在银行登记过的基本信息和账户信息就会通过商业银行的数据报送而进入中国人民银行的个人征信系统，形成个人信用报告。

个人征信是与公民终身相伴的，如果名下信用卡每月都按时足额还款，没有逾期记录（在最后还款日之前还清本期账单），在个人征信系统中就会被记录为良好。长期的良好个人信用记录，对公民办理各项贷款或出国签证等都会有所帮助。

※知识延伸

在中国人民银行的个人征信系统中主要记录了公安部身份信息核查结果、个人基本信息、银行信贷交易信息、非银行信用信息、本人声明及异议标注和查询历史信息 6 个方面的信息。

- **公安部身份信息核查结果**：该信息实时来自公安部公民信息共享平台的信息。

- **个人基本信息**：表示客户本人的一些基本信息，包括身份信息、婚姻信息、居住信息、职业信息等内容。

- **银行信贷交易信息**：客户在各商业银行或者其他授信机构办理的贷款或信用卡账户的明细和汇总信息。

- **非银行信用信息**：个人征信系统从其他部门采集的、可以反映客户收入、缴欠费或其他资产状况的信息。

- **本人声明及异议标注**：本人声明是客户本人对信用报告中某些无法核实的异议所做的说明。异议标注是征信中心异议处理人员针对信用报告中异议信息所做的标注或因技术原因无法及时对异议事项进行更正时所做的特别说明。

- **查询历史信息**：展示何机构或何人在何时以何种理由查询过该人的信用报告。

上述 6 个方面的信息会在个人信用报告中体现，在向金融机构申请贷款或信用卡之前，有必要查一下信用报告，这样可以做到对自己的信用状况胸中有数，发现问题，及时纠正，查询方法有以下两种。

- **现场查询**：携带本人有效身份证件原件及一份复印件，在查询网点填写《个人信用报告本人查询申请表》后提交查询申请。

- **网上查询**：首先在中国人民银行征信中心官网（http://www.pbccrc.org.cn/）进行用户注册，在线进行身份验证（身份验证有私密性问题验证及数字证书验证两种方式），提交查询申请。如果通过了身份验证，一般会在第二天获得短信通知，可登录网站进行用户激活，查看信用报告。

1.2.4　超强实惠，享受超级折扣

购物消费时刷信用卡，不仅安全方便，还能享受一些特别的优惠，很多信用卡刷卡消费还有积分相送。

信用卡发卡银行与商户合作，会不定期推出一些刷卡优惠活动，如刷卡返现金、刷卡消费送电影票、刷卡送加倍积分、刷卡享受折扣优惠、刷卡送礼品等，持卡人只要根据银行的优惠提示按要求进行，即可享受相应的优惠，无形之中可节省一笔不小的开支。

1.2.5　打破局限，全国通行无障碍

一般的信用卡，只要在支持的商户处刷卡，通常都没有储蓄卡的异地交易费，在全国范围内使用都一样。

一般的信用卡卡面上都有"银联"的标识，在国内任何地方有"银联"标识的 ATM 上都可以取款（根据银行要求可能会支付取款手续费并支付相应的利息），并在有"银联"标识的商户处，都可以刷卡消费，这大大方便了经常出差或异地旅游的人群。

1.2.6 积分兑换，消费也能获好处

刷卡消费积累积分也是刷信用卡与刷储蓄卡最大的区别。储蓄卡没有积分功能，刷储蓄卡将直接扣除持卡人账户余额，而信用卡通常都有积分功能，每刷一定金额就能获得相应的积分。

光科5085三刀头水洗刮
积分数：22000 积分
【积分抵现】

ABS 高级不锈钢环保
积分数：10000 积分
【积分抵现】

xtouch双人帐篷
积分数：39600 积分
【积分抵现】

爱车屋I-2104干湿两用...
积分数：39600 积分
【积分抵现】

根据信用卡类别不同，所获积分的方式也不同，大部分信用卡是每消费 1 元得 1 积分。积分可以用于在信用卡网上商城兑换各种物品，享受"刷出来的好处"。

很多银行会不定期地开展刷卡送积分活动，如在某个时间段内，累积刷卡达一定限额会额外赠送多少积分，或者在某指定的时间到指定商户刷卡消费达一定限额，享受双倍或三倍积分等。

商品名称：国航500里程
送货范围：
咨询热线：40061-00666
供 应 商：中国国际航空股份有限公司

请选择	兑换编码	兑换方式	所需积分	自付金额	手续费
⊙	043001	积分	12500	0.00	0

兑换数量：　1件
会员号：

【加入兑换篮】
【收藏该商品】
【兑换该商品】

还有一些信用卡的积分可用于兑换航空里程，使持卡人在购买飞机票时，可用这些里程抵扣部分或全部票价。这种信用卡积分通常是每消费多少换得 1 里程，如中信国航知音卡每消费 18 元换得 1 里程，工行国航知音卡每消费 15 元换得 1 里程等。里程并不是长度单位，比如上海到北京的单程经济舱，需要使用 12 000 个里程才能兑换。具体标准咨询各航空公司。

也有一些信用卡的积分可用于兑换加油券，可使用兑换的加油券在指定的加油站加油，抵扣现金，如中国工商银行的牡丹中油卡、中国农业银行的金穗虎威卡等。

1.3 信用卡是如何分类的

随着信用卡行业的普及，发行信用卡的机构也越来越多。由于发卡机构不同，并且每个发卡机构可能发行不同功能的多种信用卡，因此导致了市面上的信用卡也是琳琅满目。

各种各样的信用卡，按不同的方式可以分为很多类。下面以最常见的几种方式对信用卡的分类进行简单介绍。

1.3.1 按卡片等级分类

信用卡按照持卡人信誉地位和资信情况，可大致分为普通卡、金卡、白金卡、无限卡4类，如图1-1所示。

普通卡 发卡机构所发行的最低级别的信用卡（以前也有发行银卡，现在一般取消了银卡级别的设置，把银卡和普通卡归于一类，简称普卡）。普卡实际上也有优劣之分，普卡的级别是通过给持卡人所核定的授信限额体现出来的。

金卡 金卡和普通卡的主要差别在申请资格上的限制，以及信用额度之高低。一般来说，银行所授予金卡的信用额度也会较普通卡高，金卡年费通常也为普通卡的两倍，但可享有较多的会员权益。

白金卡 发卡机构为区别金卡客户而推出的信用卡，并有比金卡更为高端的服务与权益。通常具有全球机场贵宾室礼遇、个人年度消费分析报表、高额交通保险、全球紧急支援服务、24小时全球专属白金专线电话服务等服务功能。

无限卡 发卡机构出于金融环境日益竞争激烈，为了锁定金字塔顶端前的消费者市场所推出的最高级别的信用卡。由于无限卡并非普及信用卡产品，而着重的也并非发卡量，而是持卡人的贡献度，因此，全世界无限卡的发卡量极为有限。

图1-1 信用卡按等级分类

无限卡的发行限制

　　无限卡是维萨国际组织的高端信用卡品牌，目前全世界仅有美国、巴西、墨西哥、哥斯达黎加、科威特、多米尼加、冰岛、意大利等国家和地区推出了无限卡产品，而总发卡量仅有 30 000 张左右。

1.3.2　按发卡机构分类

　　发行信用卡的机构有很多，根据发卡机构不同，信用卡可分为银行卡和非银行卡两大类（本书在未做特别说明的情况下，均是对银行卡进行讲解）。

- 银行卡：由银行等金融机构发行的，方便客户取得融资途径，并且具有购物消费、转账结算等功能的各种信用卡。

- 非银行卡：由非银等金融机构发行的有特殊用途的信用卡。

※知识延伸

　　非银行信用卡通常都具有特殊的作用，其通用性不及银行信用卡好，主要包括商业机构发行的零售信用卡和旅游服务行业发行的旅游娱乐卡两种。

- 零售信用卡：由石油公司、零售百货公司、电信公司等企业发行，持卡人凭卡可以在指定的商店购物或在加油站加油等，定期结算。

- 旅游娱乐卡：由航空公司、旅游公司等发行，用于支付各种交通工具的费用以及就餐、住宿、娱乐等，发行对象多为商旅人士（这种信用卡在国内非常罕见）。

1.3.3　按发卡对象分类

信用卡的发行也可以面向不同的人群，根据发卡对象的不同，可以将信用卡分为公司卡和个人卡两大类。

- 公司卡：也称为商务卡，是发卡机构发行的以商务服务为核心的信用卡，主要发行对象为企业单位、团体、部队、院校等，其使用者为单位。公司卡有助于降低公司流动资金压力，可实时提供各种财务报表，全面反映公司商务费用流向，让公司财务管理和流程控制更加清晰、有效。

- 个人卡：面向城镇职工、干部、教师、科技工作者、个体经营户以及其他成年的、有稳定收入的公民发行的信用卡。

1.3.4　按从属关系分类

同一发卡机构面向具有特殊关系的人群，也推出了一些具有连带关系的信用卡，按信用卡的从属关系，可将信用卡分为主卡和附属卡两大类。

- 主卡：是发卡机构对于年满一定年龄，具有完全民事行为能力，具有稳定的工作和收入的个人发行的信用卡。

- 附属卡：是指主卡持卡人为自己具有完全民事行为能力的父母、配偶、子女或亲友申请的信用卡。

主卡与附属卡的关系

主卡和附属卡共享同一个账户及信用额度，也可由主卡自主限定附属卡的信用卡额度（不可高于共享额度），主卡持卡人对于主卡和附属卡所发生的全部债务承担清偿责任。由于多张信用卡共享同一信用额度，当其中任意一张信用卡使用达到共享额度后，在未偿还消费款项前，其他的信用卡将不能使用。

※知识延伸

　　共享信用额度是主卡与附属卡的一大特征,目前国内各大银行发行的所有主卡与附属卡基本都采用共享同一信用额度的方式,即主卡与所有附属卡的消费总额不能大于共享额度。

　　例如,张先生有一张额度为 30 000 元的信用卡, 他以此卡为主卡, 向银行为其妻子申请了一张附属卡, 额度也为 30 000 元, 两张信用卡共享同一信用额度。

　　当张先生的妻子使用附属卡消费了 16 000 元以后, 张先生的主卡可用额度也会同时下降为 14 000 元。而如果张先生再用自己的主卡消费 3 000 元以后, 则两张卡的可用额度都将下降到 11 000 元。

　　也就是说,无论是张先生用自己的主卡消费, 还是其妻子用附属卡消费, 两张信用卡的额度虽然都为 30 000 元, 但实际可用额度会随着任意一张卡的消费而减少, 两张卡累积消费达到 30 000 元, 在未偿还欠款前, 两张信用卡都将不能再被用来消费。

1.3.5　按流通范围分类

　　银行发行的信用卡,会根据银行的规模或信用卡种类的不同而造成流通范围的不同, 按此标准可将信用卡分为国际卡和地区卡两大类。

- 国际卡:发卡机构发行的国际信用卡组织品牌的信用卡,在全球可以受理该品牌信用卡的机构、网点都可以畅通无阻。

- 地区卡:由区域性信用卡组织发行或某个国家或地区发行的,仅可以在某个区域、国家或地区使用的信用卡。

1.3.6　按币种数目分类

银行发行的信用卡都有其固定的结算币种，根据同一张信用卡支持的币种数目，目前的信用卡主要分为单币信用卡和双币信用卡。

- **单币信用卡**：仅设置单一结算币种的信用卡，如国内大多数信用卡均采用人民币结算，传统的信用卡均属于此类型信用卡。

- **双币信用卡**：为满足很多法定货币为不可自由兑换货币的发展中国家的经济金融发展需要而发行的，将本国货币和另外一种可自由兑换货币，两种结算币种账户并存于一张信用卡之中的信用卡。

1.3.7　按存储介质分类

信用卡与普通银行卡相似，也需要在其中保存持卡人相关的账户信息，才能在特定的终端上刷卡消费。根据信用卡信息存储介质的不同，可将信用卡分为磁条卡和芯片卡两类。

- **磁条卡**：目前国内仍然大量使用的信用卡类型，通过信用卡背面的磁条记录信用卡相关信息，其主要数据储存在银行的系统中，卡片本身仅保存少量固定不变数据。

- **芯片卡**：以一个电脑芯片保存信用卡的相关信息，能在特定的终端上与银行数据库交换信息，具有更高的安全性，可有效防止卡片数据被复制而产生的盗刷。

1.3.8 按卡片外形分类

一般的信用卡都是普通标准借记卡的外形，但有些发卡机构为特殊的人群提供了个性化外形的信用卡。按照信用卡外形形状的不同，可以分为标准信用卡和异形信用卡。

异形信用卡又可以分为迷你卡、MC2 卡、SideCard、不规则形状信用卡、字母形信用卡等。

- 迷你卡：又被称为袖珍卡，是 VISA 组织推出的一种信用卡新卡种，一般迷你信用卡由一张大卡和一张小卡组合而成。大卡为传统的信用卡卡片，小卡体积则较大卡缩小了 43%，并在卡片的左下角有一个孔眼设计，持卡人可以方便地将卡片与手机、钥匙扣等相结合。

- MC2 卡：万事达国际组织推出的一种信用卡品种，卡片右下角是圆的，这是首次打破标准信用卡传统设计的信用卡。

- SideCard 卡：也由万事达国际组织推出，大小只有普通信用卡的一半，其设计注重的是方便携带，与迷你卡相似，也可以通过卡上的卡扣挂在钥匙圈上随身携带。

- 不规则形状信用卡：在信用卡市场竞争越来越激烈的情况下，有些发卡机构为了抢占信用卡市场，推出的一些形状非常个性化的信用卡，如民生女人花信用卡、广发银行的字母卡等。

1.4　了解一般信用卡的外观

市面上的信用卡种类繁多，外观效果也不完全相同，但对于普通信用卡而言，不管卡面的图案如何，每种信用卡都包含一些必需的元素，这可以从信用卡的正面和背面两个方向来看。

1.4.1　信用卡正面信息

对于标准外形的信用卡，无论是哪个发卡机构发行的哪种功能或特色的信用卡，卡片正面都会包含发卡机构标志、卡号、卡属组织标志、持卡人姓名、有效期等。

- **发卡机构标志**：通常包含发卡银行名称、银行 LOGO、信用卡名称等，如果是联名信用卡，还包括联名单位名称和单位 LOGO 等。

- **信息芯片**：只有芯片卡才有（磁条卡不包含此部分），用于保存和更新信用卡的相关数据。

- **卡号**：信用卡账户标志，每张信用卡具有唯一的卡号，由 4 组 4 位数字共 16 位组成。

- **持卡人姓名**：持卡人有效证件上的姓名，如果姓名为中文，则使用汉字的拼音字母。

- **有效期**：当前信用卡到期的时间，由两位月份和两位年份组成，如"03/15"即表示 2015 年 3 月到期。在卡面标注的有效期到期后，必须使用新卡替换旧卡，否则该卡将无法继续使用。

- **卡属组织标志**：标识信用卡适用的组织，如威士国际组织（VISA）、万事达卡国际组织（MasterCard）和中国银联（China UnionPay）等。只有在支持该组织的 POS 机上才能刷卡消费，或在支持该组织的 ATM 上支取现金或转账（国内信用卡几乎都支持银联）。

- **防伪标志**：用于简单鉴别信用卡真伪的标志，通常由信用卡组织制作发行，有些信用卡也将该标志贴在信用卡背面。

1.4.2　信用卡背面信息

相对于信用卡正面包含的信息而言，信用卡背面包含的信息相对较少，但其中也有需要特别注意的几项。

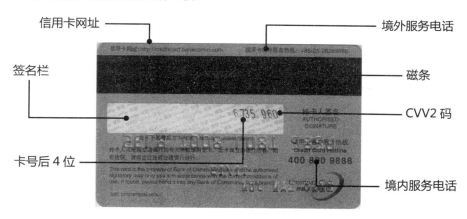

- **信用卡网址**：通过互联网浏览器访问该网址，可以查询信用卡相关信息（如账单、可用额度等）。

- **境外服务电话**：在国外需要信用卡电话服务时所需拨打的号码。

- **磁条**：保存信用卡的相关基本信息，若有损坏，信用卡将不能被刷卡器正确读取。

- 签名栏：用于持卡人手写签名。如果信用卡未设置交易密码，则必须要清晰的签名方可使用（签名必须与卡片正面印制的名称相符）。

- CCV2 码：经过发卡银行的编码规则和加密算法生成的 3 位数字，相当于信用卡的第二密码。在支付过程中，如果商家将信用卡卡号和 CCV2 码提供给银行，银行会默认为商家取得持卡人授权，从而允许进行交易，因此必须保证 CCV2 码的安全，以防信用卡被盗刷。

- 境内服务电话：在国内需要信用卡电话服务时拨打的号码，通常都是 400 热线电话，手机拨打仅收取市话费。

1.5 信用卡的几大组织

信用卡并不是任何组织都能发行的，发卡机构在发行信用卡时，都会在信用卡上印上卡片所属的信用卡组织的标志，有些信用卡只有一个标志，而有些信用卡上可能有多个标志。

在我国市场上常见的信用卡上面通常都有中国银联的标志。中国银联是国内通行的一个信用卡组织。此外还有国际性的威士、万事达、美国运通、大莱、JCB 等。

1.5.1 中国银联（China UnionPay）

中国银联是中国银行卡联合组织的简称，通过银联跨行交易清算系统，实现商业银行系统间的互连互通和资源共享，保证银行卡跨行、跨地区和跨境的使用。

中国银联的 LOGO 标志整体为一个彩色的圆角平行四边形，彩色银联品牌标识由红、蓝、绿 3 种颜色的平行排列为背景，衬托出白色的"UnionPay"英文和"银联"中文造型。

银联品牌在中国的品牌知名度高达 100%，持续领跑中国银行卡市场，几乎所有的银行卡上都有"银联"的标志。

在新加坡等国家，银联卡已经成为中国持卡人当地用卡的首选品牌。在日本、韩国等多个国家或地区，已有近 50 家主流金融机构与中国银联合作发行了当地货币的银联卡。

截至目前，银联卡受理网络已延伸至境外 142 个国家或地区，这就意味着持有"银联"标志的信用卡，在这 142 个国家或地区的指定商户都可以刷卡消费，使得银联卡的使用范围越来越大。

1.5.2　威士国际组织（VISA International）

VISA 是全球支付技术公司，通过数字货币而非现金与支票联系着遍布全世界 200 多个国家和地区的消费者、企业、银行和政府。

VISA 的前身是由美洲银行所发行的 Bank Americard，由位于美国加利福尼亚州圣弗朗西斯科市的 VISA 国际组织负责经营和管理，其标志以蓝色为主基调，仅为包含"VISA"4 个字母，并无多余信息。

VISA 全球电子支付网络是世界上覆盖面最广、功能最强和最先进的消费支付处理系统。目前，全世界有超过 2 000 万个特约商户接受 VISA 卡，还有超过 84 万个 ATM 遍布世界各地。因此，VISA 的全球网络不论用户身在何处，都能方便地使用 VISA 卡消费。

1.5.3　万事达国际组织（MasterCard International）

万事达国际组织于 20 世纪 50 年代末至 20 世纪 60 年代初期创立了一种国际通行的信用卡体系，1966 年组成了一个银行卡协会，1969 年购下了 Master Charge 的专利权，统一了各发卡行的信用卡名称和式样设计，并于 1979 年将 Master Charge 改名为 MasterCard。

MasterCard 的标志是两个相连的圆，左红右橙，在两圆的正中是白色英文"MasterCard"。

万事达卡国际组织是一个包罗世界各地财经机构的非营利协会组织，其会员包括商业银行、储蓄与贷款协会以及信贷合作社。目前，在一些欧洲国家和地区使用 MasterCard 卡的客户较多。

1.5.4　美国运通公司（American Express）

美国运通公司是国际上最大的旅游服务及综合性财务、金融投资及信息处理的环球公司，创立于 1850 年，总部设在美国纽约，在信用卡、旅行支票、旅游、财务计划及国际银行业占领先地位。

美国运通卡的标志比较简单，在蓝色背景上配以白色轮廓的公司名称大写，标志左下角有蓝色的注册商标标志。

在我国，包括酒店、餐厅、商店、航空公司等众多窗口行业，都接受美国运通卡结账。有资料显示，美国运通卡占外来信用卡在中国消费的 45%。

美国运通卡在我国与招商银行、中国工商银行、中信银行、中国银行、中国民生银行和浦发银行这 6 家银行合作，也仅有这 6 家银行会发行美国运通信用卡，并且卡片类型也非常有限。

1.5.5 大莱信用卡公司（Diners Card）

大莱信用卡公司起源于美国纽约，其前身为"大莱俱乐部"（DinersClub International），于 1950 年春天，由麦克纳马拉与他的合伙人施奈德合伙投资注册成立。

大莱卡的标识由带有蓝色阴影的蓝白色的圆环和位于圆环下方的大莱信用卡商标的黑色英文字样两部分组成，所有全球通行的大莱信用卡必注明"International"字样。

大莱信用卡公司的主要优势在于，它在尚未被开发的地区增加其销售额，并且巩固该公司在信用卡市场中所保持的强有力的位置。该公司通过大莱现金兑换网络与 ATM 网络之间所形成互惠协议，从而集中加强了其在国际市场上的地位。

1.5.6 JCB 国际信用卡组织（Japan Credit Bureau）

JCB 国际信用卡组织是由日本三和银行、日本信贩银行、三井银行、协和银行、大和银行等企业在1961 年成立的信用卡组织，也是唯一源自亚洲的国际信用卡品牌。

JCB 信用卡的标志以蓝绿红 3 种颜色为主基调，上面印有白色的 JCB 大写字母。

1.6 信用卡的专业术语

银行在大力发行信用卡的同时，却很少会对客户讲解信用卡知识，这就使得很多持卡人在收到信用卡以后，对信用卡仍然缺乏了解，特别是对信用卡的一些专业术语，更是难以理解。

银行在首次向客户邮寄信用卡的时候，一般都会附上一份较为详细的"用户手册"，其中对信用卡的一些专业术语和当前信用卡的使用知识进行介绍。持卡人可以认真阅读，以便更了解自己所持有的信用卡。

1.6.1 持卡人

持卡人并不是指谁拿到信用卡在用，谁就是持卡人。信用卡发卡机构原则上规定，信用卡不允许借予他人使用。对于发卡机构来说，不管是否取得合法授权的交易，都视为持卡人本人的交易。

信用卡的"持卡人"指向发卡机构申请信用卡并获得卡片核发的单位或个人。单位卡持卡人应由其单位指定；个人卡持卡人则包括主卡持卡人和副卡持卡人。

对于个人信用卡，银行认可的持卡人姓名为申请信用卡时申请人所提供的有效身份证件上的姓名，也就是信用卡正面所印制的姓名。

1.6.2 信用额度

信用额度是信用卡的一个重要数据，是指发卡机构根据申请人的资信状况等为其核定、在卡片有效期内可循环使用的最高授信限额。简单而言，是指持卡人使用该信用卡（在没有进行偿还之前）可累积消费和取现的总金额。

信用额度的指定是由发卡机构根据信用卡申请人所提供的资料决定的，其高低主要取决于申请人的工作和收入状况、申请人的信用记录以及申请的信用卡类型等。

不同的发卡机构在面对相同的申请人资料时，核发信用卡的额度也可能不同。普通卡初始信用额度通常不低于人民币 2 000 元，金卡初始信用额度通常不低于人民币 10 000 元。

在持卡人使用信用卡到达一定时间后，发卡机构会根据持卡人的使用记录进行信用额度调整。在信用记录良好的情况下，信用卡的信用额度通常会逐渐增长。在达到一定条件后，发卡机构还可能为用户升级信用卡。

1.6.3　可用额度

可用额度是指信用卡账户当前可以使用的透支额度。在信用卡未使用之前，可用额度与信用额度相等，每次消费或取现后，可用额度相应减少，每次还款后，可用额度相应增加。

信用卡的可用额度可通过信用卡发卡机构提供的服务热线或网上自助系统查询，其计算公式如下。

可用额度=信用额度-未还欠款-未入账金额-费用

这里的"未入账金额"包括交易已发生但发卡机构尚未与商户结算的金额，一般银行会在交易发生后一个工作日才对该笔交易入账，在此期间虽然账单不会记录该笔消费，但相应的可用额度会被扣除。"未还欠款"包括持卡人消费和取现的金额。"费用"包含用户申请分期应支付的手续费、未全额还款产生的利息等。

1.6.4　取现额度

取现额度是指持卡人通过该信用卡可取得现金的总额，通常为信用额度的 30%～50%，也有部分银行的信用卡取现额度可达到信用额度的 100%，如交通银行的 Y-POWER 信用卡等。

与信用额度相同，每取现一次，取现额度就会相应减少。如果信用卡的可用额度小于取现额度，那么，信用卡的取现额度也会相应减少（最多与可用额度相同）。

1.6.5　账单日

信用卡发卡机构每月定期对持卡人的信用卡账户当期发生的各项交易、费用等进行汇总结算，并结计利息、计算持卡人当期应还款项的日期。即发卡机构核算持卡人账户信息，确定持卡人本期应当还款金额的日期。

各发卡机构的账单日有所不同，同一银行对不同持卡人规定的账单日也可能不同。具体日期会在核发信用卡时，在随卡寄送的"使用手册"上明确说明，在每期的对账单上也会有所说明。

※知识延伸

每张信用卡的账单日通常是固定的，由首次核发信用卡时确定，部分银行的信用卡也支持持卡人任意调整一次账单日。

由于账单日是发卡机构汇总本期交易情况并计算各项费用和利息的日期，而在账单日当天，信用卡账户也可能产生交易，不同银行对当天的交易有不同的计算方法。

- **账单日在本期**：账单日当天的消费，计算在本期账单中。
- **账单日在下期**：账单日当天的消费，计算在下期账单中。

例如，小王与小张各有一张信用卡，账单日都是每月的 8 日，但小王的信用卡规定账单日在本期，而小张的信用卡账单日却在下期。

小王与小张同在 10 月 8 日产生了一笔消费，在发卡机构计算的本期账单中，小王的账单包含了这笔消费，需要在本期偿还；而小张的账单则不包含这笔消费，可在下一期的账单中再偿还。

1.6.6　到期还款日

到期还款日是信用卡发卡机构根据其内部规定的，持卡人在账单日后最后偿还本期账单的日期。在到期还款日之前，持卡人应该偿还其全部所欠款项或最低还款额。

如果在到期还款日之前，持卡人未偿还应付款项，发卡机构将从每笔消费的记账日开始，按万分之五的日息计算利息，并影响持卡人在人民银行征信系统中的信用记录。

如果在到期还款日之前仅偿还了最低还款额，则未偿还的部分也将被计算并收取利息，但这样不会影响持卡人的信用记录。

1.6.7　免息还款期

免息还款期是指对于信用卡持卡人，除取现及转账透支交易外，其他透支交易（所有消费支出）从银行记账日起至到期还款日（含）之间可享受免息待遇的时间段。

我国大多数信用卡发卡银行所发行的信用卡，免息还款期最短为 20 天、最长为 56 天。

这里的免息还款期之所以是一时间区间，是以银行规定的账单日和持卡人消费的日期计算出来的。

通常在账单日的后一天的消费交易，可享受最长免息还款期 50 天或 55 天，而在账单日的前一天的消费交易，则只能享受最长 20 天或 25 天的免息还款期。

如果信用卡的账单日归于本期账单中，则账单日当天的交易将享受最短免息还款期，账单日后一天的消费享受最长免息还款期。

如果信用卡的账单日归于下期账单中，则账单日当天的交易享受最长免息还款期，账单日前一天的交易享受最短免息还款期。

1.6.8　账单金额

账单金额也称本期应还款额，是指截至当前账单日，信用卡持卡人累计已经发卡机构记账但未偿还的交易款项，以及利息、费用等的总和。

账单金额的计算根据信用卡账单日的特殊规定不同也有所不同。如果账单日消费在本期，则账单金额为上一个账单日的后一天至当前账单日之间的所有费用；如果账单日消费在下期，则账单金额为上一个账单日当天至当前账单日前一天的所有费用。

1.6.9 最低还款额

最低还款额是信用卡发卡机构在账单日计算持卡人本期账单金额时同步计算出的，持卡人在本期到期还款日之前应偿还的最少金额。在到期还款日之前，偿还金额达到最低还款额时，持卡人的信用记录将不受影响，但未偿还部分将被记收利息。

每期的最低还款额，会记录在信用卡当期账单中，其计算公式如下。

最低还款额=信用额度内消费款的10%+取现交易款的100%+上期未还款额的100%+超过信用额度消费款的100%+费用和利息的100%+分期还款本期应还部分

如果前期账单全额偿还，并且无分期、取现、超额消费等情况，则本期最低还款额为账单金额的 10%。如果本期无任何支出，且上期全额还款，但账户有分期款未付清，则最低还款额为账单金额的100%。

例如，小杨 5 月的一笔消费分 6 期偿还，每期偿还总额为 1 526.26 元(含手续费)，6 月刷卡支出共 628.6 元，则 6 月的最低还款额为：628.6×10%+1 526.26×100%=1 589.12 元。

1.6.10 超限费

超限费是指信用卡持卡人超额使用发卡机构为其核定的账户信用额度，且在账户超限当日（即发卡机构对该笔交易金额的记账日）未偿还超额部分，发卡机构将向持卡人收取超限费。

根据人民银行的规定，如果持卡人超过信用额度使用信用卡并刷卡成功，超过信用额度的部分将被计收 5%的超限费。

例如，张小姐看中一台电视，价格为 5 899 元，想刷信用卡购买，但其信用卡额度仅有 5 000 元，可用额度为 4 200 元。在经过一系列手续后刷卡成功，那么她使用的总金额达到了 6 699 元（6 699=5 000-4 200+5 899），她的信用卡超限金额达到 6 699-5 000=1 699 元，那么她需要支付 1 699×5%=84.95 元的超限费。

超限费的产生

一般情况下，信用卡是不允许超限使用的，如果可用额度不足以支付当前消费金额，刷卡将不成功。但有些银行提供"人性化"服务，允许用户超额一定比例，或者通过电话通知银行临时调高信用额度来超额使用，此时就需要注意超额使用时所产生的超限费。

1.6.11　溢缴款

溢缴款，顾名思义就是多缴纳的款额，在信用卡中的溢缴款则是指持卡人向信用卡账户中存入的超过已使用金额的款额。

当信用卡账户存在溢缴款时，信用卡的可用余额将大于信用额度。在生成账单时，如果账户中存在溢缴款，则本期应还款额将为负数。

与普通储蓄卡不同，对于信用卡中的溢缴款，银行不会对其计算存款利息。而且大多数银行信用卡中的溢缴款通过现金取出时，会与信用卡取现一样，收取手续费和利息（仅少数信用卡取出溢缴款时不产生额外费用）。

通过溢缴款避免产生超限费

由于信用卡账单中的溢缴款用于消费时并不会产生额外的费用，与使用信用额度相同，而溢缴款的存在可以"提高"信用卡的可用额度，因此可以利用溢缴款来避免产生超额费。

如某笔消费需要 3 600 元，信用卡的可用额度仅有 3 200 元，在不要求银行临时调高信用额度的情况下，可以向信用卡账户中再存入 400 元现金，以获得 3 600 元的可用额度，并且在刷卡后，将不会产生超限费。

1.6.12　滞纳金

信用卡中的滞纳金是指持卡人在截止信用卡到期还款日时，实际还款额低于最低还款额的情况下，最低还款额未还部分所要支付的滞纳金。

根据《银行卡业务管理办法》第22条的规定，发卡银行对贷记卡（标准信用卡）持卡人未偿还最低还款额的行为，应当按最低还款额未还部分的5%收取滞纳金。

例如，小张本期信用卡账单最低还款额为4 356.95元，在到期还款日之前，累积还款3 156.95元，离最低还款额还差1 200元，那么银行将以最低还款额未偿还的1 200元收取5%的滞纳金（1 200×5%）=60元，并计入下期账单中。

滞纳金的收取

银行对滞纳金的收取与跨行转账收取手续费相似，虽然按比例收费，但也会有一个最低取限额。例如，交通银行太平洋双币信用卡滞纳金为最低人民币10元或1美元，人民币信用卡滞纳金为最低5元，达到最低限制后才按5%收取。

信用卡让人爱不释手的理由

　　信用卡也可以算是一种简单的短期借贷工具，其最大好处是可以先用银行的钱，等自己有钱了再去还，当然，在超过一定期限后，就需要向银行支付利息。对于现在的年轻人来讲，基本上人手一张信用卡了，有些人甚至还有多家银行的多张信用卡。那么，信用卡到底有哪些地方让人爱不释手呢？

　　◇　发掘信用卡的一些价值
　　◇　加速的ETC信用卡
　　◇　养车的汽车信用卡

2.1 发掘信用卡的一些价值

信用卡的主要功能是刷卡消费，但除了表面上的功能外，信用卡还有其特有的价值。当信用卡的潜在价值被不断发掘出来后，相信即使以前对信用卡很排斥的人，也会逐渐接受并喜欢上信用卡。

2.1.1 轻松节省生活开支

用信用卡节省生活开支需要从货币时间价值、商家优惠活动以及信用卡的积分等多个方面去理解。

- **货币时间价值：**从货币时间价值方面来理解信用卡对生活开支的节省，主要是利用信用卡的免息还款期。如用信用卡消费 15 000 元，在享受 50 天免息还款期的情况下，按 5.6%的年利率计算，50天可节省利息约 116 元。

- **商家优惠活动：**信用卡发卡银行经常会与一些商家联手搞一些刷卡送优惠活动，当持卡人在特定的时间刷卡达到要求，以享受一定折扣优惠或获得物品赠送。

- **信用卡积分省钱**：信用卡一般都有积分功能。不同信用卡的积分作用也不完全相同，有些信用卡的积分可以直接抵扣消费现金，而大部分信用卡的积分可在信用卡商城兑换物品。

2.1.2　有效提升信用形象

信用卡的用卡记录会直接传送至人民银行的个人征信系统中，生成个人信用报告，这是跟随持卡人"一辈子"的信用记录，它可以体现持卡人在社会活动中的信用形象。信用卡提升个人信用形象主要体现在以下几个方面。

- **持有知名品牌信用卡**：不同银行对申办信用卡的资信审查的严格程度各不相同。大型商业银行的审查一般较为严格，持有一些审查条件严格并被大众知晓的品牌信用卡，将有助于提高持卡人信用形象。

- **持有高额度信用卡**：信用卡的额度取决于持卡人的资信情况，白金卡、金卡的信用额度普遍高于普通信用卡。因此，白金卡、金卡是一种高信用额度的象征，也是个人信用形象良好的体现。

- **持有联名信用卡**：联名信用卡是商业银行与另一市场主体或社会组织联合发行的信用卡，这种卡能够充分享受联名企业的购物折

扣，有的还会默认持卡人为公司的 VIP 客户。持卡人在获得更好的服务的同时，也大大提升了自己的信用形象。

2.1.3　大额购物更方便省钱

随着物质生活水平的不断提高，人们追求物质享受的步伐也在不断加快，同时商品价格也越来越高，各种享受型的大家电、运动器材等，小则上千元，大则数万元。带上几万元的现金去购物，显然并不安全。

使用信用卡支付，小卡片免去了携带大量现金的不安全因素。同时，在刷卡购物时，不仅能享受积分，还可以根据偿还能力，选择是否分期付款。此外，信用卡的透支功能，也可以满足人们提前消费的需求。

假如看到一款心仪已久的商品正在优惠促销，而手上却并没有那么多现金。若是向银行贷款，放款时间长不说，手续麻烦且利息较高，很不划算，说不定等到贷款到手，商品已经过了优惠期。

这时如果有一张信用额度足够的信用卡，就可以轻松刷卡支付，先把商品买下，等到了银行出账期以后再进行还款。如果一次性拿不出那么多钱，还可以申请分期付款，只需支付少量利息即可。

※事例故事

刘先生看中了一款马自达汽车，总价需要 26.85 万元，而刘先生现在只能拿出 16 万元现金，剩余的 10.85 万元需要向银行贷款，或刷信用卡再分期偿还。

按当时的两年期贷款年利率 6.15% 计算，刘先生贷款 11 万元，两年需要支付的利息约为 13 500 元。

在刘先生考虑期间，汽车销售店的销售员告诉了刘先生另一个消息，他们店与中国工商银行信用卡中心搞活动，最近几月内刷中国工商银行信用卡，可享受 24 期分期 0 首付、0 利息、3.05% 利率的优惠。

刘先生粗略估算了一下，刷信用卡付 11 万元，分期 24 期偿还（两年），总手续费仅 3 400 元左右，相对于银行贷款，要节省 1 万元左右。刘先生怦然心动，毫不犹豫地选择了刷信用卡分期购车。

2.1.4　获取免费赠送的优惠

为了提高信用卡产品对客户的吸引力，促进客户关系，在信用卡市场的营销和产品设计中，经常采用为客户提供某种回报或增值服务的形式，来加强客户的"忠诚度"。

利用信用卡获取免费赠送的优惠，大多体现在免费赠送保险、旅游住宿刷卡享优惠等方面。

航空意外险是信用卡发卡机构经常赠送的优惠，如使用中国银行、中国工商银行、中国建设银行、光大银行、招商银行和浦发银行等银行的信用卡支付全额机票，或支付 70% 以上的旅游团费，即可获得 50 万～3 000 万元保额的航空意外险。

例如，浦发银行与上海航空公司的联名信用卡的白金卡持卡人可获得 500 万元保额的旅游保险，而其配偶和子女也可分别获得 50 万元和 10 万元保额的保险。

再如，招商银行的爱车卡，持卡人在开卡后即可免费获得保额为 10 万元的自驾车意外伤害保险；平安车主卡免费赠送最高 50 万元的驾驶员意外保障；深圳发展银行的白金至尊卡可免费获得 20 万元的驾驶员意外保险。这些都给经常驾车的朋友提供了很好的优惠。

2.1.5　　获得额外的收益

随着信用卡被越来越多的人接受，其涉及的范围也越来越广，提供的增值服务也越来越多。

信用卡涉及日常生活的衣、食、住、行、吃、喝、玩、乐等多个方面，如特惠商户购物优惠、机场免费贵宾室、免费道路救援、刷卡消费抽奖、保险打折、免费洗车、现金回馈、加油打折等。

除了一些可见的优惠外，发卡银行为了加强自己信用卡的市场竞争力，已经将信用卡的增值服务向更深层次发展。专业人士表示：高端信用卡不仅要比拼服务，更要比拼服务背后的深层价值，让客户在享受品质生活的同时，实现财富、人际关系、智慧的多重价值积累。

基于各大发卡银行对附赠服务的比拼，用户的选择也越来越多。谁的服务好，对自己有用，就选择谁的信用卡，让自己享受最大的利益。

2.2　　加速的 ETC 信用卡

随着网络科技的发展，ETC 一词在驾车一族中已经是非常熟悉的词汇了，而 ETC 技术也将在最近几年在全国各大高速公路收费站上变为现实。同时，很多银行也将其信用卡附带上 ETC 业务。

2.2.1　　何谓 ETC

ETC（Electronic Toll Collection，电子不停车收费系统）是国际国内正在努力开发并逐渐推广普及的一种用于道路、大桥和隧道的电子收费系统，主要是指车辆在通过收费站时，通过车载设备实现车辆识别、信息写入（入口）并自动从预先绑定的 IC 卡或银行账户上扣除相应资金（出口）的一种收费方式，在这个过程中车辆不必停车等待。

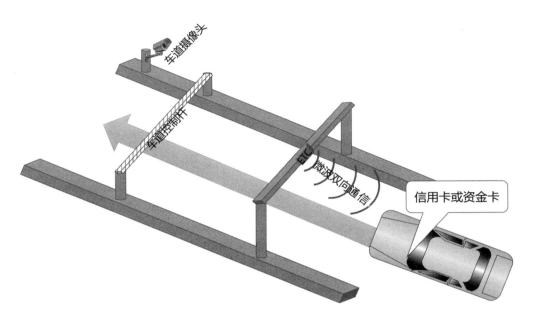

2.2.2　使用 ETC 的好处

使用 ETC 系统最大的好处就是可以加快车辆通行速度，而这仅仅是该系统好处的一部分，具体体现在如图 2-1 所示的几个方面。

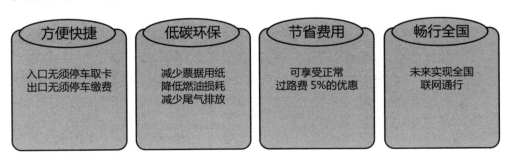

图 2-1　使用 ETC 的四大好处

2.2.3　如何办理车载电子标签

要实现不停车收费，车辆必须要经过 ETC 专用车道。当车辆进入 ETC 专用通道后，通道中的读/写天线会发出读取信号，读取车辆上的电子标签以记录车辆入站或出站信息，进而计算其本次通行费用，最后从相应的账户中扣除费用。

要实现以上功能，除了收费站必须具有 ETC 专用车道外，车辆上还必须有与其绑定的车载电子标签，该标签中记录了车辆的基本信息以及与之绑定的账户余额等信息。

ETC 车载电子标签的办理非常简单，用户只需持相关证件到具有相关办理资格的网点即可办理，具体流程如图 2-2 所示。

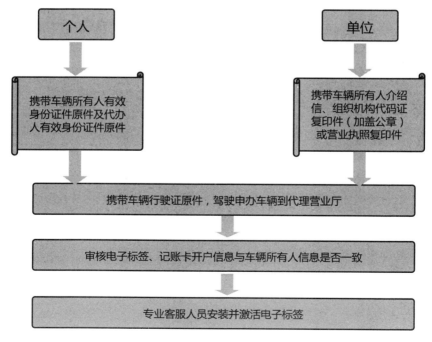

图 2-2　办理车载电子标签的流程

2.2.4　ETC 账户与信用卡的绑定

车载电子标签可以记录车辆基本信息并实现与收费站 ETC 设备的通信，完成扣费过程，但所扣费用必须来源于一张记账卡，这张卡可以是专用的"速能卡"，也可以是银行的借记卡或信用卡。相对而言，ETC 账户与信用卡绑定具有明显的优势，如图 2-3 所示。

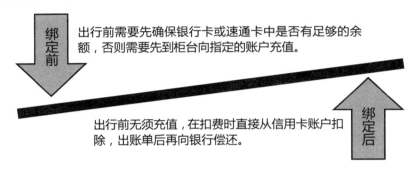

图 2-3　绑定信用卡前后的区别

绑定 ETC 账户和信用卡后，通行费支付就像普通刷卡消费一样，扣费方便快捷。扣费流程示意图如图 2-4 所示。

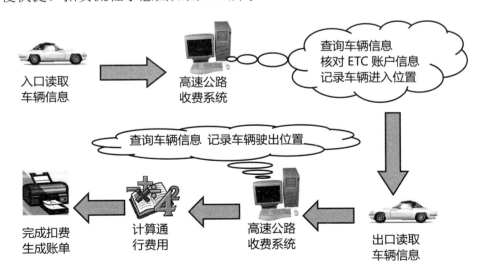

图 2-4　绑定信用卡后的扣费流程示意图

2.2.5　推出 ETC 业务的银行信用卡及优惠

ETC 功能的普及已经不需要过多的等待了，很多银行都已经开展了信用卡的 ETC 业务，并利用不同的优惠力度来吸引客户办卡，其中最有名的是以下几种 ETC 信用卡。

1. 光大高速 ETC 存贷合一 IC 卡

光大高速 ETC 存贷合一 IC 卡以光大银行存贷合一卡为平台，添加高速公路 ETC 芯片组合而成。

光大高速 ETC 存贷合一 IC 卡实现了储蓄卡、信用卡与高速通行卡功能的多重合一。其办理方法也非常简单，客户只要持车辆行驶证、身份证到光大银行网点，按照客户经理指引即可办理。另外，个人客户还有机会享受车载电子标签免费的优惠。

光大高速 ETC 存贷合一 IC 卡适用于光大银行河北省各营销区域内符合光大银行信用卡发卡政策的私家车主（非运营）。一卡在手，可享高速畅行无忧和高速费最低 9.5 折，最高 5 折优惠。

2. 中银高速通记账卡

中银高速通记账卡是中国银行北京市分行与北京速通科技有限公司联合发行的联名卡。

该卡账号包含一张记账式中银速通卡、一张中银速通信用卡和一张长城速通借记卡，融合了传统储蓄卡和信用卡的结算与消费优势。

办理中银速通记账卡，可享受高速公路过路费 9.5 折优惠，持卡时间达两年以上，可免车载电子标签费用，否则将收取 400 元的设备费。

3. 广发速通联名信用卡

广发速通联名信用卡是广发银行与北京速通科技有限公司面向广大车主客户群发行的联名信用卡，为套卡形式，包括一张信用卡（不含行业应用）及一张速通记账卡（含行业应用）。

该卡是在广发完善的车主信用卡平台基础上，搭载了高速公路通行缴费功能。同时提供通行费银行补贴至 8 折的针对车主 ETC 通行的专属权益，集实惠与便捷于一身，全方位满足车主人群的用卡需求。

在 2017 年 6 月 1 日至 2017 年 12 月 31 日期间，成功申请广发速通联名卡的新客户，发卡 3 个月（93 天）内达相应条件即可获得如图 2-5 所示的奖励。

图 2-5 广发速通联名卡新客奖励

4. 华夏 ETC 信用卡

华夏 ETC 信用卡针对办理华夏 ETC 卡支付业务的个人客户发行，卡种分为银联白金卡及银联金卡，用于绑定华夏 ETC 卡账户用作高速公路通行费的扣款账户。

目前，华夏银行在北京、广州、

石家庄、天津地区开通了 ETC 信用卡业务，并将陆续在全国各分行所属地发行。各地区办理该业务享有不同的优惠。

- **北京分行 ETC 信用卡：** 由华夏银行北京分行与北京快通高速路电子收费系统有限公司联合推出。在华夏速通借记卡内预存 2 000 元即可免费获赠速通电子标签，享受北京地区通行费 9.5 折优惠。

- **广州分行 ETC 信用卡：** 由华夏银行广州分行与广东联合电子收费股份有限公司联合推出。在华夏粤通卡内预存 1 000 元即免华夏粤通卡工本费及首年账户管理费的优惠，并可享受粤通电子标签 9 折优惠。

- **石家庄地区 ETC 信用卡：** 由华夏银行石家庄分行与河北省高速公路管理局联合推出。前 10 000 名个人用户办理华夏低碳畅行卡，且借记卡内起存金额或活期余额不低于 2 000 元的，将免费获赠价值 350 元的车载电子标签及 50 元的低碳畅行卡。

- **天津分行 ETC 信用卡：** 由华夏银行天津分行与天津市高速公路电子收费管理中心联合推出。在华夏银行天津分行各网点均可办理，可享受天津地区高速路通行费 9.5 折优惠。

2.3 养车的汽车信用卡

随着科技的进步和人们生活水平的提高，汽车已经成为大多数家庭的主要代步工具。但人们常说"买车容易养车难"，这也反映出汽车的后续使用费用将非常高。如果你选择了一款好的汽车信用卡，则可以在很多方面节省一大笔养车费用。

下面介绍一些主要商业银行推行的汽车信用卡，让读者初步了解这些信用卡对于养车的独到之处。

2.3.1　中国工商银行——工银爱车 Plus 信用卡

工银爱车 Plus 信用卡分为白金卡、金卡和普卡 3 个等级，其拥有多种金融特色权益，如币种为人民币、美元、欧元、澳门元和港元，可在境内外银联网络使用；还款宽限天数为 3 天，即为持卡人提供 3 天的还款宽限期服务；最低还款宽限差额为 10 元，在到期还款宽限日（到期还款日+宽限期），上期账单最低还款额未还部分不大于 10 元时，可视同持卡人已还最低还款额等。另外，针对该卡中国工商银行还推出了重磅促销活动，具体如下。

- **6%加油返现**：截至 2017 年 12 月 31 日，爱车 Plus 卡持卡人每周日（00:00~23:59:59）在全国超过两万家中石油加油站持爱车 Plus 卡加油可享 6%返现优惠，每名客户每周日只限享受一次优惠，每周最高返现 20 元，每月最高返现 100 元。

- **新客户返现**：截至 2017 年 12 月 31 日，凡申办爱车 Plus 卡成为工银信用卡新客户的持卡人，并启用爱车 Plus 卡一年内累计刷卡消费 5 笔或 5 000 元人民币或等值外币，即享受返现资格。金卡一次性返现 200 元；普卡一次性返现 100 元；白金卡不参与客户返现。卡片核发后 60 天内启用并消费 3 笔，每笔满 66 元，即有机会获得返现 66 元。每个客户仅能获得一次 66 元返现礼，每月 20 万份，先到先得。

2.3.2　中国建设银行——安邦保险龙卡 IC 信用卡

安邦保险龙卡 IC 信用卡是中国建设银行与安邦财产保险股份有限公司合作发行的整合安邦车险产品，面向符合龙卡信用卡发卡条件的安邦保险会员及其他优质客户，以私家车主为主要发卡群体的芯片银行卡。

　　该卡除享有中国建设银行金卡、白金卡权益外，还享有由安邦财产保险股份有限公司提供的如下权益。

- **车险增值**：通过安邦保险电话投保安邦商业车险，将享受不超过商业车险保费的 10%的增值服务和价值 99 元的安邦驾安保意外卡 1 张。

- **4S 店优惠**：持卡人刷卡购买安邦保险车险产品，将享受指定合作 4S 店提供的多重优惠。

- **车险返还**：上一年度续保无出险联名卡客户，车险返还 10%，返还方式按照增值服务的返还方式每月进行兑付。

2.3.3　中国建设银行——东风日产车主会员 IC 信用卡

　　东风日产车主会员 IC 信用卡是中国建设银行联合东风日产乘用车公司面向东风日产车主俱乐部会员发行的汽车联名信用卡。

　　该卡秉承龙卡 IC 信用卡的卓越品质，还为东风日产车主会员提供如下权益。

- **贴心会员服务**：持卡人享有可使用绿色通道预约维修服务、可免费享用专营店 VIP 客户休息室及其设施、可优先升级成为东风日产金银卡 VIP 会员等车主俱乐部会员权利和服务。

- **惊喜折扣优惠**：持卡人在会员折扣基础上享受保养工时费 9.5 折优惠，生日当天享受保养工时费 5 折特别优惠，还享受"易租车"租车费用 9 折优惠。

- **额外积分奖励**：持卡人在专营店维修、保养、购买精品、备件等可获得东风日产会员积分奖励。

- **分期付款优惠**：持卡人在东风日产专营店购买指定车型、零配件或办理汽车保险、延保、售后等汽车相关服务可办理分期付款业务，享受 0 利息低手续费优惠。

- **航空意外保障**：刷卡购买机票或支付旅费，可享受标准白金卡人民币 500 万元、金卡 100 万元的高额航空意外险保障。

2.3.4 中国农业银行——安邦车主信用卡

安邦车主信用卡是中国农业银行股份有限公司携手安邦财产保险股份有限公司，专为有车一族量身打造的 IC 卡产品。

安邦车主信用卡产品采用磁条和芯片复合介质，加载电子现金功能，支持接触式和非接触式刷卡应用，并提供多重优惠特权。让持卡人安心享受有车生活。其主要功能特色有以下几点。

- **电话车险特惠**：持卡人使用该信用卡购买安邦电话车险中的商业险，最低享 8.5 折优惠。

- **刷卡加油优惠**：持卡人购买安邦电话车险后，在指定加油站刷卡加油将享受每月 6% 的加油补贴优惠。

- **免费汽车救援**：持卡人购买安邦电话车险，将获赠安邦保险公司会员俱乐部全年 3 次免费救援服务。

- **合作 4S 店优惠**：持卡人购买安邦商业电话车险，将享受指定合作 4S 店提供的多重优惠。

- **赠送车主意外类保险**：使用该信用卡购买商业电话车险的持卡人，将免费获赠由安邦保险提供的保额 5 万元机动车驾驶人意外伤害保险，以及最高保额 2 万元意外伤害住院医疗保险各一份。

2.3.5　交通银行——永达汽车信用卡

交通银行永达汽车信用卡以交通银行与永达汽车结合"高档、汽车、生活方式"为主题，共同设计的一款汽车信用卡。卡片功能与现有双币卡功能一致，额外包含"遨享天地"航空里程兑换计划。

除具有普通信用卡的年费优惠政策和积分政策外，还专门针对车主提供了如下一些汽车优惠服务。

- **优先服务**（金卡）：持卡人拨打 24 小时客服热线预约后，即可直接进入维修站保养或维修。

- **洗车服务**（金卡）：持卡人可持已激活的永达汽车信用卡至所驾驶车辆品牌的永达专卖店免费洗车（凭洗车券每年享 6 次）。

- **生日服务**：金卡持卡人可享生日月 88 元维修券，普卡持卡人可享生日月 58 元维修券。

- **购车服务**：金卡持卡人可享购车礼金券 588 元，普卡持卡人可享购车礼金券 288 元。

- **维修服务**：金卡持卡人可享维修人工费 8 折优惠，普卡持卡人可享维修人工费 9 折优惠。

- **装潢服务**：金卡持卡人可享汽车用品门市价 8 折优惠(原厂件除外)，普卡持卡人可享汽车用品门市价 9 折优惠（原厂件除外）。

- **租赁服务**：金卡持卡人可享 9 折优惠，普卡持卡人可享 9.5 折优惠。

2.3.6　招商银行——Car Card 汽车信用卡

招商银行 Car Card 汽车信用卡是专为有车一族量身打造的金卡套卡，分为标准卡和异形小卡两部分。

招商银行 Car Card 汽车信用卡具有加油反金和积分提速两大特色功能，简单介绍如下。

- **加油金额返还优惠**：活动期间，持该卡在指定加油站加油，即有机会享受最高 5%的加油返金。

- **积分提速**：持该信用卡刷卡消费或预借现金，均可享受积分，且在现有标准信用卡积分规则上再额外赠送 50%的积分。

2.3.7　兴业银行——新车友 IC 信用卡

新车友 IC 信用卡是兴业银行继车友信用卡后推出的升级版车主卡系列，包含白金卡（标准版）、白金卡（精英版）和金卡 3 种类型。

新车友 IC 信用卡在车友卡的基础上添加了 IC 卡芯片，支持电子现金和闪付功能。除此以外，其还具有如下特色功能。

- **尊享 24 小时非事故道路救援服务**：持卡人在行驶过程中遇到车辆故障抛锚等问题时，只需拨打兴业银行客户服务热线，即可在道路救援公司允许的范围内尊享非事故道路救援服务，不限车牌，不限次数。

- **加油金积分翻倍**：持卡人在指定境内加油站、餐饮、酒店类商户以及境外商户发生的计积分交易，均可按实际交易金额的最高 5 倍获赠信用卡积分奖励。

2.3.8　平安银行——平安车主信用卡

平安车主信用卡具有超强的人车保障，另有加油打折和全国免费道路救援活动，具体内容如下。

- **110 万元全车人员保障**：首刷次日起即可获赠最高 110 万元全车人员意外保障（仅限持卡人本人驾驶车辆。包括最高 50 万元驾驶员意外保障；同车人员最高 10 万元/人乘车意外保障（最多限 6 人)；车上所有人员（含驾驶员）最高 4 000 元/人驾乘意外医疗保障。

- **全国免费道路救援**：首刷次日起即可申请每次 30 公里内的免费道路救援服务（含事故和非事故）每天可享一次，全年不限天数。

- **加油 8.8 折**：全国 48 个城市，超 8 000 家加油站，天天加油享 8.8 折。

明确需求办信用卡

　　市面上的信用卡种类繁多，主要功能虽然大同小异，但附加功能和增值服务却各不相同。这就为想要新办信用卡的用户带来很头疼的问题，要在成百上千种信用卡中选择适合自己的信用卡，应该怎么选呢？在办理信用卡之前，首先必须要明确自己办卡的需求，这样才能选出适合自己的信用卡。

　　　　◇　了解各类信用卡的优势
　　　　◇　适合购物狂的信用卡
　　　　◇　了解时尚女性的信用卡
　　　　◇　守护爱车族的信用卡
　　　　◇　适合青年学生的信用卡

3.1　了解各类信用卡的优势

信用卡的种类繁多，各种信用卡要想在竞争激烈的信用卡市场中长时间存在并发展下去，必须要有其能吸引客户的独到之处。这也是我们在申请信用时需要考虑的一个重要因素。

3.1.1　各种联名信用卡

联名信用卡是信用卡发卡机构与优惠商户联合发行的一种在此商户处刷卡消费可享受额外优惠的信用卡。根据特惠商户的类别，联名卡可分为百货联名卡、航空联名卡、酒店联名卡和休闲娱乐联名卡等。

1. 百货联名卡

百货联名信用卡是指信用卡发卡机构与零售商、百货公司、大型商场等百货销售企业联合发行的信用卡。

百货联名卡的优势在于积分和特殊折扣优惠。一般持有某百货商家的联名信用卡，在该商家处刷卡消费，通常有额外的积分赠送，或者在购买某些商品时具有特权。表 3-1 所示为几大银行一些常见的百货联名卡相关信息。

表 3-1　几大银行知名百货联名卡

发卡银行	信用卡产品	功能特点
中国银行	中银京东商城联名卡	1. 存贷合一，透支有免息期； 2. 本地取现无须手续费； 3. 短信及时通，账户有灵犀
	中银淘宝信用卡	支持卡通支付功能，无须通过网上银行即可从绑定的信用卡进行支付，简单、安全、快速

发卡银行	信用卡产品	功能特点
中国农业银行	百联通联名信用卡	1．超值兑换百联通积分，可抵扣消费； 2．激活百联通会员账户尊享超值权益； 3．尊享 72 小时失卡保障
	海陵岛旅游卡	1．全国 100 多家 3A 级以上景点享受门票优惠； 2．全国 1 000 多家旅游卡特惠商户专享折扣； 3．境内 120 家酒店折扣及服务优享
中国工商银行	周大福牡丹信用卡	1．本地工商银行取现、异地存款零手续费； 2．享有一次以优惠积分兑换一件入会礼品的权利； 3．享受黄金摆件、首饰饰品工费 7 折优惠； 4．享受一口价 K 金、铂金类饰品 9.5 折优惠； 5．具备周大福 CTF Club 贵宾会员卡功能
	工银华润通联名信用卡	1．一卡消费累计多倍华润通积分积分； 2．启用并绑定华润通 APP 乐享超值礼包； 3．自动成为华润通优享会员
	牡丹国美信用卡	1．会员联盟店折扣优惠； 2．双重积分奖励； 3．在国美各门店购物享受 VIP 贵宾厅和付款免排队服务； 4．直接成为国美银卡或金卡会员
中国建设银行	世纪龙卡	1．在新世纪百货刷卡消费享受商场和银行双重积分； 2．可参加新世纪百货及建行举办的各类贵宾专享活动； 3．刷卡购买机票可享受免费航空意外险
	金钻龙卡	1．每年正常用卡消费 3 次即可免当年年费； 2．在金钻百货下属各门店或专柜刷卡购物享 9 折或 9.5 折优惠，并享受 VIP 会员待遇； 3．在金钻百货商场内刷卡消费享受免费停车服务
交通银行	平和堂信用卡	1．平和堂消费可享受购买指定商品 9.5 折； 2．同时累积平和堂消费积分和交行信用卡积分
	利群信用卡	1．尊享全国众多城市商户的消费优惠； 2．利群店内消费可累积双倍交通银行积分； 3．交通银行积分专享兑换利群刷卡金

续表

发卡银行	信用卡产品	功能特点
招商银行	平和堂联名信用卡	1．刷卡购物，折扣专享； 2．招行、平和堂双重积分
	银座联名信用卡	1．招行、银座会员卡两卡合一，尊贵专享； 2．招行、银座双重积分，超值回馈
	百盛购物信用卡	1．享受双重积分； 2．刷卡消费可享受百盛积分奖励
中信银行	中信裕福联名信用卡	1．开卡享裕福在线商城消费券； 2．持卡在裕福在线商场消费自有产品享 8 折优惠； 3．消费积分可兑换为商城积分
兴业银行	大洋百货联名信用卡	1．持卡于每周六在同城大洋百货商场消费，可获得实际消费金额双倍积分； 2．持卡在大洋百货消费享商场和银行双重积分； 3．享有大洋百货常年 VIP 会员优惠
	茂业百货联名信用卡	1．每周六持卡在茂业百货指定商户刷卡消费，可按实际交易金额获得 2 倍信用卡积分； 2．信用卡有效期内享茂业百货 VIP 卡待遇； 3．在免费停车基础上再增加 1 小时免费停车优惠时间
平安银行	平安淘宝联名卡	1．淘宝购物积分可兑换实物，或直接用于淘宝购物； 2．免费获得淘宝金账号，享受 VIP 特权； 3．自动开通快捷支付，付款超省心； 4．实时短信提醒，72 小时失卡保障
	欧尚红雀卡	1．任何消费金额积分均可用于境内欧尚超市购物； 2．每周二推荐产品 9.5 折优惠，欧尚品牌商品 9 折优惠； 3．每月欧尚品牌精选新品最高 20%折扣； 4．欧尚店内任意商品买满 500 元即可办理分期付款
民生银行	民生-太平洋·远东百货联名信用卡	1．刷卡消费部分商品可享受 9～9.5 折的折扣优惠； 2．不定期举办积分回馈、消费折抵、积分返礼和加价购够活动； 3．不定期举办卡友独享来店赠礼，到店即可获赠

续表

发卡银行	信用卡产品	功能特点
民生银行	民生万象城联名卡	1. 享受成都华润万象城专属积分奖励待遇； 2. 持卡人生日当天于华润成都万象城内刷卡消费，购物享双倍积分； 3. 持民生·华润万象城联名信用卡可免费成为 VIP 会员，独享万象城会员 VIP 特色活动
广发银行	广发中经汇通信用卡	1. 刷卡加油 2% 的现金返还； 2. 百佳、摩登百货刷卡 1% 的现金返还； 3. 100 公里免费道路救援
	广发银泰信用卡	1. 银泰百货购物 VIP 折上返现 2%； 2. 银泰百货消费享多倍信用卡积分累积并可兑换百货购物卡； 3. 享受银泰百货购物分期免首期手续费优惠
	广发淘宝信用卡	1. 支付宝消费均可累计广发积分，生日月消费可获赠额外一倍广发积分； 2. 每月持卡人可半价秒杀淘票票电影通兑券、天猫超市卡、优酷黄金 VIP、肯德基代金券等多种好礼； 3. 新客户办卡首年享计积分及支付宝消费额外一倍积分； 4. 每月消费满额获赠玩咖礼包，免费兑淘票票电影通兑券、天猫超市卡等各种好礼

2. 航空联名卡

航空联名信用卡是指信用卡发卡机构与一些大型航空公司联合发行的信用卡。

航空联名信用卡主要特点是信用卡的积分多用于兑换航空里程，在购买机票时，可用于抵扣部分机票金额。

在使用航空联名信用卡购买和乘坐联名航空公司的航班时，经常可以享受更多的折扣，或者得到额外的航空意外保险。表 3-2 所示为几大银行一些常见的航空联名卡相关信息。

表 3-2　几大银行知名航空联名卡

发卡银行	信用卡产品	功能特点
中国银行	中银东航联名信用卡	1．日常消费自动兑换里程； 2．白金卡境外消费 2 倍累积里程； 3．保险服务； 4．东航航线直减 5%
	南航明珠中银信用卡	1．双卡合一，双重礼遇； 2．里程累积，更多更快； 3．高额航空保险
中国农业银行	东航联名信用卡	1．快速累积东方万里行积分； 2．高额航空意外险； 3．高额信用卡盗失险； 4．享受东方航空会员优惠及功能服务
	金穗携程旅行信用卡	1．同时享受携程网和农行双重积分； 2．享受携程独家推出的电子机票服务； 3．享受携程 VIP 会员各种优惠礼遇，专享酒店折扣、机票折扣、度假折扣
中国工商银行	国航知音牡丹信用卡	1．灵活的币种选择，节约外币兑换手续费； 2．里程多重累，轻松又实惠； 3．增值保险服务，增贴心的保障； 4．优享高尔夫预订服务
	牡丹海航信用卡	1．随时随地，累积里程； 2．赠高额保险服务； 3．一卡双号，既是信用卡，又是一张海南航空金鹏会员卡
中国建设银行	知音龙卡	1．超值的里程兑换比例； 2．在凯悦酒店享受贵宾权益； 3．在安飞士租车公司享受贵宾权益； 4．航空意外险、航空延误险和行李延误险免费送

续表

发卡银行	信用卡产品	功能特点
中国建设银行	艺龙畅行龙卡	1．享有艺龙旅行网 VIP 会员待遇； 2．享受由中国建设银行和艺龙旅行网分别提供的积分奖励； 3．首次预订可额外获赠送的艺龙积分； 4．免费的航空意外险和航班延误险
交通银行	航空秘书信用卡	1．享受超高比例的积分奖励； 2．提供"积分"及"积分＋现金"两种方式兑换机票； 3．刷卡购机票享受高额航空意外保险
招商银行	国航知音信用卡	1．刷卡消费累计国航里程； 2．享受高额航空意外险和旅行不便险
	东航联名信用卡	1．同时享受招行会员和"东方万里行"会员； 2．持卡消费或取现均可享美元或"东方万里行"积分； 3．持该卡支付全额机票款或者 80%的旅游团费，免费享受高额航空意外保险
中信银行	中信途牛银联（金卡）	1．途牛网消费 9.8 折； 2．境外游免费随身 Wi-Fi； 3．航班延误 4 小时最高赔付 1 000 元； 4．网络交易计积分； 5．免年费、免货币转换费
	中信携程联名信用卡	1．通过指定渠道消费可享机票返还 0.3%、酒店返还 3%； 2．持卡在中信指定订票渠道为本人及合格同行人订购机票，并使用信用卡全额支付机票款，可免费享高额航班延误险，白金卡 2 小时航班延误险赔付可达 1 000 元；金卡 4 小时航班延误险赔付可达 1 000 元
兴业银行	南航明珠信用卡	1．高比例积分与里程兑换； 2．尊享境内 20 余个中心城市机场的国内航班出港机场贵宾服务，本人无限次免费畅行； 3．北京、上海等境内 40 余个指定城市指定范围免费机场接送服务，全年可免费尊享 8 次服务； 4．最高 1 000 万元公共交通工具意外险和快乐旅行保险

发卡银行	信用卡产品	功能特点
兴业银行	东方航空联名信用卡	1. 全年 8 次豪华轿车免费机场接送服务； 2. 24 小时非事故道路救援服务； 3. 东航"东方万里行"积分超值累积； 4. 全球机场贵宾礼遇
平安银行	平安携程商旅卡	1. 首次刷卡可享有乘坐汽车、火车、轮船等公共交通工具的意外伤害保险； 2. 专享万里通积分优惠兑换，携程预订更优惠； 3. 享国内紧急救援服务（限金卡客户）； 4. 同时享受携程网贵宾服务
浦发银行	东航·浦发联名信用卡	1. 快速累积积分； 2. 机场贵宾礼遇； 3. 更多飞行立减优惠； 4. 周全保障计划优享丰富礼遇
浦发银行	日航·浦发联名信用卡	1. 每消费人民币 15 元累积 1JMB 里程； 2. 日航、浦发、JCB 尊贵礼遇
民生银行	民生南方航空联名卡	1. 国内航班，不限等级客位，皆可享受贵宾厅礼遇； 2. 专人代办登机手续； 3. 贵宾专用安检通道； 4. 远机位摆渡尊享 VIP 待遇
广发银行	广发携程信用卡	1. 刷卡 2 元积 1 携程积分； 2. 异地提现免手续费； 3. 商旅预定有奖励
广发银行	广发深航尊鹏信用卡	1. 里程可兑换深航或国航机票； 2. 里程预借功能； 3. 关联账户功能
广发银行	广发南航白金信用卡	1. 机场贵宾，高人一等； 2. 里程加倍，轻松出行； 3. 高额保险，安全护航

从表 3-2 中可以看出，各大银行所发行的航空联名信用卡，基本都有航空里程累积功能。对于需要经常出差乘坐飞机的人而言，航空里程的兑换比例才是最关键的。表 3-3 所示为几大银行常见航空联名卡里面兑换比例。

表 3-3 常见航空联名信用卡里程兑换比例

发卡银行	信用卡产品	兑换比例
中国银行	中银东航联名信用卡（白金卡）	15 分=1 里程
	中银东航联名信用卡（金卡）	18 分=1 里程
中国农业银行	东航联名信用卡	15 分=1 里程
中国工商银行	国航知音牡丹信用卡	15 分=1 里程
	南航明珠牡丹信用卡	15 分=1 里程（￥1=1 分，$1=8 分）
	工银东航联名卡	18 分=1 里程
	牡丹海航信用卡	16 分=1 里程
中国建设银行	知音龙卡（白金卡）	12 分=1 里程
	知音龙卡（金卡）	15 分=1 里程
	南航龙卡（白金卡）	14 分=1 里程
	南航龙卡（金卡）	15 分=1 里程
	深航龙卡	15 分=1 里程
交通银行	航空秘书信用卡	18 分=1 里程（￥1=1 分，$1=7 分）
	东方航空信用卡（白金卡）	10 分=1 里程（￥1=1 分，$1=7 分）
	东方航空信用卡（金卡）	12 分=1 里程（￥1=1 分，$1=7 分）
	东方航空信用卡（普通卡）	15 分=1 里程（￥1=1 分，$1=7 分）
招商银行	国航知音信用卡	￥18=1 里程，$2=1 里程
	南航明珠信用卡	￥18=1 里程，$2=1 里程
	厦航白鹭联名信用卡	￥18=1 里程，$2=1 里程
	东航联名信用卡	￥18=1 里程，$2=1 里程

发卡银行	信用卡产品	兑换比例
中信银行	南航明珠信用卡（白金卡）	￥15=1 里程
	南航明珠信用卡（金卡）	￥18=1 里程
	南航明珠信用卡（普通卡）	￥18=1 里程
	国航银联信用卡（金卡）	￥15=1 里程
	国航万事达信用卡（金卡）	￥15=1 里程
	国航银联信用卡（白金卡）	￥10=1 里程
	国航万事达信用卡（白金卡）	￥10=1 里程
	东航信用卡（白金卡）	￥10=1 里程
	东航信用卡（金卡）	￥15=1 里程
	东航信用卡（普通卡）	￥18=1 里程
	海航信用卡（白金卡）	￥10=1 里程
	海航信用卡（金卡）	￥15=1 里程
	深航"凤凰知音"信用卡（金卡）	￥15=1 里程
兴业银行	厦航白鹭白金联名信用卡	8 分=1 里程
	厦航白鹭联名信用卡（金卡）	18 分=1 里程
	厦航白鹭联名信用卡（普卡）	18 分=1 里程
	东方航空联名信用卡	6 分=1 里程
	南航明珠信用卡	8 分=1 里程
浦发银行	东航浦发联名信用卡（白金卡）	￥10＝1 里程，$1=1 里程
	东航浦发联名信用卡（钛金卡）	￥14＝1 里程，$1=1 里程
	东航浦发联名信用卡（金卡）	￥15＝1 里程，$2=1 里程
	日航浦发联名信用卡	￥15＝1 里程，$1=1 里程

续表

发卡银行	信用卡产品	兑换比例
民生银行	国航知音联名信用卡（无限卡）	￥6＝1 里程
	国航知音联名信用卡（豪华白金卡）	￥10＝1 里程
	国航知音联名信用卡（标准白金卡）	￥15＝1 里程
	国航知音联名信用卡（标准金卡）	￥18＝1 里程
	东航联名豪华信用卡（白金卡）	￥10＝1 里程
	东航联名标准信用卡（白金卡）	￥15＝1 里程
	东航联名信用卡（金卡、普通卡）	￥18＝1 里程
	川航金熊猫联名信用卡（豪华白金卡）	￥10＝1 里程
	川航金熊猫联名信用卡（标准白金卡）	￥15＝1 里程
	川航金熊猫联名信用卡（金卡、普通卡）	￥18＝1 里程
广发银行	南航明珠信用卡（白金卡）	￥7＝1 里程，$1＝1 里程
	南航明珠信用卡（金卡、普通卡）	￥14＝1 里程，$2＝1 里程
	川航联名信用卡（金卡、普通卡）	￥14＝1 里程
	川航联名信用卡（白金卡）	￥10＝1 里程

3. 酒店联名卡

　　酒店联名信用卡是指信用卡发卡机构与一些大型全国连锁酒店或跨国酒店联合发行的信用卡。

　　酒店联名信用卡在合作酒店入住时能享受更多的优惠和更好的服务。表3-4所示为几大银行一些常见的酒店联名卡相关信息。

.

表3-4　几大银行知名酒店联名卡

发卡银行	信用卡产品	功能特点
中国银行	中银开元商祺信用卡	1. 双卡合一，双重奖励； 2. 全国通用，超值客房； 3. 专享通道，延时退房； 4. 人在旅途，开元关怀
中国建设银行	龙卡WeHotel信用卡	1. 提供锦江、卢浮、铂涛、维也纳旗下20多个知名酒店品牌的会员权益、折扣及积分； 2. 全面出行保障； 3. 代驾服务
交通银行	锦江之星蓝鲸信用卡	1. 预定或入住锦江之星，可享受房价9折； 2. 锦江之星旗下的锦江大厨、星连心茶餐厅可享受餐饮8.8折（海鲜、酒水、特价菜除外）； 3. 享受延迟2小时入住或延迟2小时退房
招商银行	美国运通信用卡	1. 知名国际连锁酒店专属特惠礼遇； 2. 可在任何美国运通旅行办事处均可兑换美国运通旅行支票
浦发银行	浦发WeHotel联名卡	1. 刷卡累积 WeHotel 专属积分； 2. 月消费达标，0元抢兑酒店住宿权益； 3. 手刷享 12 个月 WeHotel 金卡会籍，加赠 WH 组合优惠券
民生银行	民生香格里拉联名信用卡	1. 最高级的高尔夫球场礼遇，专属球场免费畅打； 2. 最全面的机场贵宾服务； 3. 国际顶级美容 SPA 品牌思妍丽美容 SPA 免费护理项目； 4. 最尊贵的全球管家和国际救援服务
	民生美国运通百夫长白金卡	1. 专享免费客房升级、延迟退房、租车车型升级等各种礼遇； 2. 无须成为酒店住店客人或健身房会员，即可预约免费进入指定星级酒店健身房使用
广发银行	广发铂涛旅行信用卡	1. 刷卡累积铂涛积分，轻松兑换免费酒店； 2. 办卡送铂涛会员，住宿低至 8.8 折； 3. 年度额外免费住宿奖励

4. 休闲娱乐联名卡

休闲娱乐联名信用卡是指信用卡发卡机构与一些大型休闲娱乐场所联合发行的信用卡。

休闲娱乐联名信用卡在合作的休闲娱乐场所消费时，能享受更多的优惠和更好的服务。表 3-5 所示为几大银行一些常见的休闲娱乐联名卡相关信息。

表 3-5 几大银行知名休闲娱乐联名卡

发卡银行	信用卡产品	功能特点
中国银行	中银全民健身卡	1. 卡面设计，个性多样； 2. 可在全国主要城市 500 余家游泳、网球、健身、羽毛球馆享受超值预订优惠，比门市价最低低至 3 折
中国农业银行	金穗QQ联名IC信用卡	1. 终身免年费； 2. 同城本行提取溢缴款免取现手续费； 3. 使用该信用卡于财付通快捷支付消费成功可获得一张乐刮卡，刮卡 100%中奖，每月享 3 次机会
民生银行	民生花千骨联名信用卡	1. 通过网络办卡功能首次申请，卡片审核通过将获赠《花千骨》手游游戏礼包； 2. 核卡 60 天内激活卡片，即可获赠京东 50 元 E 卡电子卡
工商银行	World喜马拉雅信用卡	1. 3 个月喜马拉雅巅峰会员、3 个月爱奇艺 VIP 会员免费尊贵体验； 2. 大咖热门节目放送期间额外赠送喜马拉雅 3 个月会员
	World爱奇艺信用卡	1. 爱奇艺 3 个月会员+喜马拉雅 3 个月会员免费尊贵体验； 2. 热门剧追剧期间爱奇艺 3 个月会员额外大放送； 3. 新客户消费三笔（每笔满 66）返现 66； 4. 全球出行非凡礼遇，爱购全球最高返现 21%； 5. 与明星共赴戛纳电影节红毯，感受光影盛宴； 6. 任意消费即可获赠账户安全险，最高获赠 2 万元

发卡银行	信用卡产品	功能特点
建设银行	龙卡腾讯游戏信用卡	1. 成功办卡并激活卡片，即可获得价值 80 元的游戏大礼包一份； 2. 客户激活卡片后任意刷卡消费一笔，即可获赠价值 50 元的吃喝住行红包； 3. 可享有价值 10 元的动漫阅读礼包
	山东鲁能泰山足球卡	1. 凭山东鲁能泰山足球卡购票，享受 9.5 折优惠政策（日常购票）； 2. 凭卡购买年票后，可以现场观看中超联赛、足协杯等任意一项主场赛事； 3. 凭山东鲁能泰山足球卡在安检闸机读卡后实现自动通过，无须办理其他验票手续
交通银行	哈根达斯信用卡	1. 在哈根达斯门店刷卡购冰淇淋产品及蛋糕 9 折优惠，生日当天更可享 7 折优惠； 2. 连续两月在哈根达斯门店消费满 500 元即可升级为哈根达斯 VIP 会员，享受 VIP 会员待遇
	天涯明月信用卡	1. 开卡即享游戏礼包； 2. 特别为天刀粉丝赋予积分兑换特权；
招商银行	王者荣耀联名先用卡	1. 游戏玩家每月最多可赚 500 招行积分； 2. 新户达标月月领星巴克等好礼
	五环体育联名信用卡	1. 招商银行、五环双重积分，轻松拥有； 2. 五环会员活动，时尚享受
中信银行	中信腾讯QQ信用卡	1. 可将 QQ 号码凸印在信用卡正面，彰显潮流个性； 2. 网络交易计积分
	大众点评联名信用卡（银联版）	1. 月消费达标享 9 积分换星巴克、9 元看大片、周三周六指定热门商户 5 折； 2. 每月计积分消费满 3 笔 299 元，获 1 次大众点评支付 100 减 50 权益
光大银行	光大淘票票酷黑联名卡	1. 卡片终身免年费； 2. 10 元享汉堡王套餐； 3. 10 元抢格瓦拉影票；

续表

发卡银行	信用卡产品	功能特点
平安银行	平安中国旅游信用卡	1. 机票、酒店、旅行社消费享受0.5%的消费回馈金； 2. 享受全国百家AAA级以上景点刷卡购票折扣，以及近千家景点网上和电话预订优惠； 3. 最高300万元旅游综合交通意外险和旅游不便险
浦发银行	奇迹暖暖联名卡	1. 可享浦发特别版奇迹暖暖手机游戏虚拟套装； 2. 赠送游戏道具、体力、金币等权益； 3. 主题卡面，免年费

3.1.2 单币卡和双币信用卡

信用卡发卡银行通常都具有外向兑换功能，其发行的信用卡可能为单一币种，也可能一卡双币或多币（币种需要通过银行切换，同一时间一卡只能双币）。

银联是我国最大的信用卡组织，国内几乎所有可刷卡的商户都支持银联卡。因此，国内银行发行的信用卡基本都是人民币信用卡，也有部分银行的信用卡支持两种货币的自由兑换，这就是双币信用卡。

通常在双币信用卡卡面上，都具有除银联标志以外的另一个国际信用卡组织标志，如VISA、MasterCard或JCB等。持有双币信用卡在国内可通过银联网络实现人民币结算，在国外可通过VISA网络或MasterCard网络进行外币结算。

在我国已发行外币信用卡的发卡银行，如表3-6所示。

表 3-6 我国发行外币信用卡银行

币种	发卡银行
美元	绝大多数银行均有发行
欧元	中国银行、中国工商银行、中信银行、民生银行
澳元	民生银行
英镑	中国银行、民生银行
日元	中国银行
港元	中国银行、中信银行、广东发展银行

3.1.3　主题信用卡

　　为了让信用卡也具有收藏价值，很多发卡银行都提供了一些具有一定意义的主题信用卡，专门向喜欢收藏信用卡的客户发放。

　　例如，中国农业银行推出的喜羊羊与灰太狼联名 IC 信用卡，是国内独家"喜羊羊与灰太狼"授权形象信用卡产品，2016 年限量上市"美羊羊水彩风"卡面和"喜羊羊运动风"卡面。

　　再如，工商银行的"宇宙星座信用卡"，卡面以 12 张星座为设计元素，充分守护爱个性的持卡人。该卡分为简约白金、金、普3 个等级，卡面设计相同，以卡片侧边基底色颜色予以区分。

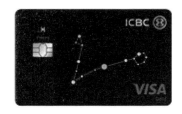

3.2 你属于哪个人群，决定你用什么卡

普通信用卡的发行是面向大众的,为了让打算申请信用卡的人快速找到自己想要申请的信用卡,很多发卡银行将自己所发行的信用卡按适用的人群进行了分类。

3.2.1 适合购物狂的信用卡

信用卡的基本功能是购物消费。随着信用卡被越来越多的人所接受,很多人都喜欢用信用卡来刷卡购物,在带来安全方便的快捷购物体验的同时,也减小了资金压力,获得购物消费的积分累积。

对于喜欢购物的"购物狂",适合申请一些百货联名卡,特别是地方性的百货联名卡,在本地购物刷卡消费会得到一些额外的"惊喜"。

对于喜欢在大型超市购买日常生活用品等小额商品的"购物狂",可选择对应商户的联名信用卡。例如,招商银行的"东方购物联名信用卡",可以享受来自招商银行和东方购物的双重优待。

使用东方购物联名信用卡在东方购物消费,可享受东方购物积分加赠 1%,如使用电话支付购买再享招商银行双倍积分。

交通银行沃尔玛信用卡积分可用于折抵用户在沃尔玛的店内消费。店内人民币消费每 1 元累积 2 分,店外人民币消费每 1 元累积 1 分,外币消费每 1 美元累积 7 分。

在沃尔玛店内使用拉卡拉对交通银行沃尔玛信用卡还款,每位持卡人每月首笔还款优惠 2 元。

如果喜欢在网上购物的"购物狂",可以考虑一些大型网上商城与银行

的联名信用卡，如中国银行的"中银京东商城联名卡""中银淘宝信用卡"、中信银行的"中信淘宝信用卡"、兴业银行的"淘宝网联名信用卡"等。

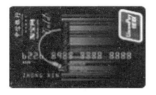

3.2.2　了解时尚女性的信用卡

很多商家都有一个共识"女性的钱是最好赚的"，不仅商家如此，信用卡发卡银行也将其目标锁定在了广大女性身上，很多银行都专门为女性推出了一系列具有女性专属特色的信用卡，如表 3-7 所示。

表 3-7　几种具有特色的女性卡

信用卡产品	卡面效果	卡片简介
中国农业银行漂亮升级妈妈信用卡		中国农业银行漂亮升级妈妈信用卡是国内首款亲子主题 IC 信用卡产品，专为 0～6 岁宝宝的年轻时尚妈妈量身定制。卡面设计精美，提供特惠母婴商户，幼儿教育，健康关怀等多重专属权益

续表

信用卡产品	卡面效果	卡片简介
广发真情信用卡		广发真情信用卡是女性专属信用卡,采用透明卡版设计,倡导"独立、从容、聪明、率性"的女性生活理念,具有自选商户类型3倍积分计划、自选保险计划等功能服务,同时享有众多商户折扣优惠,给女性更多个性选择,更多贴心服务
招商银行 ELLE 联名信用卡		招商银行 ELLE 联名信用卡是一张只有女性才能拥有的摩登信用卡,它不仅拥有时尚诱人的外观设计,同时还具备功能齐全、优惠良多等特点,能完全满足现代都市时尚精明女性的各种需求,因而被称为成就女人完美生活态度的信用卡
中信银联魔力白金信用卡		年费周期内享受美丽田园提供的 6 次免费高端美容 SPA 服务,客户可与亲友共享此服务。可享受10 万元女性健康保险,3 倍积分奖励计划,做让女人羡慕的女人
兴业银行都市丽人卡		兴业银行都市丽人卡是兴业银行携手国内知名时尚女性杂志《都市丽人》推出的融时尚、尊贵、优惠、便利为一体的女性信用卡,绚丽绽放的玫瑰花图案和透明简约的时尚材质,代表兴业银行对都市女性最精心的关怀和体贴

3.2.3 守护爱车族的信用卡

随着生活水平的不断提高,越来越多的家庭都购买了属于自己的私家车。驾车出行虽然方便快捷,但随之而来的有越来越高的燃油价格和一些难以避免的突发事故。

为了关爱更多的有车一族,很多信用卡发卡银行专为这一人群推出了一些具有特殊增值服务的信用卡,让爱车一族在驾车出行的过程中,享受加油积分或折扣优惠,或为爱车族们增加一层安全保障。

专为爱车一族发行的信用卡可称为"爱车卡"，目前市面上常见的爱车卡及其特点如表 3-8 所示。

表 3-8 目前市场上常见的爱车卡

信用卡产品	卡面效果	卡片简介
中国农业银行金穗 Xcar 卡		中国农业银行结合爱卡汽车网发行的首张网络联名信用卡，除具备金穗贷记卡的基本功能外，还针对私家车主对汽车优惠服务的需求。刷卡消费可享受双重积分礼遇，还可获得汽车保险、保养、美容、维修等一系列优惠，为爱车保驾护航
广发车主信用卡		专为私家车主量身定制。为车主客户和其座驾提供全方位的优惠和服务。尊享全国范围内 100 公里免费道路救援服务，刷卡加油 5 倍积分或 1% 现金返还优惠，自选高额保险保障等多项功能及优惠
中国建设银行东风日产车主会员 IC 卡		该卡是中国建设银行联合东风日产乘用车公司面向东风日产车主俱乐部会员发行的汽车联名信用卡。该卡秉承龙卡 IC 信用卡的卓越品质，还为东风日产车主会员提供惊喜折扣优惠、超值积分兑换等特色权益和服务
交通银行永达汽车卡		该卡由交通银行与永达汽车结合"高档、汽车、生活方式"主题，共同设计；卡片功能与现有双币卡功能一致，包含"遨享天地"航空里程兑换计划，并提供免费牵引，每人每年限一次
兴业银行新车友信用卡		全国首创加油金计划，刷卡最高享 5 倍积分，速兑"加油金"。尊享 24 小时非事故道路救援服务，最高 1 000 万元公共交通工具意外险及快乐旅行保险等优惠
平安银行平安车主卡		全车最高 110 万元意外险保障，为您和您的家人护航；30 公里免费道路救援，从容应对行驶中的意外；加油双倍积分，更快累积积分回馈；平安启程，全车备享

续表

信用卡产品	卡面效果	卡片简介
民生车车信用卡		该卡集合了中国民生银行信用卡的基本功能，还为持卡人独家提供诸多特色权益，如全国加油站加油返还，每月最高 500 元；满足当月加油金返还消费门槛，即可获赠 1 元洗车
广发中经汇通车主卡		该卡集合了众多贴心特色功能（刷卡加油返还 2%现金、特惠商户刷卡消费返还 1%现金、免费赠送意外险，还有无限次免费道路救援服务）
广发车主信用卡		该卡专为私家车主量身定制。为车主客户和其座驾提供全方位的优惠和服务。尊享全国范围内 100 公里免费道路救援服务，刷卡加油 5 倍积分或 1%的现金返还优惠，自选高额保险保障等多项功能及优惠

3.2.4　适合青年学生的信用卡

信用卡在几年前感觉还是高端商务人士的身份象征，但随着信用卡行业的快速发展，很多年轻打工者和大学生也成了信用卡持有者中的特殊一族。很多银行为了适应大学生的需求，也发行了一些功能特殊的信用卡。

这类信用卡在原有信用卡的基础上，根据年轻人的特点和需求而设计，除了包括基本的透支消费、小额资金助学、ATM 取现功能等功能外，还增加了出具个人信用报告、就业指导等特色功能。

对于专门面向大学生发行的信用卡，其申请方法非常简单，通常只需要填一张申请表，出示身份证和学生证即可办理。但这类信用卡透支额度一般较低，本科生透支额度一般在 2 000 元，而研究生透支额度一般在 5 000 元。

目前，几大银行发行的适合年轻人和学生申请的信用卡，如表3-9所示。

表3-9 适合年轻人和学生的信用卡

信用卡产品	卡面效果	卡片简介
中银淘宝校园卡		中国银行联手淘宝网、支付宝，针对高校在校学生推出的联名银行卡产品。产品具有存款有息、省（直辖市）内存款免手续费、电子账单、网络购物等特色功能服务，可直接激活一卡通支付功能，并免费领取淘宝VIP金卡，享受淘宝金卡级会员待遇
中国农业银行优卡		中国农业银行优卡是银联标准贷记卡，具有金穗贷记卡基本服务功能。为广大高校学子量身打造的专属贷记卡产品，使在校学生能够及早享受周到便捷的金融服务，培养信用消费理念
交通银行Y-POWER卡		交通银行Y-POWER卡有原力黑和活力白两种卡面设计。持卡6个月后，Y-POWER的信用额度将有机会获得升级。只要用户单笔刷卡消费满人民币500元或美元60元，即可启动"想分就分"分期付款特权。境内人民币取现，无论同行跨行、同城异地，手续费一律低至5元/笔，取现额度更高达信用卡额度的100%
招商银行YOUNG卡（青年版）		招商银行YOUNG卡（青年版）是专为30岁以下的青年人设计的信用卡，可享受每月首笔取现免手续费、高达100%的取现额度以及生日月尊享双倍积分等专享优惠，新户刷卡满额还赠吉列男士理容套装
中国工商银行牡丹学生卡		牡丹学生卡是中国工商银行专为广大高校学生、研究生量身打造的一款双币贷记卡产品。可享受异地存款，本地取款，免去携带现金的烦恼，同时免收异地存款和本地取现手续费；缴纳境外发生的考试费用时，可以用人民币购汇还款等学生专属优惠

选择适合自己的信用卡

　　在面对种类繁多的信用卡时，如何选择一张适合自己的信用卡就需要用户自己来决定了。但由于各家银行的审核机制不同，所需要客户的审核条件自然也不同，而有的客户还希望以方便为原则。究竟如何选择一张合适的信用卡，就需要了解各家银行都发行了哪些信用卡。

　　　◇　中国银行的常见信用卡
　　　◇　中国农业银行的常见信用卡
　　　◇　中国工商银行的常见信用卡
　　　◇　中国建设银行的常见信用卡
　　　◇　交通银行的常见信用卡
　　　◇　招商银行的常见信用卡
　　　◇　中信银行的常见信用卡
　　　◇　兴业银行的常见信用卡
　　　◇　广发银行的常见信用卡
　　　◇　民生银行的常见信用卡
　　　◇　光大银行的常见信用卡
　　　◇　浦发银行的常见信用卡
　　　◇　华夏银行的常见信用卡

4.1 中国银行常见信用卡

中国银行，全称中国银行股份有限公司，成立于 1912 年 2 月，是大型国有控股商业银行。业务范围涵盖商业银行、投资银行和保险领域，旗下有中银香港、中银国际、中银保险等控股金融机构，在全球范围内为个人和公司客户提供全面和优质的金融服务。

中国银行于 1985 年开始发行信用卡，是国内最早发行信用卡的银行。相比国内其他银行，中国银行在国外的网点最多，其信用卡在国外的识别率也最高。

4.1.1 全币种国际芯片卡

中国银行全币种国际芯片卡是为有出境支付需求的人士精心设计的信用卡产品，采用国际通行 EMV 芯片标准，具有存款有息、循环信用、分期付款、全球交易人民币自动购汇等金融功能，更有优惠便捷的超值礼遇，让您"一卡在手、走遍全球"。

名片	币种类型：双币	币　种：人民币/美元	卡组织：VISA
	取现额度：30%	免息期：20～50 天	卡等级：普卡/金卡/白金卡

4.1.2　　长城环球通信用卡

　　长城环球通信用卡是中国银行全新推出的一款信用卡产品，秉承中国银行一贯为客户提供全方位、高品质金融服务的宗旨，集合了中国银行信用卡功能和服务优势，同时还可实现全方位的个性化定制。

名片	币种类型：双币	币　　种：人民币/美元	卡组织：银联+MasterCard
	取现额度：30%	免息期：20～50 天	卡等级：普卡/金卡/白金卡

4.1.3　　中银都市缤纷卡

　　中银都市缤纷卡是以长城环球通信用卡功能服务为基础，通过丰富的分期受理渠道以及优惠的分期手续费与双倍分期积分，特为职场年轻人定制的分期专用环球通系列产品。

名片	币种类型：双币	币　　种：人民币/美元	卡组织：银联+MasterCard
	取现额度：30%	免息期：20～50 天	卡等级：普卡/金卡/白金卡

4.1.4　长城环球通自由行信用卡

长城环球通自由行信用卡是中国银行为出境旅行的客户量身定制的信用卡,涵盖金卡和白金卡等级,目前旗下有"港澳台版"与"韩国版"共 3 款特色卡面产品。

名片	币种类型：单币	币　种：人民币	卡组织：银联
	取现额度：30%	免息期：20～50 天	卡等级：金卡/白金卡

4.1.5　凤凰知音国航中银信用卡

凤凰知音国航中银信用卡是中国银行联合中国国际航空股份有限公司推出的一款商旅类信用卡产品。具有白金卡及金卡两种产品等级。

持卡人可享受中国银行信用卡基本功能与服务,还可享受更安心的出行保障和消费累积里程等多项专属权益。除此之外,还可享受白金卡境外消费 2 倍累积里程,金卡额外赠送 0.5 倍积分等特权。

名片	币种类型：单币	币　种：人民币	卡组织：银联
	取现额度：30%	免息期：20～50 天	卡等级：白金卡

4.1.6 长城环球通白金信用卡

中国银行长城环球通白金信用卡是面向成功精英人士特邀发行的白金信用卡，其中，长城环球通银联白金信用卡还是首款符合中国银联 PBOC2.0 芯片标准的白金信用卡。

此卡除具有存款有息、循环信用、分期付款等金融功能外，中国银行还特为用户提供了全面高额保险、境外消费多倍积分、中国银行理财 VIP 等专属权益，以及积分兑换机场贵宾厅服务、高尔夫球礼遇、医疗健康保障、道路救援等贵宾服务。

名片	币种类型：单币/双币	币　种：人民币/美元	卡组织：银联+MasterCard
	取现额度：30%	免息期：20～50 天	卡等级：白金卡

4.1.7 长城公务卡

中国银行发行的长城公务卡有企业公务卡和财政公务卡两种。

（1）长城企业公务卡以单位系统架构为核心，协助客户简化财务管理流程，增强支出控管能力及分析水平，降低公务活动成本。长城企业公务卡还可以在卡面上凸印公司英文名称，提升员工归属感。

（2）长城财政公务卡是一张专门为中央及地方预算单位量身设计的信用卡产品。它不仅可以减少预算单位的现金使用，增加资金安全性和用款便利性，还可以充分利用公务卡免息还款期，避免单位和国库资金占用和利息支出。

名片	币种类型：单币/双币	币　种：人民币/美元	卡组织：银联+MasterCard
	取现额度：30%	免息期：20～50 天	卡等级：普卡

4.1.8　中银 JCB 信用卡

中银 JCB 信用卡为全国首张人民币/日元双币种贷记卡产品，除了具有循环信用、预借现金、挂失零风险等贷记卡基本金融功能外，还可为用户提供丰富多彩的增值服务和积分换礼计划。

对于有赴日需求的客户，中银 JCB 信用卡所独有的人民币/日元结算功能可以使用户在日元消费地区，以日元进行结算并通过人民币和日元的直接兑换进行账户还款，可节约汇兑费用。

名片	币种类型：双币	币　种：人民币/日元	卡组织：银联+JCB
	取现额度：30%	免息期：20～50 天	卡等级：普卡/金卡

4.2　中国农业银行常见信用卡

中国农业银行是四大国有独资商业银行之一，是我国金融体系的重要组成部分，总行设在北京。在国内，中国农业银行网点遍布城乡，资金实力雄厚，服务功能齐全，为广大客户所信赖。

由于中国农业银行的信用卡申请门槛偏高，申请周期较长，额度普遍偏低，因此目前使用农业银行信用卡的客户并不是很多，但随着中国农业银行信用卡的改进，使用中国农业银行信用卡客户也在不断增加。

4.2.1　悠然白金信用卡

悠然白金卡是专为中青年城市白领客户设计的 IC 信用卡产品，提供全国网点优先通道、信用卡盗失保险、酒后代驾等超值服务，支持刷卡、插卡和挥卡支付方式。

名片	币种类型：单币	币　种：人民币	卡组织：银联
	取现额度：30%	免息期：25～56 天	卡等级：白金卡

4.2.2　金穗 QQ 联名 IC 信用卡

金穗 QQ 联名 IC 信用卡是全国首张网络类芯片卡，首张象征"财付通会员身份"的 QQ 卡，首张微信电子信用卡，首张异形粘贴 QQ 卡。产品共设一大一小两款卡面，均可实现标准贷记和电子现金功能，为您提供更新颖、更便捷的金融服务。

名片	币种类型：单币	币　种：人民币	卡组织：银联
	取现额度：30%	免息期：25～56 天	卡等级：金卡

4.2.3　金穗悠游世界信用卡

中国农业银行金穗悠游世界信用卡专享全球任意币种、任意渠道消费及取现全免货币转换费优惠，更有境内外购物休闲、商旅出行、健康关怀等全方位礼遇。

使用金穗悠游世界信用卡，持卡通过 Plastiq 留学万事通信用卡缴费平台，可轻松向全美超过 4 000 所可授予学位的大学、高中、私立学校以及预科等，支付学费，以及教材费、房租、水电费、伙食费、保险费等各类留学费用。特别适合旅游、商务、留学及"海淘"人士使用。

名片	币种类型：双币	币　种：人民币/欧元	卡组织：银联+MasterCard
	取现额度：30%	免息期：25～56 天	卡等级：金卡

4.2.4　喜羊羊与灰太狼联名 IC 信用卡

喜羊羊与灰太狼联名 IC 信用卡采用芯片和磁条复合介质，除具备传统磁条信用卡所有功能外，芯片还可为持卡人提供更安全性、更便捷、更丰富的功能和服务。

名片	币种类型：单币	币　种：人民币	卡组织：银联
	取现额度：30%	免息期：25～56 天	卡等级：普卡/金卡

4.2.5　安邦车主信用卡

安邦车主信用卡是中国农业银行股份有限公司与安邦财产保险股份有限公司联合发行，专为有车一族量身打造的 IC 卡产品，产品采用磁条和芯片复合介质，让支付更加安全，加载电子现金功能，支持接触式和非接触式应用。

安邦车主信用卡主打汽车服务，持卡人可享受电话购买安邦汽车保险最低 8.5 折优惠，以及刷卡加油优惠、免费汽车救援、合作 4S 店优惠等。

名片	币种类型：单币	币　种：人民币	卡组织：银联
	取现额度：30%	免息期：25～56 天	卡等级：金卡

4.2.6　VISA 奥运信用卡

　　VISA 奥运信用卡是农业银行发行的奥运主题系列卡，专为崇尚体育精神、关注奥运和旅游的客群悉心打造。该卡为符合国际 EMV 标准的芯片卡，加载非接支付创新功能。产品免年费、免货币转换费，更有旅行出游、海外购物、线上海淘等诸多优惠及服务，满足旅游、留学等出境需求。

名片	币种类型：单币	币　种：美元	卡组织：VISA
	取现额度：30%	免息期：25～56 天	卡等级：金卡/白金卡

4.2.7　金穗公务卡

　　金穗公务卡是中国农业银行面向各级政府部门、各级政府部门所属预算单位、国有大中型企业在职人员发行的贷记卡个人金卡，具有"先消费、后还款"、一卡双币、最长 56 天免息期、消费可选密码、挂失后零风险等基本服务功能。

名片	币种类型：单币/双币	币　种：人民币/美元	卡组织：银联/MasterCard/VISA
	取现额度：30%	免息期：25～56 天	卡等级：金卡

4.2.8　环球商旅信用卡

环球商旅信用卡是农业银行专为商旅人士设计的 VISA 品牌双币种信用卡产品。可为持卡人提供一站式旅行特色服务，全球消费享"0"货币转换费礼遇，更有专属 200 万航空意外险保障，以及机票、酒店、Wi-Fi、租车等出行优惠，在海外精选商户刷卡、线上海淘可获得返利或折扣优惠。

名片	币种类型：双币	币　种：人民币/美元	卡组织：银联/VISA
	取现额度：30%	免息期：25～56 天	卡等级：金卡

4.3　中国工商银行常见信用卡

中国工商银行股份有限公司（以下简称中国工商银行）在中国拥有领先的市场地位，优质的客户基础，多元的业务结构，强劲的创新能力和市场竞争力，以及卓越的品牌价值。

中国工商银行由于其网点较多，服务完善，持卡人需要支付的额外成本相对较低，其发行的牡丹卡在国内的酒店类消费场所中，接受度很高，仅次于中国银行的长城卡。

4.3.1　国航知音牡丹信用卡

国航知音牡丹信用卡是由中国工商银行和中国国际航空股份有限公司合作推出的航空类联名个人信用卡。

该系列信用卡集工行牡丹信用卡与国航知音卡的功能于一身，采用一卡双号（信用卡号与知音卡会员号）的形式，持卡人在使用信用消费、转账结算、存取现金等金融功能的同时，能够享受国航知音常旅客计划的各种奖励与服务。

名片	币种类型：单币/双币	币　种：人民币/美元	卡组织：银联/MasterCard/VISA
	取现额度：50%	免息期：25～56 天	卡等级：普卡/金卡/白金卡

4.3.2　工银多币种信用卡

工银多币种信用卡是中国工商银行在全球率先推出的一款多功能信用卡产品，可同时满足人民币、美元、欧元、港元、英镑、日元、新加坡元、加拿大元、澳大利亚元、瑞士法郎和新西兰元在境内外的支付需求，可有效节约境外支付成本。

持工银多币种信用卡在 10 种外币对应国家或地区使用时，自动按当地货币币种消费，无须货币转换。

持卡人只需签署一份人民币自动购汇还款协议，便可轻松实现 10 种外币币种的自动还款功能。持卡人可使用人民币购汇还款，也可使用外币直接还款，还款方式灵活多样。

名片	币种类型：双币	币 种：人民币/美元	卡组织：银联/MasterCard
	取现额度：50%	免息期：25～56 天	卡等级：普卡/金卡/白金卡

4.3.3 工银长隆联名卡

工银长隆联名卡是中国工商银行与广东长隆集团联合发行的休闲旅游联名信用卡。双方整合优势资源，集中国工商银行信用卡的安全方便和长隆集团多重优惠于一体，是乐游长隆的必备之选。

该卡采取"1+1"的方式发行，即一张银联品牌人民币卡和一张 VISA品牌多币卡。银联品牌人民币卡主要用于境内支付，可通过接触或非接触方式受理，支持电子现金应用；VISA 品牌多币卡主要用于境外支付，币种为美元、欧元、港元、英镑、日元、新加坡元、加拿大元、澳大利亚元、瑞士法郎和新西兰元 10 种外币，持该卡在所有国家或地区使用均免收外汇兑换手续费。

名片	币种类型：单币/多币	币 种：人民币/外币	卡组织：银联/VISA
	取现额度：50%	免息期：25～56 天	卡等级：普卡/金卡/白金卡

4.3.4 工银人保爱车信用卡

工银人保爱车信用卡是由中国工商银行和中国人民财产保险股份有限公司强强联手、合作推出的一款保险类汽车主题联名芯片信用卡产品。该卡包括"单芯片"及"芯片＋磁条"两种介质。为体现产品独特之处，方便客户享受增值服务，提供将客户汽车车牌号码凸印在工银人保爱车信用卡正面的服务。卡面上凸印的车牌号码为 10 位的英文字母及阿拉伯数字组合，车牌号码汉字部分由当地电话区号代替。

名片	币种类型：单币	币　种：人民币	卡组织：银联
	取现额度：50%	免息期：25～56 天	卡等级：白金卡/金卡/普卡

4.3.5 逸贷信用卡

逸贷信用卡是中国工商银行发行的一款面向大众、链接商户，可直接用于消费的信用卡产品，是国内首张专用消费分期信用卡。客户在工行指定商户直接使用逸贷信用卡进行刷卡消费，即可自动分期付款，无须再到银行办理分期手续。

该卡在全国 5 万家商户均可使用，商户类型覆盖电器卖场、大型百货、奢侈品和珠宝工艺品、旅行社、教育培训、汽车 4S 店、家居卖场等，刷卡购买 600 元以上商品，在专用 POS 机打印凭条上签名即可实时完成分期付款。

名片	币种类型：单币	币　种：人民币	卡组织：银联
	取现额度：50%	免息期：25～56 天	卡等级：普卡

4.3.6　工银东航联名卡

中国工商银行与中国东方航空股份有限公司合作推出的工银东航联名卡，集工银信用卡与东航东方万里行会员卡功能于一身，除满足信用消费、转账结算、存取现金等金融功能外，还为客户提供保险赠送、双重积分等增值服务。

该卡覆盖白金、金、普 3 个等级，包括银联单标识单币卡（磁条＋ PBOC 非接芯片）、VISA 单标识多币种卡（磁条＋ EMV 芯片卡）、万事达单标识多币种卡（磁条＋ EMV 非接芯片卡），境内使用 PBOC 芯片卡、境外使用 EMV 芯片卡，加密性更强、安全性更高、受理范围更广。多品牌、全介质、多币种，"刷、插、挥、扫"全支付方式，全方位满足持卡人多样化的需求。

名片	币种类型：单币/双币	币　种：人民币/美元	卡组织：银联/MasterCard/VISA
	取现额度：50%	免息期：25～56 天	卡等级：普卡/金卡/白金卡

4.3.7　工银安邦信用卡

工银安邦信用卡是中国工商银行股份有限公司与安邦保险（集团）股份有限公司联合推出的联名信用卡。

该产品集车险优惠、加油补贴、免费救援和标准信用卡金融功能于一身，客户刷卡即可以优惠价格购买安邦保险公司的电话车险、指定寿险产品，并可享 6% 的加油补贴或一定比例的寿险年缴保费优惠回馈。

名片	币种类型：单币	币　种：人民币	卡组织：银联
	取现额度：50%	免息期：25～56 天	卡等级：普卡/金卡

4.3.8　工银携程信用卡

工银携程信用卡是中国工商银行与携程旅行网联合发行的一款联名信用卡产品。为有商务差旅和休闲旅游需求的客户提供最优惠、最贴心的服务。该款联名卡具有透支消费、转账结算、存取现金等信用卡标准金融功能。

该卡持卡人可直接升级为携程网金牌会员，享受机票 3‰、酒店 4% 的携程任我行礼品卡返还。除此之外，还拥有精彩积分奖励计划，丰富奖品轻松兑换。无论是自己预订还是为他人代订，均可享受电话预订及网上预订 1.5 倍携程基本积分、无线预订 1.7 倍携程基本积分的 VIP 礼遇。

名片	币种类型：单币	币　种：人民币	卡组织：银联
	取现额度：50%	免息期：25～56 天	卡等级：普卡/金卡

4.4　中国建设银行常见信用卡

中国建设银行股份有限公司是一家处于领先地位的股份制商业银行。中国建设银行为客户提供全面的商业银行产品与服务,旗下多种产品和服务在中国银行业居于市场领先地位。

中国建设银行的信用卡申请门槛相对于中国银行、中国农业银行和中国工商银行而言较低,取现手续费也相对较低,但其申请进度相对较慢,没有网上申请进度查询,功能普遍额度较低,适合当地没有其他股份制商业银行的用户申请使用。

中国建设银行信用卡中心
客服电话：95533
信用卡中心：80082 00588

4.4.1　芭比美丽信用卡

芭比美丽信用卡是中国建设银行首张女性题材的信用卡,是中国建设银行与美国美泰公司合作发行的信用卡。芭比美丽信用卡正是以"芭比(Barbie)"的品牌内涵和时尚元素为基础,面向国内接受过高等教育、自信智慧、追求精致生活与时尚品位的年轻女性客户,为其量身定做的信用卡。

名片	币种类型：单币	币　　种：人民币	卡组织：银联
	取现额度：30%	免息期：20～50 天	卡等级：普卡/金卡/白金卡

4.4.2　欧洲旅行信用卡

中国建设银行的欧洲旅行信用卡是国内首张以欧洲旅行为主题的具有人民币和欧元账户的双币种信用卡，主要面向赴欧洲旅游、商务以及留学等出国客户群体发行。欧洲旅行信用卡除了提供龙卡信用卡基本权益和服务外，还为赴欧人士提供专属特色权益，使用户"畅游欧洲、通行世界"。

持该信用卡金卡在欧元区国家刷卡消费和 ATM 取现，可直接以欧元结算。这与以美元结算货币的双币种信用卡相比，可节省 1.5%外汇兑换手续费，并可避免多次币种转换的汇兑支出和汇率风险损失。

白金卡可实现全币种全球支付人民币入账功能,所有外币交易均实现自动购汇,折算为人民币记入账单,持卡人仅需按账单以人民币归还欠款即可。

名片	币种类型：双币	币　　种：人民币/欧元	卡组织：银联/MasterCard
	取现额度：30%	免息期：20～50 天	卡等级：金卡/白金卡

4.4.3 世界旅行信用卡

世界旅行信用卡是中国建设银行联合携程旅行网面向有国内外商务出差、度假旅游和出国留学等需求的中高端客户发行的专属特色信用卡产品，依托建行卓越金融和携程精益服务的平台，为持卡人量身定做专属旅行基金奖励等多项特色专属权益和服务。

名片	币种类型：单币/双币	币 种：人民币/美元	卡组织：银联/MasterCard
	取现额度：30%	免息期：20～50 天	卡等级：金卡/白金卡

4.4.4 变形金刚主题信用卡

中国建设银行携手美国孩之宝公司为广大动漫迷精心奉献全球最卖座的动画电影巨片——变形金刚主题信用卡。

新款龙卡变形金刚主题信用卡是以《变形金刚 4》电影形象为元素，精心设计的一款 JCB 单标识卡产品，特设外币交易人民币自动购汇入账、免收外汇兑换手续费、全面出行保障、白金卡贵宾礼遇等专属权益，是广大动漫迷、影迷的最佳选择。该卡包括金卡和白金卡，所有外币交易均实现自动购汇，折算为人民币记入账，持卡人仅需按账单以人民币归还欠款即可，还款更便捷。

名片	币种类型：双币	币　种：人民币/美元	卡组织：银联/JCB
	取现额度：30%	免息期：20～50天	卡等级：普卡

4.4.5　南航明珠龙卡信用卡

　　南航明珠龙卡信用卡（以下简称南航龙卡）是中国建设银行与中国南方航空公司联合发行的航空联名信用卡，为持卡人提供高额航空保障、特惠里程兑换、专享优先服务、白金秘书服务及多项促销活动。目前，南航龙卡万事达白金卡已升级为龙卡全球支付卡，南航龙卡万事达白金卡所有外币交易（包含刷卡消费、网络消费、取款等）均实现自动购汇，折算为人民币记入龙卡全球支付卡人民币账户，仅需按账单以人民币归还欠款即可。

名片	币种类型：双币	币　种：人民币/美元	卡组织：银联/MasterCard
	取现额度：30%	免息期：20～50天	卡等级：金卡/白金卡

4.4.6 艺龙畅行龙卡

艺龙畅行龙卡是中国建设银行与艺龙旅行网共同推出的联名信用卡。该卡专为中高端商旅人士和爱好旅游人士量身设计，不仅秉承了龙卡信用卡的卓越功能，更可尊享艺龙旅行网 VIP 会员待遇、航空保险保障、酒店消费奖励回馈等多项持卡人特享权益。

中国建设银行和艺龙旅行网每年将为持卡人举办酒店消费奖励促销活动，凡达到活动要求的持卡人除可享受双方提供的积分奖励外，还可享有多种形式的酒店消费奖励回馈。

名片	币种类型：双币	币　种：人民币/美元	卡组织：银联/VISA
	取现额度：30%	免息期：20～50 天	卡等级：普卡/金卡

4.4.7 深圳旅游·全城热购 IC 信用卡

深圳旅游·全城热购 IC 信用卡是中国建设银行深圳市分行携手深圳市文体旅游局、中国银联深圳分公司联合倾情打造的一张银联标准信用卡，集各联盟合作商户会员卡于一体，尊享"吃、住、行、游、购、娱"等领域商圈的会员专属权益，享无忧生活，秀魅力生活。

持卡人可享受各大购物中心、知名百货、餐饮酒店等商户的会员礼遇，实现钱包"减负"，优惠尽享。

名片	币种类型：单币	币　种：人民币	卡组织：银联
	取现额度：30%	免息期：20～50 天	卡等级：金卡/白金卡

4.4.8　龙卡全球支付信用卡

　　龙卡全球支付信用卡是中国建设银行面向具有境外消费需求的中高端客户发行的一款全币种信用卡产品，不仅能满足用户境内外刷卡支付需求，更为用户提供免收外汇兑换手续费、外币交易人民币入账还款的专属权益及覆盖用户商旅出行的特色服务，是用户境内外用卡的最佳选择。

　　持卡人所有外币交易（包含刷卡消费、网络消费、取款等）均实现自动购汇，折算为人民币记入持卡人龙卡全球支付卡人民币账户，持卡人仅需按账单以人民币归还欠款即可，还款更便捷。

名片	币种类型：双币	币　种：人民币/美元	卡组织：银联/MasterCard/VISA
	取现额度：30%	免息期：20～50 天	卡等级：标准白金卡/钛白金卡/金卡

4.5 交通银行常见信用卡

交通银行是我国早期四大银行之一。为适应我国经济体制改革和发展的要求,1987 年 4 月 1 日,重新组建后的交通银行正式对外营业,成为我国首家全国性的国有股份制商业银行,总行设在上海。

交通银行的信用卡申请门槛相对较低,信用额度提升较快,部分信用卡提现额度可达到 100%,并且支持网上银行和在线支付,单日支付限额较大。

4.5.1 交通银行标准信用卡

交通银行标准信用卡以鲤跃龙门之锐气、凤舞九天之威仪这些传统文化中象征尊贵与吉祥的灵兽为卡面设计素材,设计了太平洋信用卡的主卡的两种卡面。在当代中国与世界融汇之际,异彩遍及全球,恰如其分地映射了持卡人作为时代中坚的卓越身份。

 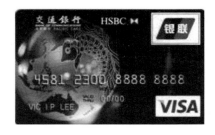

名片	币种类型:双币	币 种:人民币/美元	卡组织:银联/MasterCard/VISA
	取现额度:50%	免息期:25~56 天	卡等级:普卡/金卡

4.5.2　白金信用卡

交通银行白金信用卡是交通银行倾力打造的全方位商务出行、家庭旅游服务信用卡，涵盖机场贵宾室、酒后代驾、高额家庭旅行综合保障等诸多尊享服务，为持卡人提供白金生活体验。

名片	币种类型：单币/双币	币　种：人民币/美元	卡组织：银联/MasterCard/VISA
	取现额度：50%	免息期：25～56 天	卡等级：白金卡

4.5.3　Y–POWER 信用卡

交通银行 Y-POWER 信用卡有原力黑和活力白两种卡面设计。每张 Y-POWER 信用卡，用户在持卡 6 个月后，信用额度将有机会获得升级。

该信用卡主要为了满足年轻人的用卡需求而设计，单笔刷卡消费满 500 元人民币或 60 美元，即可启动"想分就分"分期付款特权。境内人民币取现，无论同行跨行、同城异地，手续费一律低至 5 元/笔，取现额度更高达信用卡额度的 100%。

名片	币种类型：双币	币　种：人民币/美元	卡组织：银联/VISA
	取现额度：100%	免息期：25～56 天	卡等级：普卡

4.5.4　交通银行锦江之星信用卡

交通银行锦江之星信用卡是交通银行与锦江之星旅馆有限公司携手为广大商旅人士和旅行爱好者量身定制的一张信用卡。

拥有锦江之星信用卡，持卡人即已成为锦江之星的会员，可享受包括超值套房、延时入住，延时退房、特惠餐饮等各类会员特惠服务。

名片	币种类型：单币	币　种：人民币	卡组织：银联/VISA
	取现额度：50%	免息期：25～56 天	卡等级：普卡/金卡

4.5.5　永达汽车信用卡

交通银行永达汽车信用卡，是继 2004 年永达汽车在行业内推出国内首张整合了"会员卡、银行卡"双卡合一的中国汽车消费卡——"永达·太平洋一卡通"后的又一升级力作。

交通银行永达汽车信用卡由交行与永达汽车结合"高档、汽车、生活方式"主题共同设计，卡片功能与现有双币卡功能一致，包含"邀享天地"航空里程兑换计划。

名片	币种类型：单币	币　种：人民币	卡组织：银联
	取现额度：50%	免息期：25～56 天	卡等级：普卡/金卡

4.5.6　航空秘书信用卡

交通银行航空秘书信用卡是牡丹航空的会员制度和交通银行太平洋双币卡的有机结合，是实现了银行卡和牡丹航空会员卡二卡合一的产品。该卡除具有信用卡的所有金融功能外，同时持卡人还可享受牡丹航空提供的优惠的航空服务及延伸产品。

该信用卡持卡人将可以参加"尊享优越"全国商户礼遇计划、"礼享生活"积分换礼计划，以及由交通银行和牡丹航空共同提供的"随时随地，想飞就飞"机票兑换计划。

名片	币种类型：单币	币　种：人民币	卡组织：银联
	取现额度：50%	免息期：25～56 天	卡等级：普卡/金卡

4.5.7 交通银行太平洋沃尔玛信用卡

交通银行太平洋沃尔玛信用卡是由交通银行联合沃尔玛公司发行的双币信用卡，由汇丰银行提供技术支持。

该卡结合了交通银行和沃尔玛公司的特色服务，为持卡人提供超值的积分回馈、分期付款计划等专享特别服务。同时，也能享受沃尔玛的超值优惠活动，让持卡人体验交通银行沃尔玛信用卡所带来的全新感觉。

名片	币种类型：单币/双币	币 种：人民币/美元	卡组织：银联/MasterCard
	取现额度：50%	免息期：25～56 天	卡等级：普卡/金卡

4.6 招商银行的信用卡

招商银行成立于 1987 年 4 月 8 日，是我国首家完全由企业法人持股的股份制商业银行。招商银行总行设在深圳，并于 2002 年 3 月成功上市。

招商银行的信用卡申请门槛低，积分永久有效，合作的特惠商户多，网银功能强大。这一系列特点的存在，使得招商银行的信用卡在国内的市场占有率很高。但是其积分不够人性化，网上

招商银行信用卡中心
客服电话：95555
信用卡中心：400 820 5555

支付限额很低，也使其发展受到一些限制。

4.6.1　招商银行 MasterCard 信用卡

招商银行 MasterCard 信用卡是招商银行的明星卡。其具有预借现金，随地可取；万家商户，优遍天下；积分永久有效；五重安全保障等功能。这受到很多招行粉丝的喜爱。

名片	币种类型：双币	币　种：人民币/美元	卡组织：银联/MasterCard
	取现额度：50%	免息期：20～50 天	卡等级：普卡/金卡

4.6.2　YOUNG 卡（青年版）

招商银行 YOUNG 卡是年轻时尚一族的首选，卡片共有白色和黑色两款，白色代表纯洁的无限青春，黑色则酷感十足。

该信用卡每个月的首笔取现交易免收手续费，取现额度高达信用额度的100%，持卡人生日当月消费还可享双倍积分奖励。新户刷卡满额还赠吉列男士理容套装（该卡仅限 30 岁以下客户申请）。

名片	币种类型：单币	币　　种：人民币	卡组织：银联
	取现额度：100%	免息期：20～50 天	卡等级：普卡

4.6.3　QQ 会员联名信用卡

招商银行 QQ 会员联名信用卡是招商银行与腾讯科技有限公司联合发行的 QQ 用户专享信用卡，分为男卡和女卡两款，男卡以黑色为背景，女卡以红色为背景。

持卡人成功绑定自己的 QQ 号后，绑定的 QQ 号可享受会员特权。截至 2013 年 12 月 31 日，如果持卡人绑定 QQ 时，QQ 已是会员，则绑定当月可享受积分翻倍以及首笔交易取现全额返手续费的优惠。

名片	币种类型：单币	币　　种：人民币	卡组织：银联
	取现额度：50%	免息期：20～50 天	卡等级：普卡

4.6.4　Car Card 汽车信用卡

招商银行 Car Card 汽车信用卡是专为有车一族量身定制的金卡，分为标准大卡和异形小卡两部分。

大卡卡面上将 CAR 中的字母 C 用汽车方向盘的图形代替，将汽车卡的特别属性表现得淋漓尽致，方向盘上还印有葵花图案。小卡卡面采用异形设计，沿车身线条勾勒的卡面边沿，将汽车卡与众不同的个性色彩完美体现。

名片	币种类型：双币	币 种：人民币/美元	卡组织：银联/MasterCard
	取现额度：50%	免息期：20～50 天	卡等级：金卡

4.6.5　国航知音信用卡

国航知音信用卡由中国国际航空公司与招商银行联合发行，不仅秉承招商银行信用卡"一卡双币、全球通用""先消费、后还款"等诸多优势，更结合国航知音会员卡优越的"里程银行"奖励计划，让持卡人在尽享生活乐趣中，更快实现免费飞行的梦想。

持国航知音信用卡支付本人机票款或 80%以上的旅游团费，即可免费获赠金卡 200 万元，普卡 50 万元的高额航空意外险。

名片	币种类型：双币	币 种：人民币/美元	卡组织：银联/MasterCard
	取现额度：50%	免息期：20～50 天	卡等级：普卡/金卡

4.6.6　携程旅行信用卡

携程旅行信用卡是由携程旅行网与招商银行联袂推出,专为商旅人士量身定制,不仅秉承招商银行信用卡的诸多优势,更结合携程专业的旅行预订服务、优越的积分奖励和特惠商户的折扣优惠,让用户在"刷卡"的乐趣中,完成轻松之旅。

名片	币种类型:双币	币　种:人民币/美元	卡组织:银联/VISA
	取现额度:50%	免息期:20～50 天	卡等级:普卡/金卡

4.7　中信银行信用卡

中信银行成立于 1987 年,原名中信实业银行,是最早成立的同时也是我国最早参与国内外金融市场的商业银行。中信银行在金融改革的大潮中成长壮大,并于 2005 年 8 月正式更名为中信银行。

中信银行的信用卡申请相对容易,信用卡也可以直接开通网上银行并进行网上交易,网上银行功能强大,操作简单。但其网点相对较少,现金还款不是很方便。

4.7.1　中信银联标准 IC 信用卡

中信 IC 信用卡是集芯片和磁条于一体的双界面信用卡，支持芯片插卡、磁条刷卡和非接触拍卡 3 种使用方式。

中信 IC 信用卡的账户分为人民币主账户和人民币电子现金账户。电子现金账户初始余额为 0 元，最高余额不得超过 1 000 元（含），单笔脱机消费金额不得超过 200 元（含）。

电子现金账户内余额不能透支和挂失，不能取现和转账，银行不对其计付利息。电子现金具有小额支付应用，可实现脱机消费、圈存、圈提等交易。使用电子现金进行脱机消费时，不校验密码、不核对持卡人签名，凡使用电子现金进行的交易均视为持卡人本人所为。

名片	币种类型：单币	币　种：人民币	卡组织：银联
	取现额度：30%	免息期：20～50 天	卡等级：普卡/金卡/白金卡

※知识延伸

圈存与圈提是近年来才出现的一种使用电子存折或电子钱包代替现金交易的一种交易方式，这种交易方式必须在具有 IC 卡芯片的介质和特定的终端上进行。

以中信银联标准 IC 信用卡为操作主体，圈存和圈提的意义如下。

● **圈存**：是指持卡人将中信 IC 信用卡主账户中的可用额度或其他任一借记卡中的资金或直接将现金划入电子现金账户中的交易。

● 圈提：是指持卡人将中信 IC 信用卡电子现金账户中的部分或全部余额划回其主账户中的交易。

4.7.2　中信悦卡信用卡

中信悦卡信用卡是中信银行推出的一款专注消费积分的标准信用卡，该信用卡可关联持卡人在中信银行的所有账户信息。根据持卡人在中信银行的所有资产以及持卡人的消费情况，可给予最高 8 倍的积分奖励。

该信用卡的基本积分采取阶梯计算方式，月交易金额在 0～5 000 元（含），获得 2 倍积分；月交易金额在 5 000～10 000 元（含），获得 3 倍积分；月交易金额在 10 000 元以上，获得 4 倍积分。在持卡人生日当月，无论交易金额多少，均获得 4 倍积分。

除基本积分外，该信用卡还有资产总额积分奖励，其计算的总资产为账单日所在月份上一个自然月的月日均资产。若资产在 0～5 万元（含），最终积分为基本积分的 0.5 倍；资产在 5 万～25 万元（含），最终积分为基本积分；资产在 20 万元以上，最终积分为基本积分的两倍。

名片	币种类型：单币	币　种：人民币	卡组织：银联
	取现额度：30%	免息期：20～50 天	卡等级：金卡/白金卡

4.7.3　中信腾讯 QQ 会员联名卡

中信腾讯 QQ 联名卡是中信银行与腾讯科技有限公司联合发行的 QQ 用户专享优惠的信用卡，有浮雕版和透明版两种。

在办理信用卡之前如果已有 QQ 号码，可在申请信用卡的时候，填写正确的 QQ 号码，并可将此 QQ 号码凸印于信用卡姓名下方。绑定的 QQ 号码在持卡人开卡后自动开通 QQ 会员功能。

如果未提供 QQ 号码，信用卡制作时也会为申请人提供一个新的 QQ 号码，持卡人可通过该 QQ 号码至指定的网页获取带会员功能的 QQ 密码。

名片	币种类型：单币	币　　种：人民币	卡组织：银联
	取现额度：30%	免息期：20～50 天	卡等级：普卡/金卡

4.7.4　中信 i 白金信用卡

中信 i 白金信用卡是中信银行面向高端商务人士发行的一款白金信用卡，卡面是尊贵的金属黑为主基色，带有轮廓分明的金属质感线条。

持该信用卡支付飞机票款，或者支付 80% 及以上的旅游团费，可获得最高 1 500 万元的航空意外险，以及 2 小时 1 000 元航班延误险，并可享受 4 次贵宾登机服务。

名片	币种类型：单币	币　　种：人民币	卡组织：银联
	取现额度：30%	免息期：20～50 天	卡等级：白金卡

4.7.5　中信淘宝信用卡

中信淘宝信用卡是中信银行联合国内大型网上购物网站淘宝网发行的可享受更多淘宝购物实惠的信用卡,可按账单月实际消费多少采取不同的积分计算规则（消费金额小于 2 000 元，1 元积 1 分；大于或等于 2 000 元，1 元积 2 分）。

名片	币种类型：单币	币　种：人民币	卡组织：银联
	取现额度：30%	免息期：20～50 天	卡等级：普卡/金卡/白金卡

4.7.6　中信猫眼电影联名信用卡

中信猫眼电影联名信用卡是中信银行联合猫眼电影发行的信用卡,该卡持卡人可享受众多观影特权,如 120 元电影券新户免费领（核卡 60 天内累积交易满 399 元即可领取）；猫眼购票周周立减 10 元（每周六在猫眼买票享单笔满 20 元减 10 元）；365 天边刷边赚电影券（刷卡累积猫眼现金券，买票当钱花）。除此之外，还拥有 9 元看大片；9 分兑大礼；周三、周六吃喝玩 5 折等优惠。

名片	币种类型：单币	币 种：人民币	卡组织：银联
	取现额度：30%	免息期：20～50 天	卡等级：金卡/白金卡

4.7.7　中信国航知音信用卡

中信国航知音信用卡是中信银行联合中国国际航空有限公司推出的国内服务体系领先的航空联名信用卡，集中信信用卡与国航知音会员卡于一身，可同时享受银行和国航知音会员的双重积分。使用信用卡支付机票或80%以上的旅游团费，更可享高额航空意外险和航班延误险。

名片	币种类型：单币	币 种：人民币	卡组织：银联
	取现额度：30%	免息期：20～50 天	卡等级：普卡/金卡/白金卡/钛金卡/世界卡

4.7.8　中信携程联名信用卡

中信携程联名信用卡是中信银行联合携程旅行网发行的一种适合经常出差旅行的商务人士的信用卡。

持白金卡可享机票返还 0.3%、酒店返还 5%、度假产品返还 2%的返现优惠。

名片	币种类型：单币	币 种：人民币	卡组织：银联
	取现额度：30%	免息期：20～50 天	卡等级：普卡/金卡/白金卡

4.8　兴业银行信用卡

兴业银行成立于 1988 年 8 月，是经国务院、中国人民银行批准成立的首批股份制商业银行之一。兴业银行总行设在福建省福州市，于 2007 年 2 月 5 日正式在上海证券交易所挂牌上市。

兴业银行信用卡中心成立于 2004 年 7 月，其发行的信用卡普卡额度在人民币 1 500～50 000 元，金卡额度在人民币 7 000～50 000 元。普卡和金卡用户，每年刷卡满 5 次可免次年年费。

4.8.1　睿白金信用卡

睿白金信用卡是 2010 年 6 月 13 日兴业银行联合上海环境能源交易所隆重推出的首张面向都市新贵一族的低碳联名白金信用卡。

睿白金信用卡有磁条卡和 IC 芯片卡两种，磁条卡有效期为 5 年，IC 芯片卡有效期为 10 年。IC 芯片卡支持闪付和电子现金功能，电子现金有效期与卡片有效期相同。

卡片于核卡 60 日内交易满 2 000 元人民币或等值外币，即可减免首年年费；于核卡一年内累计分期金额达到 5 000 元人民币，即可减免次年年费。如不满足该条件，于次年年费计收。当日积分余额满 30 000 分，也可自动豁免次年年费。

<table>
<tr><td rowspan="2">名
片</td><td>币种类型：单币/双币</td><td>币　种：人民币/美元</td><td>卡组织：银联/MasterCard</td></tr>
<tr><td>取现额度：50%</td><td>免息期：20～50 天</td><td>卡等级：白金卡</td></tr>
</table>

4.8.2　淘宝网联名信用卡

　　淘宝网联名信用卡是兴业银行与阿里巴巴集团旗下淘宝网携手推出的联名信用卡，为生活达人创造便捷、惬意的生活理念，"乐淘生活，无限传奇"。卡片有效期为 5 年。

　　卡面设计以淘宝淘公仔简洁可爱的线描图为主要元素，配合"淘！我喜欢"的 LOGO，设计简约、时尚、有活力，彰显持卡人的独特魅力。

<table>
<tr><td rowspan="2">名
片</td><td>币种类型：单币</td><td>币　种：人民币</td><td>卡组织：银联</td></tr>
<tr><td>取现额度：50%</td><td>免息期：20～50 天</td><td>卡等级：普卡/金卡/白金卡</td></tr>
</table>

4.8.3　Garfield 信用卡

　　Garfield 信用卡是国内首张卡通信用卡，于 2005 年 9 月首发。Garfield 信用卡将全球知名卡通人物 Garfield 搬上了信用卡的卡面，将 Garfield 的幽默个性带到持卡人的日常生活，给喜爱卡通、热爱生活、追求个性生活的客户在消费购物时提供了全新展现个性的空间。

该产品是目前国内唯一融合卡通、情侣、异型、温变四大主题的信用卡。Garfield 信用卡采用套上和普通形式发行，套上包括一张标准尺寸的卡片、一张异型卡片；普通形式为一张标准尺寸的卡片。套卡中的标准尺寸卡片和异型卡片使用同一卡号，共享同一信用额度，使用同一账户结算。

名片 币种类型：单币/双币 币　种：人民币/美元 卡组织：银联/MasterCard
取现额度：50% 免息期：20～50 天 卡等级：普卡/金卡

4.8.4　银联人民币白金信用卡

银联人民币白金信用卡是兴业银行面向城市白领发行的白金信用卡，有标准银联卡、MasterCard 标准卡和 VISA 标准卡 3 种。

持卡人可在国内 20 余个中心城市机场的国内航班出港机场享受贵宾服务，本人无限次免费畅行，当年可免费携带随行 4 人次。

名片	币种类型：单币/双币	币　种：人民币/美元	卡组织：银联/MasterCard/VISA
	取现额度：50%	免息期：20～50 天	卡等级：白金卡

4.8.5　艺龙旅行信用卡

　　艺龙旅行信用卡是兴业银行联合中国领先的在线旅行服务商艺龙旅行网发行的标准信用卡，含磁条卡和 IC 芯片卡两种。通过艺龙旅行网网站、24 小时预订热线以及手机艺龙网三大平台，为持卡人提供酒店、机票和度假等全方位的旅行产品预订服务。

名片	币种类型：单币	币　种：人民币	卡组织：银联
	取现额度：50%	免息期：20～50 天	卡等级：普卡/金卡/白金卡

4.8.6　东方航空联名信用卡

　　东方航空联名信用卡，完美融合了兴业银行卓越的金融服务和中国东方航空股份有限公司全方位的飞行服务，为生活、旅途带来更优质的享受。

　　信用卡设计创意来源于"一行雨燕向西去"，用剪影手法绘制的东航凌燕，由近及远、由东向西飞去，步步高升。卡正面印有东航 LOGO，卡正面左下角印有东航"东方万里行"会员号。

名片	币种类型：单币/双币	币　种：人民币/美元	卡组织：银联/MasterCard
	取现额度：50%	免息期：20～50 天	卡等级：金卡/白金卡/钛金卡

4.8.7　新车友信用卡

新车友信用卡是兴业银行专为爱车一族量身定制一款贴心信用卡，全国首创加油金计划，刷卡最高享 5 倍积分，速兑"加油金"。持卡人尊享 24小时非事故道路救援服务，不限车牌，不限次数。

名片	币种类型：单币/双币	币　种：人民币/美元	卡组织：银联/MasterCard
	取现额度：50%	免息期：20～50 天	卡等级：金卡/白金卡

4.9　广发银行信用卡

广发银行是经中华人民共和国国务院和中国人民银行批准组建，于1988 年 9 月成立的股份制商业银行，注册资本为人民币 35 亿元，总部设在广东省广州市。

广发银行于 1995 年在国内首家推出了第一张真正意义上的信用卡。

相对其他几大银行而言，广发银行的营业网点较少，柜台办理不是很方便。但广发银行的信用卡在使用半年后，提现额度可达到信用额度的 100%，同时消费自由分期起点低（500 元）。这受到了很多人的青睐。

4.9.1　广发淘宝信用卡

广发淘宝信用卡是广发银行与支付宝、淘宝网联合发行的一张信用卡，通过整合广发银行和淘宝的金融与支付服务优势，打造一张提供完善金融与快捷支付的信用卡产品。

该卡具备广发信用卡的基本服务和功能，具有"天天攒积分""周周倍多分""月月抢红包"等特色功能。

名片	币种类型：单币	币　种：人民币	卡组织：银联
	取现额度：50%	免息期：20～50 天	卡等级：普卡/金卡

4.9.2　广发携程信用卡

广发携程信用卡是广发银行股份有限公司与携程计算机技术（上海）有限公司共同推出的联名信用卡，该卡专门为商旅人士设计。

广发携程信用卡两卡合一，双向累计携程积分（不再累计广发信用卡积分），赠送旅行意外险，每月都可享受一笔异地取现免手续费优惠，以满足商旅人士的用卡需求。

名片	币种类型：单币	币　种：人民币	卡组织：银联
	取现额度：50%	免息期：20～50 天	卡等级：普卡/金卡

4.9.3　广发希望信用卡

广发希望信用卡是广发银行发行的第一张全国范围的慈善主题信用卡。其长期关注贫困家庭孩子健康与教育的慈善理念，持卡人的消费积分每满 1 万分，银行就向广发希望慈善基金捐赠 12.5 元，这深受广大爱心人士的大力支持。

该系列信用卡独特的四叶草卡版设计，从一叶到四叶的不断"点亮"，表示爱心的不断增加。灵活的捐赠机制，以及根据捐赠额累积而升级的卡片升级功能，都彰显着持卡人的爱心。

名片	币种类型：单币	币　种：人民币	卡组织：银联
	取现额度：50%	免息期：20～50 天	卡等级：金卡

4.9.4　广发真情信用卡

广发真情信用卡是国内首张女性专属信用卡，采用透明卡版设计，倡导"独立、从容、聪明、率性"的女性生活理念，具有自选商户类型 3 倍积分计划、自选保险计划等服务。同时，享有众多商户折扣优惠，给女性带来更多个性选择、更多贴心服务。

 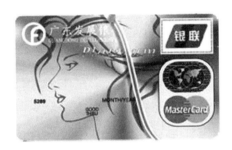

名片	币种类型：单币/双币	币　种：人民币/美元	卡组织：银联/MasterCard/VISA
	取现额度：50%	免息期：20～50 天	卡等级：普卡/金卡/白金卡

4.9.5　广发车主信用卡

广发车主信用卡专为私家车主量身定制，为车主客户和其座驾提供全方位的优惠和服务。持该卡可尊享全国范围内 100 公里免费道路救援服务，刷卡加油 5 倍积分或 1%的现金返还优惠，自选高额保险保障等多项功能及优惠。另外，对于广发车主信用卡新客户，可额外再获得 2%的加油金返还。

名片	币种类型：单币/双币	币 种：人民币/美元	卡组织：银联/MasterCard/VISA
	取现额度：50%	免息期：20～50 天	卡等级：普卡/金卡

4.9.6　广发留学生信用卡

广发留学生信用卡，专为留学家庭设计，具有全球交易人民币自动结算、灵活进行主附卡管控等功能。该卡主附卡持卡人均尊享高达 300 万元旅行交通工具意外保险，附属卡客户更尊享每月首笔境外取款免手续费优惠。刷卡消费计积分，积分不仅可兑换丰富礼品，还可兑换多家航空公司里程。

名片	币种类型：双币	币 种：人民币/美元	卡组织：银联/MasterCard
	取现额度：50%	免息期：20～50 天	卡等级：普卡/金卡

4.9.7　广发粤通卡

广发粤通信用卡是标准的银联信用卡，卡片除了具有广发信用卡的基本服务和功能外，还将加载粤通卡（记账卡）功能同时提供周末及节假日通行费银行补贴至 8.5 折、平日通行费 9.8 折、刷卡加油 1% 的现金返还、100 公里免费道路救援和免费赠送驾驶员意外险等针对车主的专属权益。

名片	币种类型：单币	币　种：人民币	卡组织：银联
	取现额度：50%	免息期：20～50 天	卡等级：普卡/金卡

4.10　民生银行信用卡

民生银行于 1996 在北京成立，是首家主要由非公有制企业入股的全国性股份制商业银行。成立以来，业务不断拓展，规模不断扩大，效益逐年递增，并保持了良好的资产质量。

民生银行于 2005 年 6 月 16 日在北京发布了首张信用卡。在各种信用卡产品中，民生钻石白金信用卡、民生女人花信用卡民生 VISA 奥运信用卡等产品深受持卡人青睐。

民生银行信用卡中心
客服电话：95568
信用卡中心：40066 95568

4.10.1　民生标准信用卡

民生标准信用卡将根据持卡人的资信状况灵活给予额度，持卡人可在信用额度内先消费、后还款。在节假日、客户出国期间，民生银行将主动为持卡人提高临时额度，并且为持续用卡状况良好的客户主动提高额度。

名片	币种类型：单币	币　种：人民币	卡组织：银联
	取现额度：40%	免息期：20～50 天	卡等级：普卡/金卡

4.10.2　民生百度外卖联名卡

　　民生百度外卖联名卡是民生银行与百度外卖共同推出的联名信用卡，除享有民生银行信用卡的基本功能外。在 2017 年 5 月 22 日至 2018 年 5 月 20 日（含首尾两日）期间，持卡人每自然周消费满 3 笔且单笔满 199 元（达标交易类型包含计积分交易、微信交易、支付宝交易），即可以 7 元或 7 积分享受 7 天精彩特权。

名片	币种类型：单币	币　种：人民币	卡组织：银联
	取现额度：40%	免息期：20～50 天	卡等级：普卡/金卡

4.10.3　民生京东白条联名卡

民生京东白条联名卡是民生银行与京东联合推出的联名信用卡，该卡持卡人可享受白条免息券、京东商城免运费券、星巴克咖啡券轻松兑、五星级酒店自助餐双人免一和积分自动换京东钢镚等多项特色权益。

名片	币种类型：单币	币　种：人民币	卡组织：银联
	取现额度：40%	免息期：20～50 天	卡等级：普卡

4.10.4　民生网乐购分期信用卡

民生网乐购分期信用卡是专为年轻人打造的一款消费型信用卡，其具有闪付和自动分期功能，同时拥有众多专属商品优惠特权。

名片	币种类型：单笔	币　种：人民币	卡组织：银联
	取现额度：40%	免息期：20～50 天	卡等级：普卡/金卡/白金卡

4.10.5　民生女人花卡

中国民生银行将女性一切美好，结合时尚生活元素融入信用卡中，借此发行了民生女人花系列信用卡。

名片	币种类型：单币	币　种：人民币	卡组织：银联
	取现额度：40%	免息期：20～50 天	卡等级：普卡/金卡/标白/毫白

4.10.6　民生国航联名卡

民生国航联名信用卡，拥有民生信用卡与国航知音会员卡双重功能，刷卡消费累积里程，高额航意险及旅行不便险，全面的机场贵宾服务，更推出国内首张无限级别航空类联名卡。

名片	币种类型：双币	币　种：人民币/美元	卡组织：银联/VISA
	取现额度：40%	免息期：20～50 天	卡等级：金卡/白金卡/无限卡

4.10.7　民生东方航空联名卡

民生东方航空联名卡拥有民生信用卡及东航东方万里行会员卡双重功能，不仅可累计东航积分，更可乐享高额的航空意外保险、全面的机场贵宾服务以及其他多种优惠。

名片	币种类型：单币/双币	币　种：人民币/美元	卡组织：银联/VISA/JCB
	取现额度：40%	免息期：20～50 天	卡等级：普卡/金卡/白金卡

4.10.8　民生同道大叔星座卡

民生同道大叔星座卡采用独特 3D 打印工艺，可以触摸到每个星座卡通的表情。每张卡片上印有星座名称，12 个星座，12 张专属卡片。

名片	币种类型：单币	币　种：人民币	卡组织：银联
	取现额度：40%	免息期：20～50 天	卡等级：普卡

4.11 光大银行信用卡

光大银行成立于 1992 年 8 月，并于 1997 年 1 月完成股份制改造，成为国内首家国有控股并有国际金融组织参股的全国性股份制商业银行。

光大银行信用卡普卡当年刷卡满 3 次即可免次年年费，这是所有银行中最容易免年费的，并且它的分期不限额度，消费不分金额，都可享受免费短信提醒。但其营业网点相对较少，额度偏低，持有多张信用卡的申请人难以批卡。

4.11.1 光大爱奇艺联名信用卡金卡

爱奇艺联名卡由光大银行携手爱奇艺联合推出，专为视频娱乐打造的联名信用卡。

通过光大银行渠道申请该卡的新客户（以前无光大信用卡）首刷可送 3 个月爱奇艺黄金会员。

名片	币种类型：单币	币　种：人民币	卡组织：银联
	取现额度：50%	免息期：20～50 天	卡等级：金卡

4.11.2 光大小 Q 卡粉色梦幻信用卡

光大小 Q 卡粉色梦幻信用卡为光大银行与腾讯征信强强联手推出的联名信用卡。该卡终身免年费，拥有首刷送红包、消费抢积分、还款抽 Q 币、特色专项机场贵宾厅服务和交易短信免费提醒等特权。

该卡片须到腾讯征信端申请，申请人可通过手机 QQ 中"腾讯征信"公众号申请此卡。

名片	币种类型：单币	币 种：人民币	卡组织：银联
	取现额度：50%	免息期：20～50 天	卡等级：金卡

4.11.3　嘉人香水信用卡

嘉人香水信用卡具备光大银行信用卡的所有基本功能，并且更多意义上是为白领女士精心设计的一款信用卡。

卡片设有一个能滴入香水的"香囊"。持卡人可以根据自己的喜好将香水滴入其中，以散发迷人的气息。

除了精巧的"香囊"设计外，产品在卡面的设计上以浪漫飘逸的时尚女郎形象呈现，彰显了其女性专属的定位。

名片	币种类型：单币	币 种：人民币	卡组织：银联
	取现额度：50%	免息期：20～50 天	卡等级：金卡

4.12　浦发银行信用卡

浦发银行是 1992 年经中国人民银行批准设立，并于 1993 正式开业的股份制商业银行，总行设在上海。

　　浦发银行信用卡中心是国内首家获得外资银行提供支持的信用卡运作机构，依托花旗银行的全球运作经验和浦发贴心周到的本地服务，致力于信用卡专业化管理和运作，为国内的消费者带来更多更先进的信用卡产品和功能，秉承"你能享更多"的品牌理念，为持卡人带来一份全新的用卡体验。

4.12.1　加速积分卡

　　浦发银行的加速积分卡卡面设计通过黑色拉丝工艺结合重重礼物的渐变，呈现出加速的动感，深沉的底纹映衬电线兔的结合，突出卡片的简洁，更显尊尚高贵的气质。

　　该卡可以让持卡人在使用信用卡时的积分速度大大提高，其中，白金卡积分可加速 1.5～5 倍，金卡积分可加速 1.3～3 倍。

名片	币种类型：单币	币　种：人民币	卡组织：银联
	取现额度：30%	免息期：20～50 天	卡等级：金卡/白金卡

4.12.2　东航·浦发联名信用卡

　　东航·浦发联名信用卡是浦发银行联合东方航空有限公司发行的一款信用卡，具有浦发银行白金卡的权益和东方万里行会员卡功能。

　　持卡人可享受浦发银行和东方万里行的双重积分，享受周全的出行保障计划以及每年全年 6 次机场贵宾室、12 次高铁贵宾休息室，贵宾室服务网络覆盖全球近 400 多家机场、24 家高铁站、900 多间贵宾休息室服务。

名片	币种类型：双币	币　种：人民币/美元	卡组织：银联/MasterCard
	取现额度：30%	免息期：20～50 天	卡等级：白金卡/钛金卡/金卡

4.12.3　标准 IC 信用卡

标准 IC 信用卡是浦发银行发行的集磁条、接触式芯片和非接触式芯片于一体的银联标准信用卡，支持电子现金和闪付功能。

名片	币种类型：单币	币　种：人民币	卡组织：银联
	取现额度：30%	免息期：20～50 天	卡等级：金卡/白金卡

4.12.4　浦发梦卡

浦发梦卡是一张可以全方位深度定制的信用卡，卡组织、卡面和卡号都可任意选择，卡面有多种工艺可供选择，包括烫印、PVC 材质、金属材质、3D 工艺和透明等。

名片	币种类型：单币/双币	币　种：人民币/美元	卡组织：银联/MasterCard/VISA
	取现额度：30%	免息期：20～50天	卡等级：普卡/金卡/白金卡

4.12.5　浦发青春信用卡

浦发青春信用卡是浦发银行专为年轻族群量身打造的高额度潮卡。该卡提供多款潮流卡面，同时专为年轻爱尝试新鲜事物的持卡人贴心准备了专属"梦想金"（梦想金额度为持卡人的预借现金可用额度），持卡人可按需支取现金并分期偿还。另外，还拥有特定日合格消费享双倍积分、新客户现金分期享7折费率限时优惠等特权。

名片	币种类型：单币/双币	币　种：人民币/美元	卡组织：银联/VISA
	取现额度：30%	免息期：20～50天	卡等级：普卡/金卡

4.13　华夏银行信用卡

华夏银行成立于 1992 年 10 月，是一家全国性股份制商业银行，总行设在北京。1995 年经中国人民银行批准开始进行股份制改造，改制变更为华夏银行股份有限公司（以下简称华夏银行）。

华夏银行的信用卡可享受自由分期服务，其钛金卡的积分速度较快，还可代还其他银行的信用卡。与其他银行相比，华夏银行的信用卡不能在网上申请，只能由工作人员上门服务或客户前往营业网点申请。

4.13.1　华夏爱奇艺"悦看"联名信用卡

华夏爱奇艺"悦看"联名信用卡，主要面对互联网高品质、追求时尚、热爱生活的客户，卡面主打"悦看"概念，分"优雅蓝"和"个性黑"自选双卡面，视觉轻松活泼。

卡片权益结合爱奇艺会员权益，旨在为持卡人奉上畅快、无广告、高清高质的观影体验，让持卡人轻松享受追剧不等待，获得热映大片抢鲜看的快感。另外，还有机会获得明星见面会、观影团、首映礼、演唱会和录制现场的门票。

 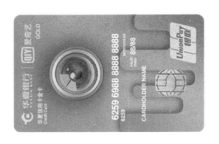

名片	币种类型：单币	币 种：人民币	卡组织：银联
	取现额度：30%	免息期：25～56 天	卡等级：金卡

4.13.2　华夏易达金卡

华夏易达金卡为持卡人提供现金全面解决方案，及时满足持卡人的资金需求。持卡人可在授信额度内申请易达金，且可自由选择超长还款期数，多种方便快捷的还款方式随时轻松还款。

名片	币种类型：单币	币 种：人民币	卡组织：银联
	取现额度：100%	免息期：25～56 天	卡等级：普卡

4.13.3　华夏 ETC 信用卡

华夏 ETC 信用卡针对办理华夏 ETC 卡支付业务的个人客户发行，含白金卡和金卡两个级别，用于绑定华夏 ETC 卡账户作为高速公路通行费的扣款账户，拥有高速先通行、后还款的待遇，并可享受免息还款期。

华夏 ETC 信用卡目前已在北京、天津、石家庄和广州等地区投入使用，并将陆续在全国各分行所属地发行。

名片	币种类型：单币	币 种：人民币	卡组织：银联
	取现额度：30%	免息期：25～56 天	卡等级：白金卡

4.13.4 华夏 SMART 信用卡

　　华夏银行 SMART 信用卡有红蓝两种卡面可供选择，卡面设计新颖、功能定位准确。该卡除具有华夏标准信用卡的基本功能外，还包含刷卡免年费、取现免手续费、转账免手续费等专享服务。

名片	币种类型：单币	币　　种：人民币	卡组织：银联
	取现额度：30%	免息期：25～56 天	卡等级：金卡

如何申领信用卡

在了解了各家银行的信用卡特点以及自己所需要的信用卡类型后，即可着手申请一张属于自己的信用卡。要成功申请信用卡，需要了解不同的银行信用卡申请的途径，并准备好充足的申请材料。当信用卡批卡并寄送到申请人手中后，需要通过不同的方式开卡激活后方可使用。

◇ 最简单实用的代理申请
◇ 最方便的网上申请
◇ 最安全的营业厅申请
◇ 信用卡申请需要哪些流程
◇ 通过电话激活信用卡
◇ 在网上激活信用卡

5.1 通过哪些途径可以申请信用卡

随着信用卡业务的逐步发展，各大银行对信用卡的管理机制也越来越完善，对需要申请信用卡的人而言，带给他们的好处就是申请信用卡的途径越来越多，如图 5-1 所示。

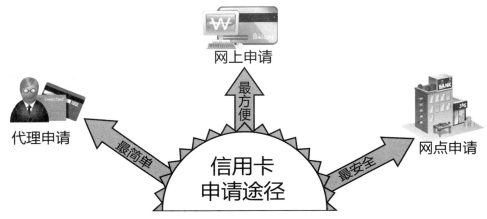

图 5-1 一般银行的信用卡申请途径

5.1.1 简单的代理申请

代理申请信用卡是信用卡申请途径中最为简单的一种，申请人不需要过多地了解信用卡，只需向代理人提供相关资料即可完成申请，甚至仅需要身份证即可完成信用卡申请手续。其申请流程如图 5-2 所示。

图 5-2 信用卡代理申请流程

需要注意的是，代理人必须可靠。现在市场上有很多信用卡公司，必须要经过仔细辨别，以免被骗。

很多银行为了发展其信用卡业务，会派遣工作人员到一些人口较为集中的商业区开展信用卡代办业务。只要能够判断其身份的真实性，成功代办的可能性就相对较高。

通常这类代办人员会向个体商户或一些具有较高职位的职工发出邀请，只需要提供身份证、工作证、营业执照或收入证明等部分材料，再填写申请表即可。

资料填写并提交一段时间后，银行通常会通过其客户电话向申请人询问信用卡申请的相关信息，得到申请人核对后，银行会审核申请人的资信材料以及提供的申请材料，决定是否批卡。

如果批卡成功，银行会按时印制信用卡，并通过挂号信的方式邮寄到申请人提供的地址，同时电话通知申请人：信用卡已核发并邮寄，注意签收。

5.1.2 方便的网上申请

随着互联网行业的发展，绝大多数银行都有自己的网站。为了扩大信用卡的发卡数，银行会在其网站设立了信用卡中心，并允许用户通过网站申请信用卡，其操作流程如图5-3所示。

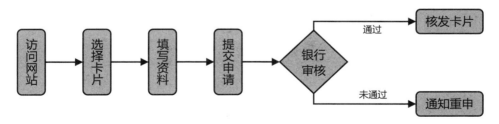

图 5-3 网上申请信用卡流程

不同银行由于其网站设计不同，在线申请信用卡的方式也不同。如申请交通银行的信用卡，可访问交通银行信用卡中心（"https://creditcard.bankcom

m.com/content/pccc/index.html"），单击"我要办卡"按钮，在打开的页面中单击"立即申请"按钮。进入资料填写页面，根据实际情况填写真实信息，选中"本人已阅读并同意……"复选框，单击"确认以上信息"按钮。在打开的页面中选中"白金卡新户达标……"复选框，单击"确定"按钮。最后按照页面提示依次填写申请人真实信息并提交，完成信用卡的申请，如图 5-4 所示。

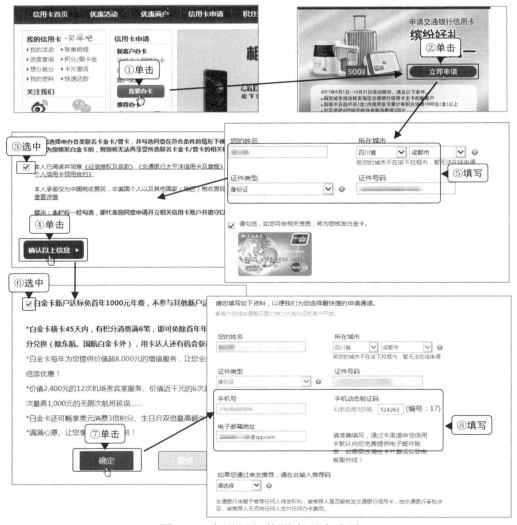

图 5-4　交通银行信用卡网上申请

　　招商银行的信用卡在网上申请最为快捷，只需填写少量的资料，简单操作两步即可完成申请过程。

　　访问招商银行信用卡中心（"http://cc.cmbchina.com/"），单击"新客户办卡"按钮，在打开的页面中需要申请的卡面下方单击"立即申请"按钮，在打开的页面中填写申请人姓名、身份证号码并选择卡面后，单击"下一步"按钮，在打开的页面中完善个人信息，再单击"立即提交"按钮，如图5-5所示。

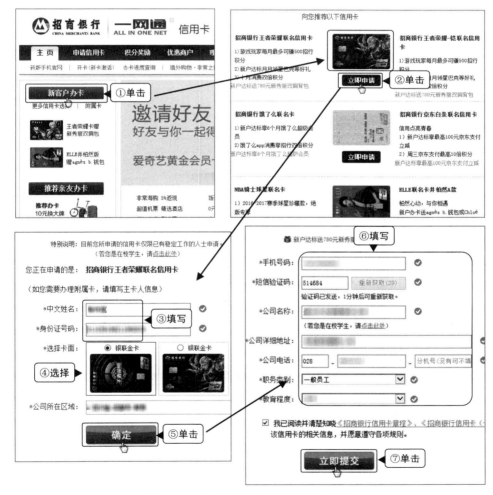

图5-5　招商银行信用卡网上申请

5.1.3   安全的营业厅申请

如果找代理人申请信用卡怕被骗，又不会网上申请的操作，那么申请人可以带上相关资料，前往需要申请的信用卡发卡银行的就近营业网点，向银行工作人员索要申请表，并完成信用卡申请。其流程如图 5-6 所示。

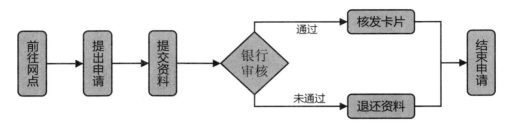

图 5-6   银行网点申请信用卡流程

5.2   信用卡申请需要哪些流程

无论采用哪种申请方式，在信用卡申请过程中，都需要经历确认申请条件并发出申请、阅读并充分了解信用卡领用合约、填写申请、递交申请材料、核实用户身份并印发信用卡这几个关键环节。

5.2.1   确认申请条件并发出申请

在选择好自己想要申请信用卡的所属银行以及要申请的信用卡类型后，首先需要根据银行的要求，检查自己是否满足申请该卡的条件，在确认自己满足信用卡申请条件后，再通过网上银行或到银行营业网点申请。

一般银行要求信用卡申请人必须在 18～60 周岁，具有有效身份证件和完全民事行为能力，并且有稳定的工作和收入，方可申请信用卡。如果要申请信用卡附属卡，则需要年满 16 周岁且在 70 周岁以下，其他条件可无限制。

各大银行信用卡章程中对申请人的要求如表 5-1 所示。

表 5-1　几大银行信用卡领用条件

发卡银行	信用卡类型	章程规定的领用条件
中国银行	主卡	凡年满 18 周岁具有完全民事行为能力、有稳定收入的个人，可凭本人有效身份证件和发卡银行规定的其他相关文件向发卡银行申领个人卡
	附属卡	个人卡主卡持卡人可为其配偶和年满 16 周岁的亲属申请附属卡
	单位卡	凡在境内金融机构开立基本存款账户的单位，可凭中国人民银行核发的开户许可证和发卡银行规定的其他相关文件向发卡银行申领单位信用卡
中国农业银行	主卡	年满 18 周岁，具有完全民事行为能力，且资信良好的个人可凭本人有效身份证件和相关资料向发卡银行申领个人卡主卡
	附属卡	个人卡主卡持卡人还可为年满 14 周岁的个人申领附属卡
	单位卡	凡在境内金融机构开立基本存款账户的单位（政府部门、法人机构或其他组织）可凭中国人民银行核发的开户许可证和相关资料向发卡银行申领单位卡
中国工商银行	主卡	凡具有完全民事行为能力，资信状况良好的个人，可凭本人有效身份证件和相关资料向发卡机构申领个人主卡
	附属卡	主卡持卡人可为符合发卡条件的具有完全民事行为能力自然人或限制民事行为能力自然人（必须得到其法定代理人的许可）办理不超过两张的副卡
	单位卡	凡具有法人资格的企业、国家机关、事业单位、部队、社会团体或其他组织，可凭中国人民银行核发的开户许可证和相关资料向发卡机构申领单位卡
中国建设银行	主卡	年龄在 18～70 周岁且具有完全民事行为能力，具有稳定的职业及收入，能按时还本付息且信用良好的个人可申领个人主卡，大学生办卡必须经父母等亲属同意方可办卡
	附属卡	主卡持卡人可为具有完全民事行为能力或年满 13 周岁以上具有限制民事行为能力的个人办理不超过 3 张附属卡
	单位卡	在境内金融机构开立基本存款账户并具有偿还能力的机关、团体、部队、企业、事业单位和其他组织，可凭经中国人民银行核准的基本存款账户开户登记证和相关证明文件申领单位卡

续表

发卡银行	信用卡类型	章程规定的领用条件
交通银行	主卡	年龄在 18～65 周岁（青年卡为 18～30 周岁），且具有完全民事行为能力、有合法稳定收入的中国公民和在中国境内有居留权等条件的外国人及港澳台同胞可申请办理信用卡主卡
	附属卡	主卡持卡人可为其年满 16 周岁的子女、父母、配偶或其他直系亲属办理不超过 3 张的附属卡（青年卡、公务卡、BOSS 卡主卡下不可办理附属卡）
招商银行	主卡	年满 18 周岁、具有完全民事行为能力且资信良好的中国居民，常住境内的具有完全民事行为能力的外国人及具有完全民事行为能力的港澳台同胞，均可凭本人有效身份证件向发卡机构申请信用卡个人卡主卡
	附属卡	个人卡主卡持卡人可为其他具有完全民事行为能力的自然人或限制民事行为能力的自然人申领附属卡
	单位卡	凡在中国境内金融机构开立基本存款账户的单位，可凭中国人民银行核发的基本存款账户开户许可证等证明文件向发卡机构申领单位卡
中信银行	主卡	凡具有完全民事行为能力的自然人，均可凭本人有效身份证件及我行要求的其他文件向发卡机构申请中信信用卡个人卡主卡
	附属卡	个人卡主卡持卡人可为其他自然人申领附属卡
	公务卡	凡在境内金融机构开立基本账户，具有独立法人资格的企业、行政事业单位、社会团体、法人授权的其他经济组织等，可凭中国人民银行核发的开户许可证等资料向发卡机构申领中信公务卡
兴业银行	主卡	年满 18 周岁（外籍、港澳台地区个人须年满 25 周岁），具有完全民事行为能力、有合法、稳定的收入来源，且资信良好的公民，均可申请办理信用卡主卡
	附属卡	主卡持卡人可为其他具有完全民事行为能力或年满 16 周岁且符合办卡条件的自然人申领附属卡
	单位卡	凡在境内金融机构开立基本账户，具有独立法人资格的公司、机关、事业单位、社会团体和其他组织，可凭中国人民银行核发的开户许可证等资料向本行申领单位卡

续表

发卡银行	信用卡类型	章程规定的领用条件
光大银行	主卡	凡具有完全民事行为能力，有合法、稳定收入，且信誉良好的中国公民、常住国内的外国人、港澳台同胞，均可凭本人有效证件向发卡机构申请信用卡个人卡主卡
	附属卡	个人卡主卡持卡人还可为其他具有完全民事行为能力或限制民事行为能力的自然人申请副卡
	商务采购卡	凡在境内金融机构开立基本账户，具有独立法人资格的企业、行政事业单位、社会团体、法人授权的其他经济组织等，可凭中国人民银行核发的开户许可证等资料向发卡机构申请商务采购卡
浦发银行	主卡	凡年满 18 周岁，具有完全民事行为能力，有合法、稳定收入来源及偿付能力，且资信良好的自然人，均可凭本人有效身份证件及要求的其他文件向信用卡中心申请信用卡个人卡主卡
	附属卡	主卡持卡人可为其他年满 18 周岁，具有完全民事行为能力的自然人申领附属卡
民生银行	主卡	凡年满 18 周岁（外籍、港澳台地区个人须年满 25 周岁），具有完全民事行为能力，有稳定、合法的收入来源，信誉良好的个人，均可凭本人有效身份证件和相关证明文件向本行申领民生信用卡个人卡主卡
	附属卡	个人卡主卡持卡人可为其他自然人申领附属卡
	公务卡	具有独立法人资格的企业、行政事业单位、社会团体、部队、法人授权的经济组织等，可凭经中国人民银行核准的基本存款账户开户许可证和相关证明材料向本行申领民生信用卡公务卡
广发银行	主卡	凡具有完全民事行为能力，有合法、稳定收入来源且资信良好的个人，可凭本人有效身份证件和相关资料向银行申办个人卡
	附属卡	主卡持卡人也可为其他具有完全民事行为能力的自然人办理不超过两张附属卡
	单位卡	凡在中国境内金融机构开立基本账户，具有独立法人资格的企业、行政事业单位、社会团体、法人授权的其他经济组织等，可凭中国人民银行核发的开户许可证等证明文件及发卡机构规定的其他资料申办单位卡

5.2.2 阅读并充分了解信用卡领用合约

在确定自己符合信用卡申请条件以后，如果是在营业网点申请，工作人员会向你讲解信用卡的基本功能和注意事项，并拿出该信用卡领用合约让你阅读。如果是在网上申领信用卡，在开始填写资料之前，也会有一个领用合约阅读栏，如图 5-7 所示。此时必须认真阅读合约内容。

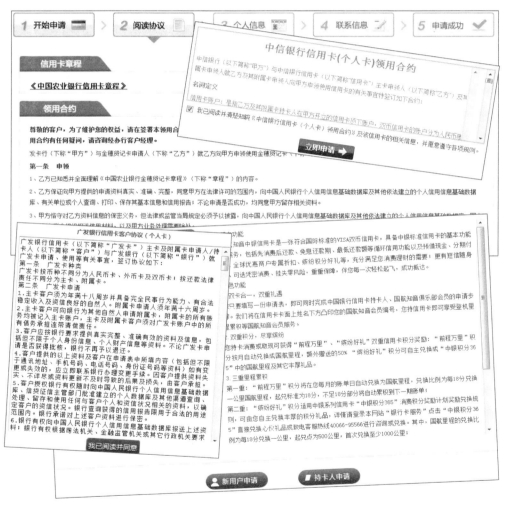

图 5-7　各银行信用卡领用合约

一般银行的信用卡领用合约中都会包含名词定义、申领、使用、利息与费用、对账单等部分，其中，申请人需要注意的是利息与费用这部分，如果理解不正确，可能将在日后的信用卡使用过程中给自己带来一些迷惑。

例如，《中国民生银行信用卡（个人卡）领用合约》中的第四章为利息与费用的相关规定，其内容如下。

第四章 利息与费用

第十九条 信用卡激活后，持卡人应支付首年年费。此后每年年费均列入当年首个账单期的应缴款内。持卡人不得以任何事由要求减免或退还已记账年费。

第二十条 **除章程或本合约另有约定的情形之外，对持卡人的非预借现金交易，从记账日起至最后还款日之间的日期为免息还款期，持卡人在免息还款期内偿还全部应还款项的，无需支付当期刷卡消费交易款项的利息。免息还款期的最长期限由本行在有关金融规章许可的范围内确定。持卡人未能在到期还款日之前（含）全额还款的，所有交易不享受免息还款期待遇；已偿还部分按透支利率计收自记账日至还款日的利息，未偿还部分按透支利率自记账日持续计息。**

第二十一条 **持卡人选择以最低还款额方式还款并经本行审核同意的，可于当期最后还款日前将不低于最低还款额（上期最低还款额未还部分的 100%+超额部分 100%+分期分摊资金 100%+信用额度内其他未还消费款及预借现金的 10%+其他全部应付款项的 100%）的款项偿还本行。选择最低还款额方式后所有交易不享受免息还款期待遇，所有交易将自记账日起按透支利率计收利息。持卡人如同时持有本行两张以上的信用卡，其每期最低还款额为其持有的各卡的最低还款额的总和。**

第二十二条 预借现金不享受免息期，持卡人须支付手续费和自记账日起按透支利率计算的利息。预借现金款项仅能用于合理的个人或家庭消费，但不得用于生产经营、投资股票、期货、房地产或其他股本权益性投资。预借现金的持卡人须保留与预借现金用途相符合的交易凭证、合同或发票，并有义务根据我行卡中心要求随时提供上述证明材料原件。

第二十三条 持卡人未能于最后还款日前（含当日）足额偿还最低还款额时，除应支付透支利息之外，还应支付滞纳金；此外，持卡人还应承担其他违约责任。持卡人办理本合约或本行规定的相关业务，须按本行依法确定的费率支付手续费等费用。**年费、透支利率、手续费、滞纳金等按本行依法确定公布并不时修订的费率表执行，透支利息按月计收复利。**

第二十四条 持卡人超过到期还款日，未偿还透支款项的，本行有权依法向持卡人催收、追缴并有权停止持卡人使用卡片，且本行有权要求持卡人全额偿还所欠款项（包括但不限于未到期的分期付款、未到期的分期手续费等）。持卡人已支付的分期手续费不作退还。本行因向持卡人催收欠款所引起的一切费用（包括但不限于诉讼费、律师费、鉴定费、评估费、拍卖费以及本行为实现债权所产生的其它费用），均由持卡人承担。

第二十五条 持卡人以外币结算方式进行的消费和预借现金所产生的该种货币与清算币种之间的清算汇率依中国银联股份有限公司、VISA/MasterCard/AE/JCB 等国际组织规定办理。持卡人的外币债务应以有关法律法规规定及本行要求的币种偿还；如允许且以人民币在本行购汇偿还，则按本行确定的汇价及相关手续办理。

第二十六条 **持卡人存入信用卡内的资金不计存款利息，若欲领回扣减到期应付款项之后的溢缴款项，可在银行柜台或自助银行设备提取或者要求本行以汇款方式付至持卡人在本行开立的账户，并承担溢缴款领回手续费。**

第二十七条 持卡人与本行约定通过持卡人开立于本行或他行指定的账户自动还款的，本行有权在最后还款日当日从约定账户中扣收持卡人应还款项，扣收不足的部分持卡人应及时清偿。持卡人未能及时足额偿还的，本行有权从持卡人在本行任何营业机构开立的账户中自行扣收，或处置本行保管或持有的持卡人资产并以处置所得受偿，或将本行对持卡人负有的债务进行抵销，并可依法采取其他催收措施及行使调整额度、收回卡片等权利；由于本行行使权利而引起的费用和损失由持卡人承担。持卡人偿还的款项不足以清偿其全部到期应还款项时，按照以下顺序对其信用卡账户的各项欠款进行冲还：自记账日起逾期 1-90 天（含）的，按照先应收利息或各项费用、后本金的顺序进行冲还；自记账日起逾期 91 天以上的，按照先本金、后应收利息或各项费用的顺序进行冲还。

其中"第十九条"的规定表示在成功申请信用卡并激活后的第 1 年内，不管持卡人是否使用信用卡进行了消费，都将支付这一年的年费（现行年费收取标准如表 5-2 所示），如果信用卡有年费优惠措施，则按优惠措施收费。

表 5-2　民生银行信用卡现行年费收取标准

信用卡类型		收费标准	优惠措施
无限卡	主卡	人民币 30 000 元	暂无
	附属卡	人民币 15 000 元	第一附属卡免年费
钻石卡	主卡	人民币 10 000 元	暂无
	附属卡	人民币 5 000 元	第一附属卡免年费
豪华白金卡	主卡	人民币 3 600 元	暂无
	附属卡	人民币 1 800 元	暂无
标准白金卡	主卡	人民币 600 元	首年免年费，当年可累积积分交易达 18 笔或满 5 万元或等值外币，免次年年费
	附属卡	人民币 300 元	
金卡	主卡	人民币 300 元	根据市场情况提供不同的年费减免优惠
	附属卡	人民币 150 元	
普卡	主卡	人民币 100 元	
	附属卡	人民币 50 元	
白金理财卡	主卡	人民币 1 500 元	民生银行贵宾客户享受优惠政策
	附属卡	人民币 750 元	
通宝白领卡	白金卡	人民币 600 元	首年免年费，自核卡之日起，每 12 个月至少进行一笔交易以免次年年费
	金卡	人民币 300 元	
通宝分期豪华白金卡	主卡 1 800 元/年；附属卡 900 元/年		根据市场情况提供不同的年费减免优惠
通宝分期豪华钻石卡	主卡 3 600 元/年；附属卡 1 800 元/年		

根据该合约第二十条规定，对持卡人的非预借现金交易，只要在到期还款日之前（含）全额还款，则可以不产生其他的额外费用，但如果在到期还款日以后未全额偿还的，将对本期交易的所有金额收取利息（"全额罚息"，但现在银行已经停止了全额罚息政策）。

在未全额还款的情况下，已偿还的部分按透支利率计收自记账日至还款日期间的利息，未偿还部分按透支利率自记账日持续计息，直到所有金额偿还完毕。所产生的利息费用将归于下期账单中一并计算。

根据该合约第二十一条规定，如果持卡人采用最低还款额偿还当期账单，则所有交易仍然不享受免息期，所有交易将自记账日起按透支利率计收利息，一并归于下期账单中计算。

根据该合约第二十二条规定，持卡人使用信用卡预借现金（取现）的金额不享受免息期，从预借现金当日开始按日计算利息，直到偿还所有预计现金金额。

根据该合约第二十六条规定，持卡人存入信用卡内的资金不计存款利息，如果要取回存入信用卡中的溢缴款，还需要支付相应的手续费。因此，尽量不要把多余的资金存入信用卡账户中。

5.2.3　认真填写申请表

在仔细阅读信用卡领用合约后，如果接受合约条款，则认真填写银行提供的领用申请表，并在签名栏签名。

根据发卡银行和申请的信用卡种类不同，申请表的内容也不相同，但基本都包含申请人基本资料、职业资料、联系人资料等几个部分。图 5-8 所示为中国工商银行的信用卡申请表部分内容。

- **申请人基本资料**：信用卡主卡申请人的详细资料应包括姓名（含拼音字母）、性别、婚姻状况、出生日期、学历、证件号码、住宅地址、联系电话等。

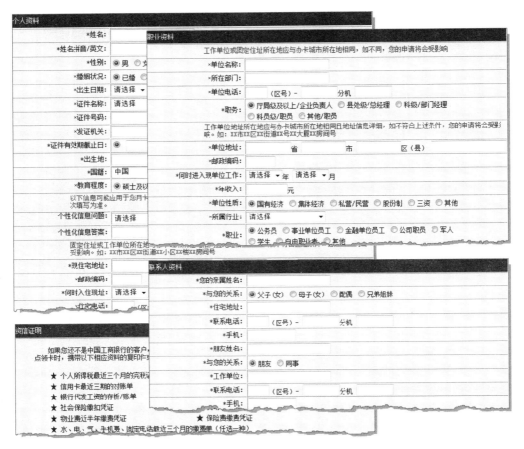

图 5-8　中国工商银行信用卡申请表部分内容

● **职业资料**：职业资料可帮助发卡机构判断申请人是否具备申请条件，包括单位名称、所在部门、单位电话、单位地址、入职时间、所属行业以及年收入等，其中绝大多数资料都必须如实填写，并与提供的资料相符。

● **联系人资料**：需要填写至少 1 位与申请人关系密切的亲属和一个朋友的资料，包括姓名、与申请人关系、地址、联系电话、工作单位等，部分发卡机构在核查资料的时候，可能会电话联系申请人所填写的联系人，以确认资料的正确性。

5.2.4　递交所需证明及材料

在填写好申请表后，申请人需要向发卡机构提交其要求的相关证明材料。如果是在网点申请，通常需要携带原件和复印件；如果是在网上申请，通常只需要提供原件的扫描件即可。

不同的发卡机构对要求申请人提供的证明资料各不相同，如很多银行在办理信用卡的时候，如果已办理有信用卡，只需提供身份证及目前仍在有效期的信用卡即可。对于新办信用卡的申请人，表5-3列举了部分银行规定的证明材料。

表 5-3　部分银行要求提供的证明材料

发卡银行	要求材料
中国银行	1．身份证明文件 境内居民：需提供居民身份证或临时居民身份证复印件（正反两面，有效期内），或军官证复印件；外籍人士：需提供有效护照、《外国人居留证》复印件或在有效护照签证页上贴附的"外国人居留许可"复印件或《外国人永久居留证》复印件；港澳台人士需提供《港澳居民来往内地通行证》或《港澳同胞回乡证》或《台湾居民来往大陆通行证》复印件。 2．固定居住地址证明（可选择下列各项中的任一项） 户口卡（簿）复印件；水、电、气最近三期缴费单；固定电话最近三期缴费单；单位开具的集体宿舍证明；房屋租赁合同（协议）；自有房产证明；小区物业管理费缴费单据；街道开具的住址证明；最近两期的信用卡月结单或最近三个月的个人所得税完税证明；能证明其有固定居住地址的其他证明材料。 3．财力证明文件（可选择下列各项中的任一项） 政府机构、企业开具的最近三个月的正式工资单或收入证明（需加盖公司章或部门章）；银行代发工资的存折/账单复印件；最近三个月的个人所得税完税证明复印件；社会保险扣缴凭证复印件；自有房产证明复印件；银行定期、活期存款单/存折复印件；基金、国债、企业债券购买凭证复印件（需显示购买人姓名、账号和账户余额）；会员卡类复印件，包括高尔夫会籍卡，中国移动、中国联通贵宾卡，国航知音白金卡、金卡、银卡会员卡，南航明珠卡金卡、银卡会员卡，东航万里行俱乐部金卡、银卡会员卡（需显示姓名和卡片有效期）等

发卡银行	要求材料
建设银行	1. 本地户籍的申请人 身份证复印件收入证明（最近三个月的个人所得税扣缴凭证或完税证明复印件、最近三个月的社保单复印件、最近三个月的公积金缴交记录或缴交清单复印件任意一种）或个人资产证明（产权属于本人或与他人共有的本地房地产权证复印件、购房/车发票复印件、机动车行驶证复印件、建设银行储蓄存折或存单复印件中任选一种）或专业资质证明（如国家权威部门评定或认可的执业资格证书复印件，包括注册会计师、注册审计师、律师证等）。 2. 非本地户籍的申请人 身份证复印件；财力证明（同上）；稳定性证明（发卡行当地房产证明复印件、社保单复印件、全日制本科及以上学历/学位证书复印件等）。 3. 境外人士（包括港、澳、台同胞及外籍人士） 身份证复印件（外籍人士提供护照复印件，香港、澳门地区居民提供港澳往来内地通行证复印件，中国台湾地区居民提供 5 年期的台湾居民往来大陆通行证复印件）， 《外国人永久居留证》或保证金（起存金额 5 000 元）
招商银行	1. 身份证明 一般是身份证（需正反面复印件），军人需提供军官证复印件。 2. 工作证明 可以是任职单位开立的工作证明原件（请写明具体的公司名称、部门、岗位及收入情况，并加盖公司公章或人事章），或工作证/牌复印件。 3. 可以选择性提供的资料 财力证明可以是银行代发工资记录，或所得税扣缴凭证，或房、车、存款和投资市值证明文件（如房产证/汽车行驶证/银行定期存单的复印件）等能证明用户财力水平的资料
交通银行	1. 国内居民需要提供填写完整且亲笔签名的申请表、身份证明文件、居住证明文件、收入证明文件。 2. 外籍人士和港澳台人士需要提供外国人居留许可证（居留事由必须为就业）或外籍人士/港澳台人士就业证。 3. 私营业主除上述资料外还需提供显示申请人姓名、企业名称和开始经营日期的工商营业执照复印件
中信银行	身份证明文件复印件；加盖单位公章的工作证明或工作证复印件；单位开具的收入证明原件，或银行存款证明原件，或显示申请人姓名的银行代发工资记录复印件，或所得税扣缴凭证复印件，或自有房产证复印件

续表

发卡银行	要求材料
光大银行	包括但不限于有效身份证或军官证复印件、工作证明文件、财力证明文件或中国光大银行要求的其他证明文件
浦发银行	身份证（军人需提供军官证）复印件；可为申请人所在工作单位开具的工资证明（需加盖单位财务章或单位公章），工作证复印件或有本人相片的工牌复印件、名片等；自有房产证明文件复印件、机动车辆行驶本正本及副本复印件、银行定（活）期存单（折）复印
民生银行	1. 居民身份证复印件（境内居民），或港澳居民往来内地通行证、台湾同胞往来大陆通行证及居住签注或多次往返签注复印件（港澳台同胞），或外国人士所属国的护照及居留证或在华就业证复印件（外籍人士）。 2. 工作单位开具的正式工作证明原件、显示信息全面的工牌或名片原件、显示单位名称、申请人姓名及近三个月缴交记录的社保/医保/公积金证明材料等。 3. 银行代发工资记录、单位开具的收入证明、所得税扣缴凭证、自有房产证/购房合同/银行按揭还款计划表、自有汽车行驶证等

5.2.5　核实用户身份并印发信用卡

当申请人向信用卡机构提交了信用卡申请表，并提供了足够的证明材料后，发卡机构会在指定的时间通过电话向申请人询问一些申请资料上填写的内容，以确认申请表是申请人所填写。

同时，发卡机构会向中国人民银行个人征信系统查询申请人的资信情况，如果所有条件都满足发卡要求，那么发卡机构会向制卡中心发送信息，由制卡中心印制专属申请人的信用卡卡片。

卡片制作完成并返回发卡机构，发卡机构会通过挂号信的方式寄送到申请人填写的联系地址，或者发放到申请人选择的营业网点，再通过电话联系申请人前来领取信用卡。

5.3 领到信用卡，需要激活后才能使用

信用卡与普通储蓄卡不同，当申请人拿到信用卡以后，还不能立即使用，必须进行"激活"操作。成功激活后，信用卡才能进行刷卡消费。

5.3.1 信用卡激活的意义与方法

由发卡机构批卡后，信用卡大多是通过邮寄的方式寄送给申请人，这并不能保证领取信用卡的就是申请人本人。为了使申请人和银行免遭盗刷风险，信用卡在未被激活之前是不能进行任何消费或取现等交易的。

申请人在收到信用卡后，必须对信用卡进行激活，这个激活过程就是银行验证申请人资料的过程。只要银行要求激活需要提供的信息正确，即可成功激活。成功激活后即可使用信用卡消费或取现等交易。

一般发卡银行都为信用卡的激活提供了多种方法，如果是申请人自己到银行网点领取信用卡的，在出示有效证件后，银行会帮助申请人激活信用卡，然后再交由申请人使用。

如果信用卡是通过邮件寄送给申请人的，也可以通过图 5-9 所示的几种方法来完成信用卡激活操作。

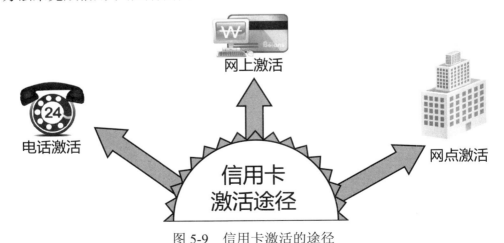

图 5-9　信用卡激活的途径

5.3.2　通过电话激活信用卡

通过电话激活信用卡是最简单的一种方法，只需根据随信用卡一起寄送的说明书上的要求，使用申请信用卡时填写的电话拨打信用卡客户服务热线，根据提示即可完成信用卡的激活。例如，浦发银行信用卡电话激活流程如图 5-10 所示。

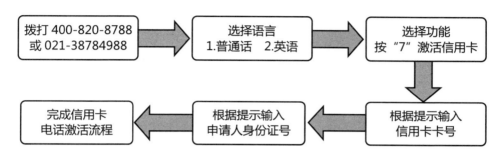

图 5-10　浦发银行信用卡电话激活流程

各家银行的电话激活流程基本相同，但需要注意的是，激活信用卡时，必须使用申请信用卡时预留的住宅电话或手机拨打客服电话，否则无法完成激活过程。几大银行的信用卡激活热线如表 5-4 所示。

表 5-4　各大银行信用卡激活热线

发卡银行	服务热线		发卡银行	服务热线	
中国银行	95566	40066-95566	中信银行	95558	40088-95558
中国工商银行	95588	40066-95588	兴业银行	95561	40088-95561
中国建设银行	95533	400-820-0588	光大银行	95595	400-78-88888
中国农业银行	95599	40066-95599	浦发银行	95528	400-820-8788
交通银行	95559	400-800-9888	民生银行	95568	40066-95568
招商银行	95555	400-820-5555	平安银行	95511 转 2	
华夏银行	95577	40066-95577	广发银行	95508	400-830-8003

5.3.3　　通过网页激活信用卡

如果说电话激活不够直观，那么也可以采用网上激活的方法来激活信用卡（部分银行的信用卡不提供网上激活功能）。各家银行的网上激活操作不尽相同，但基本都遵循如图 5-11 所示的流程。

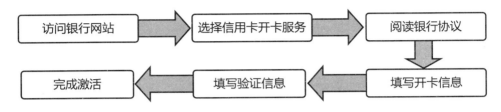

图 5-11　信用卡网上激活简单流程

以浦发银行信用卡开卡为例，访问浦发银行信用卡网站（"http://ccc.spdb.com.cn/"），单击"在线激活"超链接。在打开的页面中输入信用卡卡号，单击"下一步"按钮验证信用卡，验证成功后，选择证件类型并输入证件号码、信用卡有效期和 CVV2 码，单击"提交"按钮。最后根据提示输入手机收到的验证码，单击"提交"按钮完成信用卡在线激活，如图 5-12 所示。

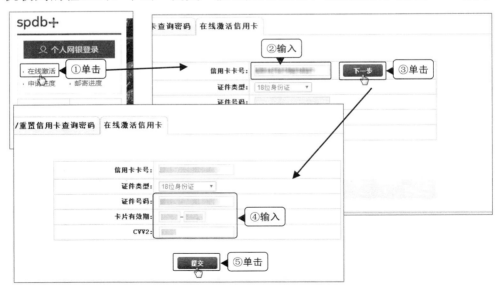

图 5-12　浦发银行信用卡激活过程

5.3.4　其他激活方式

为了满足更多信用卡申请人激活信用卡的需要，很多银行都开设了除以上三种基本激活方法外的其他激活方法。

一些发卡银行为信用卡申请人提供更为简便的短信开卡服务，只需按照指定的格式编辑短信，发送到银行指定的服务号码，即可完成开卡过程。

例如，中信银行信用卡开卡，可使用申请信用卡时绑定的手机号码（移动、联通、电信用户均可），编辑短信"KK+卡号末四位+身份证号码末六位"或"KK+卡号末四位+住宅电话末四位"（如 KK8888123456 或 KK88881234），发送到"106980095558"，即可完成开卡。

再如，兴业银行的信用卡，可用办卡时登记的手机编辑短信"31 加卡号末四位（如 31 ××××）"，发送至"95561"进行开卡激活。

部分银行还提供了更方便快捷的微信开卡服务，如民生银行的信用卡，可通过关注"民生银行信用卡"官方微信，在下方"快速办理"下拉列表中选择"激活│设置│安全锁"选项。在推送的微信消息中选择"卡片激活"选项，进行信用卡激活操作，如图 5-13 所示。

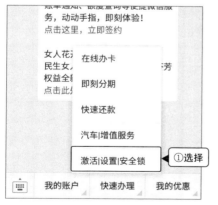

图 5-13　民生银行信用卡微信激活

随着智能手机的不断普及，很多银行都开发了自己的手机客户端。为了方便客户，有些银行也将信用卡激活功能添加到手机银行客户端中。

又如，中国建设银行信用卡可通过在手机银行客户端点击"信用卡"按钮，在打开的页面中点击"信用卡激活"按钮，进入激活页面，如图 5-14 所示。

图 5-14　进入中国建设银行信用卡激活页面

在打开的页面中填写证件号码、手机号码、信用卡卡号、安全码和手机短信验证码，点击"确认"按钮完成信用卡激活，如图 5-15 所示。

图 5-15　激活信用卡

用好信用卡

申请并激活信用卡后，接下来就是持卡人如何使用信用卡。由于信用卡在我国也是近几年才开始逐步兴盛起来的，很多人在使用信用卡时总是非常担心信用卡会很快产生费用。其实只要掌握了信用卡使用方法，它不仅不会给用户带来麻烦，还会为用户带来意外的惊喜。

◇　使用信用卡支付的几种方式
◇　使货币价值最大化
◇　用信用卡分期减小经济压力
◇　信用卡网上购物也轻松
◇　用好信用卡也能省钱

6.1 使用信用卡支付的几种方式

信用卡的主要功能是透支消费，而消费就需要向提供商品或服务的一方支付费用。如何使用信用卡来支付这些费用，是初次使用信用卡的持卡最关心的问题。

6.1.1 常用的 POS 机刷卡

在 POS 机上刷卡支付是目前最常见的信用卡使用方式。这种支付要求刷卡的 POS 机必须连网（国内通常是银联网络），支付流程如图 6-1 所示。

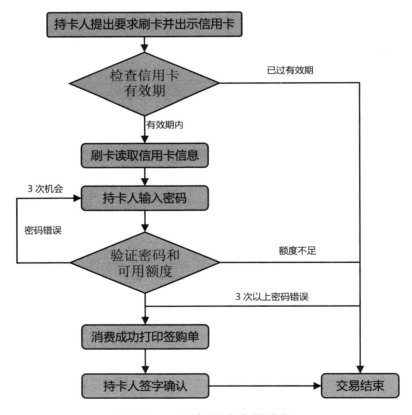

图 6-1　POS 机刷卡支付流程

刷卡时，操作员应首先查看信用卡的有效期和持卡人姓氏等信息，然后将磁条式信用卡的磁条在 POS 机上划过，或者将芯片式信用卡插入卡槽，连通银行支付网关后，输入相应的金额，持卡人输入信用卡消费密码（若无密码，可直接按【确定】键）。

支付网关接受信息后，POS 机会打出刷卡支付的收据（至少是两联），持卡人检查支付收据上的信息无误后应在此收据上签字，操作员将信用卡及刷卡支付收据的一联（未签字的一联）交给持卡人，完成 POS 机上的刷卡支付程序。

※知识延伸

目前国内的 POS 机通常有两种样式的签购单，一种是专用的签购单，采用针式打印原理，两联完全重合，持卡人在第一联上签字由商家留存，第二联无须签字，交由持卡人留存。

专用的 POS 签购单通常在固定的较大 POS 机上使用，这种 POS 有一个刷卡主机和一个密码输入键盘构成。主机需要通过电话线接入网络，并负责刷卡和输入刷卡金额等操作，密码输入键盘用于持卡人输入密码，使用的是标准 POS 签购单。

另一种 POS 签购单是使用传统的热敏打印纸打印的，两联分两次打印出来，首先打印的是需要持卡人签名的商家保留联，待撕下该联后，POS 机再打印下一联持卡人留存联。

使用这种签购单的 POS 机通常是移动 POS 机（为了节约成本，现在也有部分固定 POS 机使用这种签购单）。

6.1.2 时尚的网上支付

随着互联网的不断发展与成熟，网上消费给人带来很大的方便，而在网上消费时，有很多也能使用信用卡来进行支付。

从持卡人角度来讲，网上支付是信用卡的几种支付方式中风险最大的一种，因为不怀好意的人可能使用网络钓鱼、窃听网络信息、假冒支付网关等手段窃取用户资料，这需要持卡人仔细判断支付页面的可靠性，再选择是否要继续支付操作。

网上支付时，需要输入卡号、信用卡有效期、卡背面签名栏旁的数字的威士 CVV2 码/万事达卡 CVC2、网上交易密码，有时还需要输入姓名、网页随机生成的验证码等。输入完成后，单击提交即可完成网络支付。

有些信用卡可提供网上银行功能，并为持卡人开通网上支付功能，对于这种信用卡，可以直接通过信用卡网上银行完成支付，而无须安全码等验证。

现在很多网站提供了"快捷支付"功能，持卡人可使用信用卡与该网站的会员账号进行绑定，此后直接使用快捷支付，可以减少很多支付步骤。图 6-2 所示为某支付宝账户绑定的快捷支付。

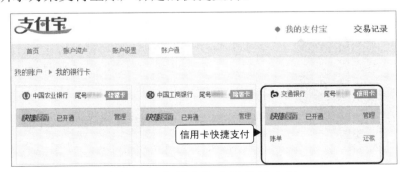

图 6-2 支付宝绑定的快捷支付

6.1.3　便捷的手机支付

如今，越来越多的人出门不带钱包和银行卡了，因为使用手机就能轻松支付。日常生活中最常用的手机支付工具是手机支付宝和微信支付，用户只需在手机支付宝或微信中绑定个人信用卡，在商场或超市购物使用手机支付宝或微信支付时，就可以选择用信用卡付款，图 6-3 所示为某用户在手机支付宝（左）和微信中绑定的信用卡。

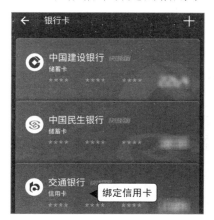

图 6-3　手机支付宝（左）和微信绑定信用卡（右）

手机支付宝和微信为用户提供了丰富的付款方式，最常用的为付款码和扫码付。

- **付款码**：主要用于线下向商家付款时使用。在付款时，只需使用手机支付宝或微信向商家展示二维码及条码，商家使用扫码枪或摄像头等设备，扫描用户的二维码或条形码，即可完成交易。除此之外，商家也可以手动输入条形码下方的数字完成交易。

- **扫码付**：是指买家通过手机支付宝或微信扫描商家提供的二维码来完成支付。

需要注意的是，如果扫码付的商家提供的二维码是个人用户的收款二维码，那么是不能使用信用卡完成支付的。

6.2 使货币价值最大化

现金在手上可以根据自己的操作产生不同的价值（如用于投资产生收益，或存在银行产生利息），而现金在支付以后，就不会再带来任何价值了，这就是货币的时间价值。

信用卡的主要功能是透支消费，用户可以先用银行的钱，而把自己的钱留下来另作安排，等到最后还款日前几天，再还入信用卡。这样就可以用出现金的最大价值。

6.2.1 信用卡有多长时间的免息期

信用卡刷卡消费都会享受一段时间的免息期，用户在消费时使用的是银行的钱，而在免息期内，用户使用的这笔钱不会产生任何额外费用。

不同银行的信用卡，可享受的免息期各不相同。在正常情况下，目前国内各大银行信用卡的免息期最短为 20 天，最长为 56 天。影响免息期的主要因素是刷卡日、账单日和最后还款日。目前，国内几大银行信用卡可享受的免息期如表 6-1 所示。

表 6-1　各大银行信用卡正常免息期

发卡银行	免息期	账单日	账单日更改	最后还款日
中国银行	20～50 天	系统随机确定	不可更改	账单日后第 20 天
中国工商银行	25～56 天	8～26 日间随机确定	每年可改 1 次	账单日后第 25 天
中国建设银行	20～50 天	特定日期之间随机确定	每年可改 1 次	账单日后第 20 天
中国农业银行	25～56 天	每月 10 日、20 日、17 日和 27 日	不可更改	次月 5 日、15 日、12 日和 22 日
交通银行	25～56 天	系统随机确定	有效期内可改 1 次	账单日后第 25 天
招商银行	19～49 天	特定日期之间随机确定	每半年可改 1 次	账单日后第 18 天

发卡银行	免息期	账单日	账单日更改	最后还款日
中信银行	20～50 天	系统随机确定	不可更改	账单日后第 20 天
兴业银行	20～50 天	特定日期之间随机确定	每半年可改 1 次	账单日后第 20 天
光大银行	20～50 天	特定日期之间随机确定	不可更改	账单日后第 20 天
浦发银行	20～50 天	系统随机确定	不可更改	账单日后第 20 天
民生银行	20～50 天	特定日期之间随机确定	每年可改 1 次	账单日后第 20 天
平安银行	19～50 天	特定日期之间随机确定	每年可改 2 次	账单日后第 18 天
华夏银行	25～56 天	特定日期之间随机确定	每年可改 1 次	账单日后第 25 天

6.2.2　刷卡享受最长免息期

为了让持卡人的现金在手中具有最大价值，在条件允许的情况下，应尽量选择在可享受最长免息期的日期刷卡。要享受最长免息期，就必须掌握自己信用卡的账单日和最后还款日之间的关系。

通常情况下，在账单日之前，越接近账单日的消费，享受的免息期越短；在账单日以后，越接近账单日的消费，享受的免息期越长。要想刷卡享受最长免息期，可采用择卡而用和延迟消费两种方法。

1．择卡而用

如果用户有两张信用卡，并且两张信用卡的账单日相隔时间较长，则可以通过择卡而用的方法，来使用户的消费享受最长免息期。

小刘有一张交通银行信用卡和一张中国工商银行信用卡，交通银行信用卡账单日是每月 7 日，工商银行信用卡账单日是每月 25 日。在 10 月 9 日，她购买一部手机，想用信用卡来支付，如果要享受最长免息期，在选择信用卡时就需要做一番考虑。

假如她选择交通银行的信用卡，则这笔消费将于 11 月 7 日出账，并于 11 月 7 日后的第 25 天偿还，即在 12 月 2 日之前必须偿还，可享受的免息期为 54 天（10 月 9 日至 12 月 2 日）。

如果她选择中国工商银行的信用卡，则这笔消费将于 10 月 25 日出账，并于 10 月 25 日后的第 25 天偿还，即在 11 月 20 日之前必须偿还，可享受的免息期为 42 天（10 月 9 日至 11 月 20）。

如果只有以上两种选择的话，很明显她选择交通银行的信用卡支付，将可以享受更长的免息期。

2. 延迟消费

如果仅有一张信用卡，又想要享受最长免息期，就只能选择在账单日后的几天进行消费。由于消费日期固定，在非特殊情况下，可选择延迟消费来享受最长免息期。

※事例故事

小王有一张浦发银行信用卡，账单日为每月 12 日。9 月 11 日他看中的一台平板电脑正在降价促销，活动会持续 3 天。他想使用信用卡支付购买，但如果当时购买的话，这笔消费将于 9 月 12 日出账，并在 9 月 12 日后的第 20 天（10 月 2 日）之前偿还，他只能享受 21 天的免息期（9 月 11 日至 10 月 2 日）。

于是他忍了两天，并于 9 月 13 日买下了这款平板电脑，由于已过了本月账单日，他的这笔消费将于 10 月 12 日出账，并于 11 月 1 日之前偿还，即可以享受 49 天的免息期（9 月 13 日至 11 月 1 日）。

6.2.3   高手教你如何延长免息期

每张信用卡的免息期通常都固定不变，但随着信用卡用户越来越多，有些发卡银行为了提供更加人性化的信用卡服务，允许持卡人在一定期限内调整账单日。

精明的信用卡用户通过研究调整账单日功能发现，调整账单日，可以增加一次免息期的长度。

※事例故事

张先生有一张中国工商银行的信用卡，账单日为每月 9 日，最后还款日为次月 2 日。中国工商银行的信用卡可以在每月 8～26 日和每月 1 日这 20 个日期中任意选取一个，账单日和最后还款日的对应关系如表6-2所示。

表6-2   中国工商银行信用卡账单日和最后还款日对应关系

账单日	最后还款日	账单日	最后还款日	账单日	最后还款日
1 日	本月 25 日	14 日	次月 7 日	21 日	次月 14 日
8 日	次月 1 日	15 日	次月 8 日	22 日	次月 15 日
9 日	次月 2 日	16 日	次月 9 日	23 日	次月 16 日
10 日	次月 3 日	17 日	次月 10 日	24 日	次月 17 日
11 日	次月 4 日	18 日	次月 11 日	25 日	次月 18 日
12 日	次月 5 日	19 日	次月 12 日	26 日	次月 19 日
13 日	次月 6 日	20 日	次月 13 日	—	—

如果张先生要进行一笔大额消费，想要享受最长免息期，他可以在 9 月 9 日出了账单后，于 9 月 10 日进行这笔消费，这笔消费会在 10 月 9 日出账，并于 11 月 2 日之前偿还，可享受 54 天免息期（9 月 10 日至 11 月 2 日）。

他在 10 月 1 日至 10 月 8 日之间申请将账单日调整为每月 26 日，则该笔消费将在 10 月 26 日出账，并于 11 月 19 日之前偿还，他可以享受共 71 天的免息期（9 月 10 日至 11 月 19 日）。

6.3 信用卡分期减小经济压力

一次性消费，分期偿还是信用卡的一大特色功能。当面对一件心仪的商品，虽然有购买能力，但手头现有资金不足以支付时，就可以使用信用卡来支付，然后根据自己的实际情况申请分期偿还，这样可有效减小由于大额消费所带来的短期经济压力。

几乎所有的银行发行的信用卡都支持分期还款业务，只是各银行提供的分期起点金额、可分期数和分期手续费等不尽相同。

6.3.1 信用卡分期的几种方式

信用卡分期也有不同的方式，根据不同银行的分期方式来看，信用卡分期基本可分为单笔分期、账单分期、商场分期和邮购分期 4 种。

- **单笔分期**：持卡人的某笔消费金额达到发卡银行的最低分期金额，可在最后还款前 3 天致电发卡银行信用卡中心或通过信用卡网上银行申请单笔分期，将这笔消费分期偿还，其他消费不受影响。

- **账单分期**：当持卡人某期的账单金额达到分期要求，可在最后还款日前几天致电发卡银行信用卡中心或通过信用卡网上银行申请账单分期。账单分期可将当期账单中所有可分期金额全部分期偿还。

- **商场分期**：持卡人在发卡银行的特惠商户处可直接要求分期购买商品，由商场刷卡并直接进行分期。

- **邮购分期**：持卡人可在信用卡网上商城购买商品并选择分期付款业务，由银行向持卡人邮寄所购买的商品，并于每月的账单日从信用卡账户中扣除每期分期金额。

6.3.2　中国银行分期服务

中国银行发行的信用卡提供快捷分期、分期轻松购、商场分期、家装分期和汽车分期等业务，各项业务的相关信息如表6-3所示。

表6-3　中国银行分期业务

业务名称	业务简介	最低限额
快捷分期	是一种在线商场分期产品。信用卡持卡人在线特约分期商户消费，一次性支付满500元（含）时可以通过快捷分期产品实现在线分期付款	人民币500元（含）
分期轻松购消费分期	交易日后至最近一期账单日前2天致电信用卡中心，即可申请将单笔普通刷卡消费交易转为分期偿还	人民币600元（含）
分期轻松购账单分期	账单日后至当期账单还款日前2天致电，即可申请将当期账单人民币新增刷卡消费金额转为分期偿还，每期账单申请账单分期的金额须为整数，最低为人民币1 000元，最高不超过当期消费总额的90%	人民币1 000元（含）
商场分期	在中国银行特约分期商户消费，一次性刷卡消费满1 000元（含）以上时，持卡人选择采用分期付款方式进行支付的交易	人民币1 000元（含）
家装分期	是指中国银行信用卡持卡人使用其信用卡（中银系列信用卡、新一代长城信用卡）在中国银行指定家装商户购买产品或服务高于2万元（含）时，选择将实际付款金额平均分成若干期，在约定的期限内按月还款，并支付一定手续费的业务	人民币20 000元（含）
汽车分期	中国银行信用卡（中银系列信用卡、新一代长城信用卡）持卡人在中国银行指定经销商处购买价格高于5万元（含）的一手家用汽车时，使用信用卡支付，并选择将实际付款金额平均分成若干期，在约定的期限内按月还款，且需要支付一定手续费的业务	人民币50 000元（含）

对于快捷分期、商场分期、家装分期和汽车分期等几项分期业务可享受的分期数和手续费率，是由合作商户规定的，而分期轻松购业务是由中国银行提供的。其可分期数和对应手续费率如表 6-4 所示。

表 6-4　中国银行分期轻松购业务手续费率

分期期数（月）	3 期	6 期	9 期	12 期	18 期	24 期
总手续费率（%）	1.95	3.60	5.40	7.20	11.70	15.00
各期手续费率（%）	0.65	0.6	0.6	0.6	0.65	0.625

中国银行信用卡无论是单笔分期还是账单分期，分期手续费将在首期一次性收取，一经收取不予退还。

6.3.3　中国农业银行分期服务

中国农业银行发行的金穗贷记卡（信用卡）提供商户分期、汽车分期和消费分期 3 项业务，各项业务简介如表 6-5 所示。

表 6-5　中国农业银行分期业务

业务名称	业务简介	最低限额
商户分期	中国农业银行为其发行的卡片状态正常的信用卡提供商户分期业务，持卡人在指定商户进行信用额度内的人民币消费，达到要求后可申请分期偿还	人民币 500 元（含）
汽车分期	持卡人本人在指定汽车门店以自己名义购车，且持卡人具有良好的信用记录和稳定的收入，所购车辆办理了规定保险业务的，可申请汽车分期业务	根据商户不同而不同
消费分期	持卡人所进行普通消费，在达到银行规定时，可向银行申请消费分期业务，在支付一定的分期手续费后，可将消费金额分期偿还	人民币 500 元（含）

对于商户分期和汽车分期等几项分期业务可享受的分期数和手续费率，是由合作商户和银行共同商定的，而分期轻松购业务是由农业银行提供的，其可分期数和对应手续费率如表 6-6 所示。

中国农业银行信用卡消费分期手续费按比例分期收取，但无论分期多少，手续费率都保持为 0.60%。

表 6-6　中国农业银行消费分期业务手续费率

分期期数（月）	3 期	6 期	9 期	12 期	24 期
总手续费率（%）	1.80	3.60	5.40	7.20	14.40
各期手续费率（%）	0.60	0.60	0.60	0.60	0.60

6.3.4　中国工商银行分期服务

中国工商银行的信用卡仅提供商户分期和消费分期两项分期业务，各项业务简介如表 6-7 所示。

表 6-7　中国工商银行分期业务

业务名称	业务简介	最低限额
商户分期	持中国工商银行信用卡在中国工商银行特惠商户刷卡消费，当消费金额达到最低限额后，可直接向商户提出分期申请，由商户办理相应的分期手续	人民币/港元 600 元（含） 美元/欧元 100 元（含）
消费分期	持卡人在境内任意商户刷卡消费，当消费金额达到最低限额后，可在消费次日至账单日前 3 天，通过中国工商银行信用卡中心客户电话申请分期，或登录中国工商银行网上银行进行分期申请	人民币/港元 600 元（含） 美元/欧元 100 元（含）

中国工商银行信用卡向持卡人提供 3 期、6 期、9 期、12 期、18 期、24 期共 6 个档期数选择，按照期数的不同收取分期付款手续费，手续费按期收取，期数及手续费标准如表 6-8 所示。

表 6-8　中国工商银行分期业务手续费率

分期期数（月）	3 期	6 期	9 期	12 期	18 期	24 期
总手续费率（%）	1.65	3.60	5.40	7.20	11.70	15.60
各期手续费率（%）	0.55	0.60	0.60	0.60	0.65	0.65

中国工商银行信用卡分期特色

　　较于其他几大银行而言，中国工商银行信用卡短期分期手续费较低，并且可享受提前还款免收额外手续费，以及退货退款退还分期手续费等优惠。

6.3.5　中国建设银行分期服务

　　中国建设银行的龙卡信用卡为持卡人提供购车分期、安居分期、商户分期、消费分期、账单分期和现金分期等 6 项分期业务。各项业务简介如表 6-9 所示。

表 6-9　中国建设银行分期业务

业务名称	业务简介	最低限额
购车分期	持卡人同意支付首付款情况下,向中国建设银行申请用其龙卡信用卡（不包括商务卡、学生卡、附属卡和担保办卡），在指定经销商购买家用汽车,经核准后,将实际分期金额平均分成若干期,由持卡人在约定期限内按月还款,并支付一定手续费的业务	人民币 20 000 元（含）
安居分期	持卡人申请用其龙卡信用卡（商务卡、学生卡、附属卡和担保卡除外)在建设银行指定安居商户购买商品或服务,经核准后,持卡人在指定安居商户通过专用分期 POS 机具支付安居款项,相应交易金额平均分成若干期,由持卡人在约定期限内按月还款,并支付一定手续费的业务	人民币 20 000 元,且必须是 1 000 元的整数倍

业务名称	业务简介	最低限额
商户分期	持卡人用龙卡信用卡（商务卡除外）在中国建设银行约定的商户购买商品或服务时，可选择将商品总额平均分成若干期，通过建设银行分期付款专用 POS 刷卡交易后，持卡人在约定期限内按月还款并支付相应手续费的业务	根据商户类型不同而不同
消费分期	持卡人在消费后至最近一期账单日前 2 日（外币消费须在消费交易入账后至最近一期账单日前 3 个工作日）期间，致电中国建设银行申请将消费金额逐笔分期，在约定期限内按月偿还的业务	人民币 1 000 元（含）或等值外币
账单分期	账单日次日至最后还款日期间，持卡人向建设银行申请将已出账单一定人民币消费金额办理分期偿还（30天仅可办理一次）的业务	人民币 500 元（含）
现金分期	是中国建设银行新推出的信用卡现金信贷业务，即时满足旅游、付费、购物等小额资金需求，可灵活运用信用卡信用额度支取现金，更可轻松享受 3、6、12、24 期分期还款	人民币 500 元（含）且必须是 100 元的整数倍

在中国建设银行信用卡提供的几种分期服务中，消费分期、账单分期和现金分期是由建行自主控制的，不同的分期类型可享受不同的分期期限和手续费率。消费分期的手续费按月收取，其手续费率如表 6-10 所示。

表 6-10　中国建设银行消费分期手续费率

分期期数（月）	3 期	6 期	12 期	18 期	24 期
总手续费率（%）	2.10	3.60	7.20	10.80	14.40
各期手续费率（%）	0.70	0.60	0.60	0.60	0.60

账单分期金额最高不超过已出账单中人民币消费总金额（不含取现、分期付款以及建设银行规定的其他交易）的 90%，可选择 3、6、12、18、24

期偿还，手续费按月收取，其分期费率如表 6-11 所示。

表 6-11　中国建设银行账单分期手续费率

分期期数（月）	3 期	6 期	12 期	18 期	24 期
总手续费率（%）	2.25	4.20	7.20	10.80	14.88
各期手续费率（%）	0.75	0.70	0.60	0.60	0.62

现金分期可享受 3 期、6 期、12 期、24 期分期还款，分期手续费于分期后首个账单日一次性收取，其分期费率如表 6-12 所示。

表 6-12　建行账单分期手续费率

分期期数（月）	3 期	6 期	12 期	24 期
总手续费率（%）	2.4	4.2	7.8	15

6.3.6　交通银行分期服务

交通银行太平洋信用卡为持卡人提供好享贷、想分就分和商户分期 3 种分期业务，业务简介如表 6-13 所示。

表 6-13　交通银行分期业务

业务名称	业务简介	最低限额
好享贷	是交通银行面向所有太平洋信用卡持卡人推出的一款以高额专享额度和便捷服务流程,提供大宗消费信贷支持的业务。持卡人经过审核批准后，在境内任意 POS 机上刷卡消费达到 1 500 元或 3 000 元（最低限额由持卡人指定），即可自动转分 6 期、12 期或 24 期（分期数也由持卡人事先设置）	人民币 1 500 元（含）或人民币 3 000 元（含）

业务名称	业务简介	最低限额
想分就分	是交通银行向太平洋信用卡（除准公司卡、准贷记卡、分期卡、Boss 卡外）持卡人提供的消费和账单综合分期业务，持卡人单笔刷卡消费或当期累积消费达到人民币 1 500 元或 100 美元（青年卡为人民币 500 元或 60 美元），即可申请分期还款	人民币 1 500 元或 100 美元 Y-Power 卡人民币 500 元或 60 美元
商户分期	是客户在交通银行特约商户内选购商品或服务，以指定的交通银行信用卡刷卡支付消费款项同时将该笔消费透支转为按月平均分期偿还，并一次性支付相应手续费的业务	人民币 1 500 元（含）Y-Power 卡为人民币 500 元（含）

交通银行提供的 3 种分期服务，商户分期业务的分期手续费为一次性给付，其他两种分期手续费都是按月支付，且手续费率统一为每期 0.72%。

6.3.7　中信银行分期服务

中信银行为其信用卡持卡人提供了账单/单笔分期、购车分期和商场分期业务，各业务简介如表 6-14 所示。

表 6-14　中信银行分期业务

业务名称	业务简介	最低限额
账单/单笔分期	是中信银行为其信用卡持卡人提供的优质理财产品，持卡人单笔刷卡消费达到限额或当月累积消费达到一定额度，即可申请账单或单笔分期	单笔人民币 600 元（含）账单人民币 800 元（含）
购车分期	以中信银行信用卡（公务卡除外）为支付中介，以购买汽车为指定用途的信用卡分期付款业务。这里所称汽车是指经公安部门（车辆管理所）注册取得《机动车登记证书》用于一般性消费的新车，不包括二手车和经营用车	无限制

业务名称	业务简介	最低限额
商场分期	是指中信银行信用卡持卡人（公务卡持卡人除外）在中信银行特约分期商户消费时，使用信用卡通过中信银行分期 POS 设备向中信银行申请以分期付款的方式购买双方同意并认可的商品或服务，经过实时授权并核准后，由中信银行代持卡人向合作商户垫付商品货款，持卡人按月向中信银行等额支付商品货款的业务	由商家与银行共同协商决定

中信银行提供的账单/单笔分期业务由银行完全掌握，持卡人当月单笔交易达 100 元以上，可申请 3、6、9、12、18、24 和 36 期分期；当月账单可分期金额在 200 元以上，可申请 1、3、6、9、12、18、24 和 36 期分期。分期金额在 20 001 元以下，手续费在首期账单中一次性给付；分期金额在 20 001 元（含）以上，分期手续费则分期支付。其手续费率如表 6-15 所示。

表 6-15　中信银行账单/单笔分期手续费率

分期期数（月）	1 期	3 期	6 期	9 期	12 期	18 期	24 期	36 期
总手续费率（%）	1.50	2.04	4.80	6.84	8.76	13.50	18.00	27.00
各期手续费率（%）	1.50	0.80	0.80	0.76	0.73	0.75	0.75	0.75

6.3.8　招商银行分期服务

招商银行信用卡为其持卡人提供的分期业务相对较多，有现金分期、账单分期、车购易及分期付款购物等。

分期付款购物相当于其他信用卡发卡银行提供的商场分期业务，其中又包含网上支付分期付款、商场购物分期付款、电视购物分期付款和电话购物分期付款几项，各业务简介如表 6-16 所示。

表 6-16　招商银行信用卡分期业务

业务名称	业务简介	最低限额
现金分期	是招商银行提供的支取现金并分期偿还的业务,持有招商银行信用卡个人卡主卡(商务卡、公务卡、采购卡、ANA 担保卡除外)及一卡通且保持良好用卡记录即可申请	人民币 2 000 元
账单分期	包括对未出账单的交易和已出账单进行分期,对于未出账账单,可选择分 2、3、6、10、12、18 和 24 期偿还,对于已出账的账单可选择分 2、3、6、10 和 12 期偿还	人民币 300 元 100 美元
车购易	是根据招商银行信用卡持卡人的资信状况给予专属购车额度,以满足持卡人在指定经销商分期购买指定品牌汽车的需求,持卡人只需承担一定手续费即可按月分期偿还购车款项,是充分减轻还款压力的一种新型的分期模式	由具体车型决定
网上支付分期付款	持卡人在招商银行特约商户进行购物时,可以选择将购买的商品或者服务的总价平均分成 3 期、6 期、12 期等若干期数(月份)分期支付,并通过网络使用信用卡即时完成分期付款,持卡人再根据信用卡账单按时偿还每期(月)款项	由商户及所购商品金额和银行协定
商场购物分期付款	持卡人在招商银行特约的分期商户店面购物消费的时候,可通过指定 POS 机刷卡支付,并选择将购买的商品或者服务的总价平均分成 3 期、6 期、12 期或者 24 期等若干期数(月份)分期支付	由商户及所购商品金额和银行协定
电视购物分期付款	持卡人通过电话,向招商银行合作购物频道提交信用卡相关信息,实现所购商品或者服务在线实时分期支付的服务	由商户及所购商品金额和银行协定
电话购物分期付款	持卡人在指定合作商户通过电话向商户提交信用卡相关信息,实现所购商品或者服务在线实时分期支付的服务	由商户及所购商品金额和银行协定

在各种分期付款方式中，仅现金分期和账单分期是由招商银行独立提供的。现金分期可选择分 3、6、10、12、18、24 期偿还，手续费归入每期账单中。各期手续费率如表 6-17 所示。

表 6-17　招商银行现金分期手续费率

分期期数（月）	3 期	6 期	10 期	12 期	18 期	24 期
总手续费率（%）	2.85	4.80	7.50	9.00	13.50	18.00
各期手续费率（%）	0.95	0.80	0.75	0.75	0.75	0.75

账单分期根据未出账和已出账可选择不同的分期次数，其中的 2 期仅限通过招商银行手机银行、掌上生活渠道申请。相同期数的分期手续费率是相同的，手续费归入每期账单，各期手续费率如表 6-18 所示。

表 6-18　招商银行账单分期手续费率

分期期数（月）	2 期	3 期	6 期	10 期	12 期	18 期	24 期
总手续费率（%）	2.00	1.80	4.50	7.00	7.92	12.24	16.32
各期手续费率（%）	1.00	0.90	0.75	0.70	0.66	0.68	0.68

6.3.9　兴业银行分期服务

兴业银行的信用卡提供了现金分期、商店分期、大宗分期、账单分期、消费分期和自动分期等分期业务。各业务简单介绍如表 6-19 所示。

表 6-19　兴业银行分期业务

业务名称	业务简介	最低限额
现金分期	即"随兴贷"现金分期付款业务，持卡人可在信用卡预借现金额度内支取现金，并选择 3、6、12、18、24、36 期分期予以偿还	人民币 2 000 元，且必须是 1 000 元的整数倍

续表

业务名称	业务简介	最低限额
商店分期	持卡人可在兴业银行指定商场内分期付款购买喜爱的商品，无须一次性支付总价款。在支付一定的手续费后，可均分成若干月并按月还款	人民币 1 500 元或由商家与银行协商决定
大宗分期	包括汽车分期付款业务和信用卡直客式分期付款业务，汽车分期付款业务是在兴业银行签约汽车合作经销商处购买一手家用轿车所提供的分期付款服务，而直客式分期付款业务则是为持卡人在任意商户购买汽车所提供的分期付款业务	由商家和银行共同协商决定
账单分期	可以让持卡人将已出账单中不超过 95%的消费金额一次性办理分期，可选择 3、6、12、18、24、36 期分期偿还	人民币 100 元
消费分期	持卡人在任意商户购买任意商品,刷卡支付金额达到100 元（含）以上，即可通过信用卡网上银行、手机银行及拨打客服热线 95561 申请办理消费分期业务	人民币 100 元
自动分期	"随兴分"自动分期付款业务是一种由系统自动为持卡人已记账且未出账单的消费交易金额提供分期支付的服务,持卡人可自行设定办理分期的起始金额和分期期数	人民币 500 元

在各项分期业务中，除商店分期和大宗分期中的汽车分期业务外，其他分期业务都是由兴业银行独立提供。其中，现金分期业务的手续费可在首期账单一次性给付，也可以归入各期账单中给付，各期手续费率如表 6-20 所示。

表 6-20　兴业银行"随兴贷"现金分期手续费率

分期期数（月）	3 期	6 期	12 期	18 期	24 期	36 期
总手续费率（%）	2.70	4.80	9.60	14.40	19.20	28.80
各期手续费率（%）	0.90	0.8	0.8	0.8	0.8	0.8

大宗分期业务中的直客式分期业务，可让持卡人选择 12、24 和 36 期偿还一手车购车款。各期手续费率如表 6-21 所示。

表 6-21 兴业银行直客式分期业务手续费率

分期期数（月）	12 期	24 期	36 期
一次性收取（%）	5.50	9.50	12.50
分期收取（%）	0.49	0.43	0.40

消费分期、账单分期和自动分期这 3 项分期业务都可以选择分期偿还，不同期次的手续费收取比例也不相同，各期手续费率如表 6-22 所示。

表 6-22 兴业银行消费、账单和自动分期手续费率

分期期数（月）	3 期	6 期	12 期	18 期	24 期	36 期
一次性收取（%）	2.40	3.90	7.80	11.70	15.60	23.40
分期收取（%）	0.80	0.70	0.70	0.72	0.72	0.72

6.3.10　光大银行分期服务

光大银行持卡人可享受光大银行所提供的 IN 时"贷"账单分期业务，同时也可享受光大银行网上商场和网上特约商户的购物分期业务。

IN 时"贷"账单分期业务是指对持卡人当期账单显示的消费金额大于或等于 500 元人民币时，持卡人可在账单日至最后还款日之间，通过各种渠道向光大银行申请分期偿还业务，分期手续费归入首期账单中一次性给付。各期手续费如表 6-23 所示。

表 6-23 光大银行账单分期手续费率

分期期数（月）	3 期	6 期	9 期	12 期
一次性收取（%）	2.65	4.65	6.45	8.85

6.3.11 浦发银行分期服务

浦发银行为其信用卡持卡人提供自由分期、账单分期和商场分期共 3 项分期业务，各分期业务简介如表 6-24 所示。

表 6-24 浦发银行分期业务

业务名称	业务简介	最低限额
自由分期	是浦发银行信用卡提供的一种轻松、方便的单笔分期业务，持卡人在任意商户刷卡消费达到一定限额后，就可以通过电话或网上账户服务申请分期偿还	人民币 500 元
账单分期	持卡人在当期的所有消费,在账单日至最后还款日前 3 天，通过电话或网上银行申请，将不超过消费金额 95%的部分分期偿还	人民币 1 000 元
商场分期	持卡人在浦发银行特约商户处购买商品，金额达到一定限制后，可在商场专用 POS 机上刷卡支付，在支付一定的手续后选择分期偿还	由商场和浦发银行共同协商决定

在以上 3 种分期业务中，自由分期和账单分期是由浦发银行独立提供的，持卡人可将自己的单笔消费或某期账单选择分 6、12、15、18 或 24 期偿还，手续费归入每期账单中。各期手续费率如表 6-25 所示。

表 6-25 浦发银行自由分期和账单分期手续费率

分期期数（月）	6 期	12 期	15 期	18 期	24 期
总手续费率（%）	4.68	8.88	11.25	13.68	18.24
各期手续费率（%）	0.78	0.74	0.75	0.76	0.76

6.3.12　民生银行分期服务

民生银行目前为信用卡持卡人提供了汽车分期、自由分期、账单分期和现金分期等几种分期业务，各项业务简介如表 6-26 所示。

表 6-26　民生银行分期业务

业务名称	业务简介	最低限额
汽车分期（购车通）	民生银行信用卡中心根据客户资信状况为客户提供信用卡大额分期额度，以满足客户短期内购车的资金需求。客户仅需支付部分首付款，即可享受剩余购车款项按月分期偿还	人民币 50 000 元
自由分期	持卡人在任意商户刷卡消费达到一定限额后，在账单日以前都可以通过网上银行、短信或客服热线申请该笔交易分期偿还的业务	人民币 600 元或等值外币
账单分期	当持卡人当期账单符合分期条件后，持卡人可于账单日次日至最后还款日前两日之间，通过各种渠道向信用卡中心申请分期偿还业务	人民币 600 元或等值外币
现金分期	是民生银行为其信用卡优质客户提供的一项自由资金支配分期业务，持卡人可将信用额度的一部分转入指定的储蓄卡中自由支配，并可将该笔资金分期偿还	无限制

在以上 4 种分期业务中，除汽车分期外，其他 3 种业务都由民生银行独立提供。其中，账单分期业务手续费分期收取，各期手续费率如表 6-27 所示。

表 6-27　民生银行账单分期手续费率

分期期数（月）	3 期	6 期	9 期	12 期	18 期	24 期
总手续费率（%）	2.46	4.20	6.03	8.04	12.06	16.80
各期手续费率（%）	0.82	0.70	0.67	0.67	0.67	0.70

自由分期期数的选择

自由分期业务分期金额在 600 元（含）至 5 000 元之间，可享受最长 12 期分期。分期金额在 5 000 元（含）以上，可享受最长 24 期分期。但在相同的分期期数下，各期手续费率与账单分期对应期数的手续费率相同。

现金分期业务可选择分 3 期、6 期、9 期、12 期偿还，其中，分 3 期偿还手续费在首个账单日一次性收取，3 期以上手续费归入每期账单收取，对应期次的手续费率如表 6-28 所示。

表 6-28　民生银行现金分期手续费率

分期期数（月）	3 期	6 期	9 期	12 期
总手续费率（%）	2.70	4.50	6.75	9
各期手续费率（%）	0.90	0.75	0.75	0.75

6.3.13　11 家银行同期手续费对比

大多数信用卡发卡银行在提供账单分期或单笔分期（消费分期）的时候都打着"免息分期"的旗号，仅收取分期手续费。持卡人在打算分期的时候，可以对各家银行信用卡分期所需要支付的手续费进行一个对比，选择一种最合算的分期方式。

为了方便大家对比不同银行不同期次的分期手续费，下面将以上讲解的 11 家银行的分期总手续费率进行归纳整理，如表 6-29 所示。

表 6-29　11 家银行账单/单笔分期手续费率对比

银　　行	3 期	6 期	9 期	12 期	18 期	24 期
中国银行（%）	1.95	3.60	5.40	7.20	11.70	15.00
中国农业银行（%）	1.80	3.60	5.40	7.20	—	14.40
中国工商银行（%）	1.65	3.60	5.40	7.20	11.70	15.60

续表

银　　行	3 期	6 期	9 期	12 期	18 期	24 期
建设银行（%）	2.10	3.60	—	7.20	10.80	14.40
交通银行（%）	2.16	4.32	6.48	8.64	12.96	17.28
中信银行（%）	2.04	4.80	6.84	8.76	13.50	18.00
招商银行（%）	1.80	4.50	—	7.92	12.24	16.32
兴业银行（%）	2.40	3.90	—	7.80	11.70	15.60
光大银行（%）	2.65	4.65	6.45	8.85	—	—
浦发银行（%）	—	4.68	8.88	11.25	—	18.24
民生银行（%）	2.46	4.20	6.03	8.04	12.06	16.80

　　为了让大家更为直观地看出各大银行的信用卡在不同期次的手续费对比，下面以分期金额为 5 000 元为例，分别对分 3 期、6 期、9 期、12 期、18 期和 24 期进行直观对比，如图 6-4 所示。

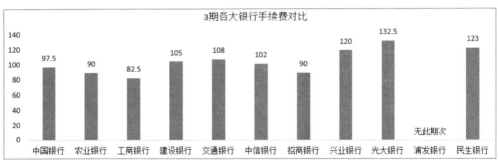

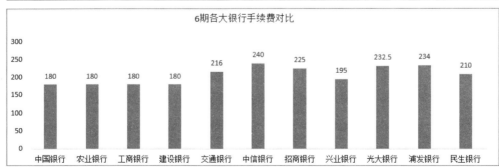

图 6-4　11 家银行信用卡分期所需支付的手续费

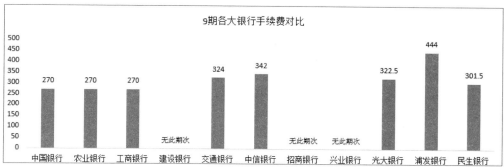

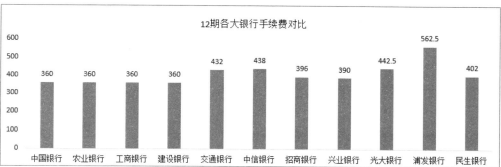

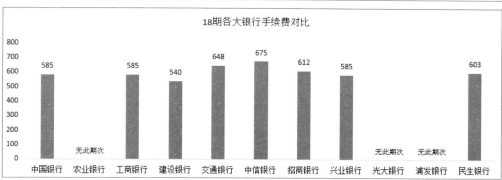

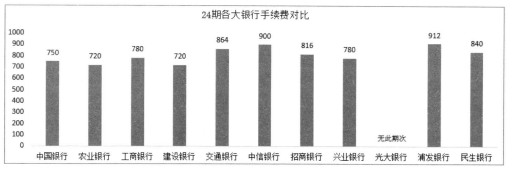

图 6-4　11 家银行信用卡分期所需支付的手续费（续）

6.4   信用卡网上购物也轻松

目前大多数大型网上商城都支持信用卡直接支付，也有些商城需要借助第三方支付平台来完成在线支付功能。无论使用何种方式，都能使用户持信用卡享受方便的网上购物。

6.4.1   淘宝购物"刷"信用卡

目前，国内最大的 C2C 电子网上商城就是淘宝网（https://www.taobao.com/），也是很多网上购物者首选的网上购物渠道，它以商品种类繁多、价格实惠为主要特点吸引着广大客户。

淘宝网背后的支付平台默认为支付宝，在淘宝的线上交易，都要经过支付宝支付，而支付宝可支持全国大多数银行的储蓄卡和信用卡支付。

在淘宝购物时若要使用信用卡支付，则在进入支付页面后，单击"添加快捷/网银付款"按钮，在打开的页面中输入信用卡卡号，单击"下一步"按钮，在新打开的页面中单击"下一步"按钮，如图 6-5 所示。

图 6-5   添加信用卡

进入绑定快捷支付页面，选择信用卡有效期，输入手机号码，单击"免费获取"按钮。获取校验码后，在打开的页面中输入校验码，再单击"同意协议并付款"按钮即可完成支付，如图 6-6 所示。

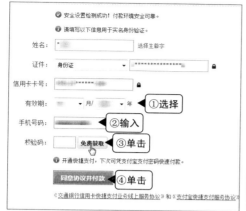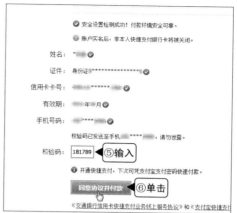

图 6-6　完成在线支付

6.4.2　京东购物也用信用卡

京东商城（http://www.jd.com）是国内知名的大型在线百货商城，目前拥有近万家供应商，在线销售家电、数码通信设备、计算机、家居百货、服装服饰、母婴、图书、食品等数万个品牌，百万种优质商品。

京东商城以"产品、价格、服务"为核心，致力于为消费者提供质优的商品、优惠的价格。同时提供 211 限时达、大家电 211 限时达、次日达、夜间配、大家电夜间配、定时达、极速达、隔日达、京准达多项快捷的配送服务。由于京东商城送货速度快，商品质量有保障，价格合理，因此很多人都喜欢在京东商城购买商品。

京东商城购物很多地区都支持货到付款，如果在不支持货到付款的地区，也能支持大多数银行信用卡的在线支付，并且可以开通快捷支付功能。在以后的支付过程中，只需输入京东商城的支付密码和随机生成的验证码即可完成支付。

以在手机京东商城购买商品为例，提交订单后会自动进入支付页面，选择"其他银行卡"选项，在打开的页面中选择"使用新卡支付"选项，如图 6-7 所示。

图 6-7 添加新卡支付

进入添加银行卡页面，输入信用卡卡号，单击"下一步"按钮。在打开的页面中选择有效期，输入手机号码，再单击"下一步"按钮，如图 6-8 所示。

图 6-8 完善信用卡信息

在打开的页面中输入短信验证码，单击"确认支付"按钮，即可完成支付，如图 6-9 所示。

图 6-9 完成信用卡在线支付

6.4.3 信用卡也可购火车票

火车是最经济实惠的一种长途旅行工具，每逢大型节假日，火车票经常是一票难求。铁路客户服务中心为了方便旅客购票，也开通了网上购票系统（http://www.12306.cn）。

在12306官网上购票，提交火车票订单后必须在30分钟内完成订单的支付，否则所订车票将自动取消。

目前火车票购票系统仅支持中国工商银行、中国农业银行、中国建设银行、中国银行、招商银行、中国邮政储蓄银行和中银铁通卡的银行卡（包括储蓄卡和信用卡）网银支付，但也提供了第三方支付平台，包括中国银联和支付宝，在支付时可根据个人喜好选择。

若是选择银行卡网银支付，则选择信用卡开卡行，在打开的页面中按照提示完成信用卡在线支付即可。如图6-10所示为中国建设银行网银支付页面（选择不同的开卡行，支付页面会有所不同）。

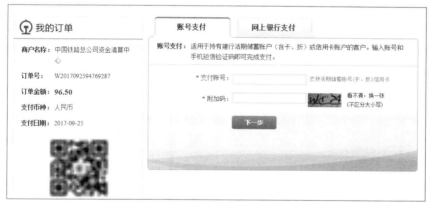

图6-10 中国建设银行网银支付页面

对于拥有中国银联账号和支付账号的用户来说，也可以选择中国银联或支付宝支付。例如，选择支付宝支付，在进入支付页面后，可登录支付宝账号或用手机支付宝扫码进行支付，在支付时只需选择已绑定的信用卡即可。

6.5 用好信用卡也能省钱

信用卡的主要功能是透支消费，与储蓄卡不同的是，它在具有刷卡消费的同时，还具有一些额外的功能，如消费积分、刷卡返现、刷卡送礼等。只要用好信用卡，就能省钱。

6.5.1 多刷信用卡，轻松省年费

大多数银行的储蓄卡仅有储蓄功能，会每年收取年费，而信用卡具有更多的功能和服务，所以大部分信用卡也会收取年费，而且费用相对于储蓄卡要高很多，普卡通常为 40 元～200 元，金卡和白金卡年费相对更高，有些卡年费甚至达到上万元（如招商银行的无限卡）。

但为了不让客户因为信用卡高额的年费而产生对信用卡的排斥，很多银行都实行了免年费政策，最多的就是一年内刷卡达几次或累积刷卡消费达多少金额，就可以免收次年年费。

就大多数人的用卡经验来说，绝大多数银行的普卡和金卡都可以通过多刷卡消费来省年费。表 6-30 中列举了部分银行信用卡年费收取标准以及现行的免年费优惠政策。

表 6-30 部分银行信用卡年费政策

发卡银行	信用卡类型	年费标准	优惠政策
中国银行	个人普卡	人民币 100 元/年	刷卡 5 次免次年年费
	个人金卡	人民币 200 元/年	刷卡 5 次免次年年费
	久光金卡	人民币 288 元/年	
	钛金卡	人民币 300 元/年	
中国工商银行	个人双币普卡	人民币 100 元/年	刷卡 5 次免次年年费
	个人双币金卡	人民币 200 元/年	刷卡 5 次免次年年费

续表

发卡银行	信用卡类型	年费标准	优惠政策
中国工商银行	双币商务普卡	人民币 200 元/年	刷卡 5 次免次年年费
	双币商务金卡	人民币 400 元/年	刷卡 5 次免次年年费
中国农业银行	单币普卡	人民币 80 元/年	刷卡 5 次免次年年费
	单币金卡	人民币 160 元/年	刷卡 5 次免次年年费
	双币普卡	人民币 100 元/年	刷卡 5 次免次年年费
	双币金卡	人民币 200 元/年	刷卡 5 次免次年年费
	尊然白金卡（典藏版）	人民币 3 000 元/年	
	尊然白金卡（精粹版）	人民币 880 元/年	
中国建设银行	普卡	人民币 80 元/年	刷卡 5 次免次年年费
	金卡	人民币 160 元/年	刷卡 5 次免次年年费
	车主卡	人民币 200 元/年	刷卡 5 次免次年年费
交通银行	单币普卡	人民币 80 元/年	刷卡 6 次免次年年费
	单币金卡	人民币 120 元/年	刷卡 6 次免次年年费
	双币普卡	人民币 140 元/年	刷卡 6 次免次年年费
	双币金卡	人民币 200 元/年	刷卡 6 次免次年年费
	白金卡	人民币 1 000 元/年	
	员工卡/公务卡	无	
招商银行	普卡	人民币 100 元/年	刷卡 6 次免次年年费
	金卡	人民币 300 元/年	刷卡 6 次免次年年费
	白金卡	人民币 3 600 元/年	
	无限卡	人民币 10 000 元/年	
	运通金卡	人民币 380 元/年	

发卡银行	信用卡类型	年费标准	优惠政策
招商银行	运通绿卡	人民币 180 元/年	
交通银行	精英公务卡	人民币 300 元/年	
	公务卡	人民币 100 元/年	
	采购卡	人民币 50 元/年	
光大银行	普卡	人民币 80 元/年	刷卡 3 次免次年年费
	金卡	人民币 200 元/年	刷卡 3 次免次年年费
民生银行	普卡	人民币 100 元/年	刷卡 8 次免次年年费
	金卡	人民币 300 元/年	刷卡 8 次免次年年费
	标准白金卡	人民币 600 元/年	
	豪华白金卡	人民币 3 600 元/年	
浦发银行	普卡	人民币 180 元/年	积分可兑换年费
	金卡	人民币 360 元/年	积分可兑换年费
	上航浦发联名白金卡	人民币 1 500 元/年	
	WOW 卡	无	
中信银行	普卡	人民币 100 元/年	刷卡 5 次免次年年费
	单币金卡	人民币 200 元/年	刷卡 5 次免次年年费
	双币金卡	人民币 300 元/年	刷卡 5 次免次年年费
	精英卡	人民币 480 元/年	
	尊贵卡	人民币 2 000 元/年	
兴业银行	单币普卡	人民币 80 元/年	刷卡 5 次免次年年费
	双币普卡	人民币 100 元/年	刷卡 5 次免次年年费
	金卡	人民币 200 元/年	刷卡 5 次免次年年费

发卡银行	信用卡类型	年费标准	优惠政策
广发银行	单币普卡	人民币 40 元/年	刷卡 6 次免次年年费
广发银行	双币普卡	人民币 90 元/年	刷卡 6 次免次年年费
	单币金卡	人民币 80 元/年	刷卡 6 次免次年年费
	双币金卡	人民币 260 元/年	刷卡 6 次免次年年费
	广发真情单币卡	人民币 45 元/年	刷卡 6 次免次年年费
	广发真情双币卡	人民币 85 元/年	刷卡 6 次免次年年费
华夏银行	普卡	人民币 100 元/年	刷卡 5 次免次年年费
	金卡	人民币 200 元/年	刷卡 5 次免次年年费
	钛金卡	人民币 380 元/年	
	白金卡	人民币 680 元/年	

6.5.2 异地存取款，节约手续费

如果有大量现金需要异地交易，带现金在身上是非常不安全的，很多人先将现金存入银行，到了目的地需要使用的时候再从银行取出来。但目前大多数银行的储蓄卡异地取款都是要收取手续费的。

信用卡也可以用于取现，只要在取现后短时间内还上所取金额，就不会产生过多的费用。现在很多银行信用卡都推出了优惠服务，如每月前几次取现免手续费，或取出溢缴款免收手续费等，而信用卡存取款是不分同城异地的，因此可以作为短期资金周转的媒介。

持卡人可以在出发前将需要的现金先存入信用卡，等到了异地需要使用现金的时候，直接在当地 ATM 上取出现金。几大银行信用卡异地存取款手续费标准如表 6-31 所示（不含优惠政策）。

表 6-31 部分银行信用卡 ATM 取现收费标准

发卡银行		额度内取现	溢缴款取现
中国银行	长城环球通	本行本地免费；本行异地 10 元/笔；跨行本地 4 元/笔；跨行异地 12 元/笔	同前
	中银系列卡	按交易金额的 1%收取，本行最低 8 元/笔，跨行最低 12 元/笔	同前
	长城国际卡	取现金额的 3%，最低 40 港元/笔、5 美元/笔、5 欧元/笔、3 英镑/笔、5 澳元/笔	同前
光大银行		按交易金额的 1%收取，最低 3 元/笔，最高 200 元/笔	同前
中国建设银行		按取现金额的 0.5%收取，最低 2 元/笔，最高 50 元/笔（境内任意 ATM）	同前
民生银行		本行按取现金额的 0.5%收取，跨行按取现金额的 1%收取，最低 1 元/笔	同前
中国工商银行		异地存款按存入金额 0.5%收取，异地取现按取出金额的 1%收取，最低 1 元/笔，最高 50 元/笔	同前
中国农业银行		本行取现按交易金额 1%收取，最低 1 元/笔；跨行取现按交易金额 1%+2 元收取，最低 3 元/笔	同前
招商银行		按取现金额的 1%收取，最低 10 元/笔	交易金额的 0.5%收取，最低 5 元/笔
中信银行		按取现金额的 2%收取，最低 20 元/笔	按取回金额的 0.3%收取，最低 3 元/笔
广发银行		按取现金额的 2.5%收取，最低 10 元/笔	按取回金额的 0.5%收取，最低 5 元/笔，最高 50 元/笔
华夏银行		按取现金额的 1%收取，最低 5 元/笔	免费

发卡银行		额度内取现	溢缴款取现
浦发银行		按取现金额的 3%收取，最低 30 元/笔	本行按取回的金额 0.5%收取，最低 5 元/笔；跨行按取回金额的 3%收取，最低 30 元/笔
兴业银行		按取现金额的 2%收取，最低 20 元/笔	按取回金额的 0.5%收取，最低 5 元/笔
交通银行	MORE 卡	同城本行免费；同城跨行 2 元/笔；异地本行按取现金额的 1%收取，最低 1 元/笔，最高 100 元/笔；异地跨行按取现金额的 1%收取，最低 10 元/笔	按取现金额的 0.5%收取，最低 10 元/笔，最高 500 元/笔
	Y-POWER 卡	固定收取 5 元/笔	同前
	其他卡	按取现金额的 1%收取，最低 10 元/笔	按取现金额的 0.5%收取，最低 10 元/笔，最高 500 元/笔

6.5.3　大额消费分期，有效节省利息

日常生活中可能会有一些较大金额的消费，如果当时没有足额的现金，则可以通过信用卡支付，然后分期偿还。

虽然分期偿还会收取一定的手续费，总支付的费用与银行贷款差不多，但使用信用卡分期比向银行贷款要方便很多。

对于一些具有特殊用途的大额消费，也可以根据信用卡发卡银行提供的特殊服务，享受更低的利息。例如，中国建设银行提供的"购车分期"业务，可以在中国建设银行指定的合作商户处购买指定的车型，享受分期手续费优惠。

※事例故事

刘先生计划购买一辆奥迪 A6 汽车，经销商售价为 38 万元。刘先生仅有现金 12 万元，支付首付后还需要支付 26 万元。如果向银行贷款，银行给

出的年利率是 7.2%，分两年偿还，需要支付总利息约 3.5 万元。

刘先生持有一张额度为 30 万元的中国建设银行白金卡。销售人员告诉刘先生，他们店与中国建设银行是合作关系，目前正在推出中国建设银行龙卡信用卡的汽车分期服务，如在此购车可以省下不少贷款利息。

刘先生于是向银行咨询，得到的结果是刘先生购买的车型正好在活动范围内，可以申请汽车分期服务，首付仅需要支付 30%，剩下的可以分 12、18、24 期和 36 期偿还，分别对应手续费为 0%、0%、8% 和 6%。

经过计算，如果刘先生使用中国建设银行的分期服务，分 24 期偿还，刷卡 26 万元两年也仅需要支付手续费 2.08 万元，比银行贷款低了 1.5 万元左右。于是，刘先生毫不犹豫地选择建行的汽车分期业务，轻轻松松提车回家。

专款消费用信用卡分期更划算

一些较大额度的消费如果直接分期，可能会产生高额的分期手续费。很多银行为一些专用款项提供了低手续费或免手续费的专款分期服务，如汽车分期、安居分期等，给持卡人带来更多的实惠。

刷卡消费送积分是刷信用卡与刷储蓄卡最大的区别，也是信用卡吸引人的一个闪光点。

在日常生活中，我们经常都会去商场消费，而现在越来越多的商场都支持刷卡消费。如果有信用卡，那么能刷卡的地方就尽量刷卡吧，在获得额外积分的时候，也能让用户的现金支配更加自由。

注意信用卡积分有效期

信用卡的积分是平时消费过程中累积起来的，但有些银行的信用卡积分具有一定的有效期，有些是一年，有些是两年，也有些银行的信用卡积分是永久有效的（信用卡状态正常的情况下）。对于有期限的积分，一定要注意积分的到期时间（通常在每期账单中都会提示下个月到期的积分额），尽量在积分到期之前，到信用卡商城兑换成物品，以免浪费积分（到期积分会被自动清零）。

如何偿还信用卡

信用卡支持提前消费功能，虽然花的"不是自己的钱"，但那只是银行暂时提供给持卡人的，到时间银行自会向持卡人索要，而持卡人必须在银行规定的时间内偿还所透支的金额。如果不按时偿还，轻则产生滞纳金，达到一定次数后还会影响个人信用记录，甚至被银行起诉。因此，持卡人必须掌握几种信用卡偿还方法。

◇ 清楚计算自己的账单金额
◇ 最低还款额的计算
◇ 查询账单金额
◇ 关联卡自动还款方法
◇ 柜台现金还款最可靠
◇ 网上银行自助还款最方便
◇ 便捷的支付宝还款

7.1 还款之前，先了解信用卡账单

信用卡每月的账单是对上一个账单日至本期账单日之间，持卡人所有欠款的总额，也就是持卡人在最后还款日之前，应该向信用卡中还入的最大金额。

7.1.1 清楚计算自己的账单金额

持卡人在使用信用卡刷卡消费或取现转账等操作时，使用的钱都不是持卡人自己的钱，只是银行暂时"借给"持卡人使用的，需要持卡人在指定的日期之前偿还给银行。

信用卡一般采用每月一次的结算方式，在每个月指定的日期进行上一个结算日期后一天到当前指定日期之间持卡人的所有交易记录，并计算出这一期间内持卡人应还给银行的所有欠款，即本期的账单，一般采用如下公式计算。

本期账单金额＝上期账单金额－上期还款额＋本期发生额＋本期调整金额

公式看似简单，实际计算起来还必须要对公式中各参数有详细了解，其中"上期账单金额"的计算方式也是使用该公式计算出来的，如果是信用卡开卡后的第一个账单日，则"上期账单金额"为 0，如果上期账单未全额还款，则该参数为负数。

● **上期还款额**：包含从上一个账单日后一天至最后还款之间所有还入该账号的金额，以及这期间产生的消费退款和其他费用返还等。

● **本期发生额**：包含从上一个账单日后一天至本期账单日之间，所有的消费、取现、转账等交易的金额总和。

- **本期调整金额**：包括上一期未偿还部分金额所产生的利息、本期分期手续费以及分期应还金额、本期取现手续费、利息等。

※事例故事

小张 9 月的信用卡账单金额为 2 856.57 元，账单日为每月 6 日，最后还款日为次月 1 日。他在 9 月 29 日向该信用卡账户还入金额 2 857 元，并在 9 月 7 日至 10 月 6 日之间产生了共计 1 625.6 元的消费金额。

同时他在 6 月有一笔 5 800 元的消费，分 6 期偿还，每月手续费为 0.72%，这笔分期将在 7 月至 12 月这 6 个月的账单中偿还，每月还款本金约 966.67 元，手续费为 41.76 元，共计 1 008.43 元。

那么，小张这张信用卡 10 月的账单金额共计为：2 856.57（上期账单金额）－2 857（上期还款额）+1 625.6（本期发生额）+1 008.43（本期调整金额）=2 633.6 元。

7.1.2　账单偿还的两种方式

使用信用卡支付难免会出现一些较大额度的交易，持卡人可能一时并没有那么多资金来偿还。为了保障持卡人不因短时资金缺乏而导致更多费用支出，甚至影响个人征信记录，信用卡为持卡人提供了全额还款和最低还款两种账单偿还方式。

- **全额还款**：本期账单日后至最后还款日之前，还入该信用卡账户的总金额不低于本期账单总金额（可以最后还款日之前分次还入）。

- **最低还款**：在资金缺乏无法全额还款的情况下，持卡人可选择最低还款方式。只需要在本期账单最后还款日之前，还入该信用卡账户的总金额不低于账单中规定的最低还款额即可。

对于全额还款方式，只要持卡人未发生取现、转账和分期交易，则不会产生任何其他额外费用，消费多少就还多少。

对于最低还款方式，需要对未偿还的部分，按每日 0.5‰（万分之五）的日利率，给付从记账日开始至还款日之间的利息，同时将对本期账单计收一定的滞纳金。

以前很多银行对信用卡采用最低还款方式还款时都采用全额罚息的方式来计收利息，即不管本期还款多少，只要未全额还款，就会以该期账单的所有金额作为基数，按 0.5‰的日息计算利息。

但目前很多银行都取消了全额罚息的计息模式，只对持卡人账单中未偿还的部分计收利息，这在很大程度上减少了未按时还款时的利息支出。

※知识延伸

从 2013 年 7 月 1 日起，中国银行业协会修订的《中国银行卡行业自律公约》正式执行，其中第十四条"倡导各信用卡发卡行建立信用卡还款'容差服务和容时服务'或对贷记卡透支额在免息还款期内已还款部分给予利息减免优惠"。这里的容差服务和容时服务对信用卡持卡人有很大的益处。

容时服务指出，发卡银行应为持卡人提供一定期限的还款宽限期服务，还款宽限期自到期还款日起至少 3 天；持卡人在还款宽限期内还款时，应当视同持卡人按时还款，间接将信用卡现有的免息还款期增加了至少 3 天。

容差服务指出，如持卡人当期发生不足额还款，且在到期还款日后账户中未清偿部分不大于一定金额（至少为等值人民币 10 元）时，应当视同持卡人全额还款。

容时服务可提供的时间最长不得低于 3 天，最多几天并没有规定，很多银行默认 3 天，但有些银行虽然提供该服务，但要求持卡人自己申请。

　　容差服务也只是规定了未清偿部分不大于 10 元可享受该服务，但也有银行为给客户提供更优质的服务，将此金额放大，如中国农业银行的信用卡容差服务金额高达 100 元（当月还款少于 100 元以内，都视为全额还款）。

7.1.3　最低还款额的计算

　　信用卡虽然提供了最低还款额还款方式，但最低还款额并不是固定账单金额的 10%，账单中的部分金额是不会被计入最低还款额中的。以交通银行的信用卡为例，最低还款额计算公式如下。

$$最低还款额=10\%\times 一般消费余额+10\%\times 取现余额+利息余额+分期消费余额+其他应付费用余额+上期最低还款额未还部分$$

　　其中，一般消费余额是指从上一个账单日后一天到当前账单日之间的所有消费金额，其他应付费用余额包括分期手续费、滞纳金、超限费等。

> **不同银行最低还款额的计算方式**
>
> 　　不同银行信用卡账单中最低还款额的计算方式基本相同，仅部分银行的计算方式有所差异，如大多数银行的最低还款额中，取现/转账的金额按 100% 计算，而交通银行的信用卡却将这部分金额计 10% 到最低还款额中。

※事例故事

　　李小姐的信用卡账单日为每月 8 日，到期还款日为次月 2 日。3 月 18 日她有一笔 4 800 元的消费，分 6 期偿还，每月手续费率为 0.70%，每期本金 800 元，手续费 33.6 元；3 月 21 日又有一笔消费，金额为 856.5 元。

　　4 月 8 日李小姐的信用卡的账单金额为：800（分期金额）+33.6（分期手续费）+856.5（消费金额）=1 690.1 元，最低还款额为：800（分期金额）+33.6（分期手续费）+856.5（消费金额）×10%=919.25 元。

　　如果李小姐在 4 月 30 日还款 1 000 元，并在 5 月 2 日前再无其他还款，则她本期账单视为选择了最低还款，不享受免息还款期。若在 4 月 17 日再次消费 300 元，则在 5 月的账单中，将收取部分利息。

在李小姐还入的 1 000 元中，首先抵扣分期的 800 元本金和 33.6 元手续费，剩余 166.4 元抵扣消费金额 856.5 元，那么消费未偿还部分为 690.1 元。李小姐在 5 月份的账单中需要支付的利息如下。

856.5 元×0.05%×41 天（3 月 21 日至 4 月 30 日）+690.1 元×0.05%×8 天（5 月 1 日至 5 月 8 日）=17.59 元+2.76 元=20.35 元。

李小姐 5 月的账单金额为：800（分期金额）+33.6（分期手续费）+300（消费金额）+690.1（上期未偿还额）+20.35（上期利息）=1 844.05 元。最低还款额为：800（分期金额）+33.6（分期手续费）+300（消费金额）×10%+690.1（上期未偿还额）+20.35（上期利息）=1 574.05 元。

7.1.4　查询账单金额

在还款之前，首先应明确本期账单应该还多少，以及必须在哪天之前偿还。通常情况下，发卡银行都会在每期账单日后的几个工作日内，通过各种渠道通知持卡人本期账单信息。

一般信用卡发卡银行会为持卡人提供电子、纸张两种包含交易详细信息的账单内容，也可能通过短信发送简略的账单信息。持卡人也可以通过信用卡网上服务通道查询详细账单信息。

● **电子账单**：发卡机构通过电子邮件的形式，将包含本期详细费用记录的账单发送到持卡人注册的电子邮箱中。图 7-1 所示为交通银行电子账单部分内容。

交通银行维萨Y-Power 卡号: ████*******████		
账单周期：2017/08/17-2017/09/16		
本期账务说明		
到期还款日	2017/10/██	
本期应还款额	￥549.26	$ 0.00
最低还款额	￥54.93	$ 0.00
信用额度	￥22000	$ 3450
取现额度	￥22000	$ 3450

图 7-1　交通银行电子账单

- **纸张账单**: 发卡机构通过平信方式向持卡人注册的住宅或单位地址寄送纸质的账单（一般会附上一些广告传单）。

- **网上查询**: 访问发卡银行信用卡中心网页，登录信用卡网上银行，选择账单查询。

- **短信查询**: 使用信用卡账户绑定的手机号码，按银行规定的格式编辑短信，发送至银行指定的服务号码，即可获取指定信用卡账户当期的账单余额（仅部分银行支持）。表7-1所示为部分银行短信账单查询方式。

表 7-1 部分银行信用卡短信账单查询方式

发卡银行	短信格式	示例	服务号码
中信银行	ZD 加中信卡卡号末四位	ZD1234	106575580895558（移动） 10655020095558（联通）
中国建设银行	CCZD#卡号末四位	CCZD#1234	95533
中国工商银行	CXZD#卡号	CXZD#1234	95588
交通银行	CC 账单#卡号末四位	CC 账单#1234	95559
招商银行	#ZD	#ZD	1065795555（移动） 95555（联通、电信）
兴业银行	30 卡号末四位	301234	95561（移动） 1069009595561（联通）
光大银行	账单#卡号后四位	账单#1234	95595
浦发银行	ZDCX+空格+卡号末四位	ZDCX 1234	95528
广发银行	401+卡号末四位	4011234	95508
民生银行	ZD 卡号末四位	ZD1234	106902895568
华夏银行	ZD 卡号末四位	ZD8888	106575257489095577（移动） 106550571609095577（联通） 10659057110009095577（电信）

7.2　选择适合自己的还款途径

持卡人必须要在银行规定的日期将所欠的金额还入信用卡，而持卡人一般都有固定工作，可能无法到银行柜台去偿还信用卡。为了更好地为持卡人服务，很多银行的信用卡都提供了多种还款途径，持卡人可以根据自己的实际情况选择不同的还款途径来偿还信用卡。目前，信用卡常见的还款途径主要有以下几种。

7.2.1　关联卡自动还款

关联卡自动还款需要信用卡持卡人同时持有该发卡银行的一张储蓄卡，并通过柜台办理关联还款业务，设定一个还款日期，银行会自动在这个日期从储蓄卡中转出关联信用卡本期账单金额偿还信用卡。

几乎所有银行的信用卡都支持这种还款方式，但使用该还款方式时，必须要在设定的还款日之前，向储蓄卡中存入足够的资金，以免扣款失败而增加额外的费用。

使用储蓄卡自动偿还信用卡，很多银行可以在柜台申请，也可以登录网上银行申请签约。完成申请签约以后，如果持卡人在最后还款日之前没有偿还信用卡，则在最后还款日当天，银行系统将会主动从持卡人借记卡账户中扣除本期账单金额，转入信用卡账户以偿还信用卡，以避免持卡人因为忘记偿还信用卡而产生额外的费用或麻烦。

7.2.2　柜台现金还款

柜台现金还款是指信用卡持卡人在本期账单最后还款日之前，携带足够的现金，前往信用卡发卡银行的营业网点，向柜台提出信用卡还款申请，提供信用卡卡片和所还金额，由柜台办理信用卡还款业务。

柜台现金还款与在柜台向储蓄卡中存钱的操作方法一样，通常对于小额找零，银行不会进行处理。例如，信用卡账单金额为 1 849.59 元，持卡人可能交给柜台 1 850 元，柜台不会进行找零，直接将 1 850 元全额还入信用卡，多余的金额将抵扣下期账单。

与关联卡自动还款相同，所有信用卡发卡银行都支持这种还款方式，但必须要持卡人前往对应银行的营业网点才可以完成还款。

7.2.3 ATM 转账还款

ATM 中文名称为自动柜员机，是一种便捷的银行金融业务服务终端。持卡人可通过在 ATM 上完成现金取款、资金转账等一些简单的业务。

信用卡持卡人如果同时持有某银行的储蓄卡，且储蓄卡上有足够金额，即可到 ATM 上通过该储蓄卡账户，向你的信用卡账户转入资金，用于偿还信用卡。

在 ATM 上转账还款的时候，只有在同城（储蓄卡开户的城市）、同行（ATM、信用卡和储蓄卡属于同一发卡银行）的时候是免费还款，其他任意情况都可能产生一定的手续费。

相对于银行的营业网点而言，银行安放的 ATM 要远远多于设立的营业网点，一般在一些较大的生活社区周围都会有很多银行设置的 ATM。如果持卡人周围有自己信用卡发卡银行的 ATM，且自己也有该银行的借记卡，则可以通过 ATM 转账来偿还信用卡。

ATM 转账还款与柜台现金还款相似，只要是本行的系统，还款金额可实时到账，且不用持卡人携带现金，也能更好地保护持卡人的财产安全。ATM 转账还款的一般操作流程如图 7-2 所示。

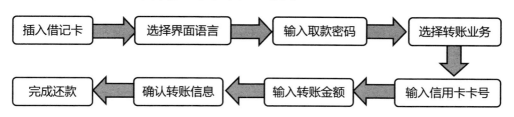

图 7-2 ATM 转账还款业务流程

7.2.4　CDM/CRS 现金还款

CDM 又称为自动存款机，与 CRS（存取款一体机）相似，都可以供持卡人自行操作，向银行存入现金。

如果信用卡发卡银行在持卡人附近有 CDM 或 CRS，则持卡人可携带现金和信用卡，前往设备所在地，用储蓄卡存钱的方式，将现金存入信用卡中，完成还款。

7.2.5　网上银行自助还款

为了更好地服务客户，很多银行都设置了自己的网上银行，持卡人可通过计算机等联网设备登录网上银行，进行转账业务。

如果持有某银行的储蓄卡并开通了网上银行和网上对外转账功能，则可以登录网上银行，向同行信用卡或其他银行的信用卡账户转入资金，达到偿还信用卡的目的。

通过网上银行偿还本行信用卡一般是免费的，偿还其他银行的信用卡可能要收取一定的手续费。图 7-3 所示为中国建设银行网上银行转账页面。

图 7-3　中国建设银行网上银行转账页面

目前，各大银行为更好地服务用户，都推出了手机银行。在手机银行中，也可以进行信用卡还款，其操作方法与网上银行相似。

7.2.6　电话银行转账还款

电话银行是一些银行提供的可以通过拨打指定电话来查询储蓄卡或存折账户信息、完成转账支付或其他金融业务的一种业务。

如果储蓄卡或活期存折开通了电话银行自助转账业务，就可以使用注册的手机号或在银行设置的电话机拨打银行号码，使用电话转账功能偿还与该账户同等的本人名下的信用卡欠款。

在目前的 15 家常见信用卡发卡银行中，对电话银行还款支持的情况如表 7-2 所示。

表 7-2　常见银行对电话银行还款的支持情况

发卡银行	支持与否	发卡银行	支持与否
中国银行	×	光大银行	√
中国建设银行	√	浦发银行	√
中国工商银行	√	平安银行	√
交通银行	√	民生银行	√
中国农业银行	√	广发银行	√
招商银行	√	华夏银行	√
中信银行	√	深发银行	√
兴业银行	√		

7.2.7　便捷的支付宝还款

支付宝是目前互联网上最大的第三方支付平台，使用支付宝还信用卡，可以跨行免费还款，且到账时间也很快捷。还款时，可选择计算机客户端和手机客户端两种渠道。

目前，支付宝支持 40 家银行的信用卡还款服务，很多银行基本都是实时到账（提交还款申请并支付还款金额后，自动完成还款，银行立即收到还款金额）。部分银行为分时间段到账，如 00:00～23:30 还款，当天到账 23:30～24:00 还款，次日到账或 00:00～21:00 还款，当天到账；21:00～24:00 还款：次日到账，具体到账时间可在还款页面查看。

使用支付宝不仅可以给自己的信用卡还款，还可以为他人的信用卡还款（信用卡持卡人姓名与支付宝实名认证的姓名相同，则视为本人，否则视为他人）。目前，在手机、Pad 端使用支付宝钱包为信用卡还款，一律免收服务费，若使用支付宝计算机客户端为他人还款，将收取每笔还款金额的 0.2% 为服务费（最少 2 元/笔，最多 25 元/笔）。

> **支持支付宝在线还款的银行**
>
> 招商银行、中国工商银行、中国建设银行、中国银行、交通银行、广发银行、中信银行、兴业银行、民生银行、平安银行、浦发银行、光大银行、华夏银行、宁波银行、北京银行、江苏银行、上海农商银行、包商银行、杭州银行、南京银行、河北银行、重庆农村商业银行、盛京银行、成都农商银行、上饶银行、尧都农商银行、渣打银行、温州银行、中国农业银行、广州银行、天津银行、乌鲁木齐市商业银行、哈尔滨银行、重庆银行、汉口银行、徽商银行、上海银行、南昌银行、邮储银行、花旗银行（中国区发行的人民币卡）。
>
> 中国银行总行发行的信用卡都支持还款，地区发行的卡只支持部分地区：河北、山西、内蒙古、吉林、黑龙江、江西、河南、重庆、四川、贵州、云南、西藏、陕西、甘肃、青海、宁夏、新疆、北京。具体是地区发卡还是总行发卡，需咨询中国银行。

7.2.8　微信钱包在线还款

在手机微信客户端也可以为信用卡还款，用户可通过微信支付绑定的储蓄卡和零钱进行还款，若绑定了多张储蓄卡，可在还款页面选择任意已绑定的储蓄卡进行还款。

微信信用卡还款的到账时间有实时到账、30 分钟到账、两小时到账、当天到账和次日到账 5 种，在还款页面可以查到到账时间。还款申请提交和还款成功后，用户可以收到微信推送的通知，如图 7-4 所示。

还款申请已送达银行通知
8月8日
你的还款申请已送达银行处理，处理成功后将恢复用额度，请留意入账短信通知。
信用卡：交通银行(   )
还款金额：407.59元
点击查看还款详情

还款成功通知
8月8日
你的还款已成功，额度实时恢复。
信用卡：交通银行(   )
还款金额：407.59元
还款时间：2017年08月08日 10:12
1-2天后可在银行查询该笔还款记录

图 7-4 微信还款通知

若微信信用卡还款失败，可能是由以下原因导致的，具体如表 7-3 所示。

表 7-3 微信信用卡还款失败原因和解决方法

失败原因	解决方法
账户姓名与银行开户姓名不符	核对填写的姓名和银行开户的姓名是否一致
银行账户不存在或账户有误	核对选择的银行和输入的银行卡账号是否一致，同时检查输入的银行卡账号是否正确
银行账户状态异常	和银行核实银行卡账户的状态，同时检查输入的银行卡账号是否正确
暂不支持该类银行账户	主要是由于账户为非结算户，国际卡或 E 卡等，请更换银行账户

7.2.9 快钱在线还款

快钱是国内领先的独立第三方支付企业，旨在为各类企业及个人提供安全、便捷和保密的综合电子支付服务。其提供的金融服务产品包括信用卡还款、手机充值、跨行转账等。

目前，快钱支持还款的信用卡开户行有 18 家。进入快钱官网（https://www.99bill.com/），登录账号后（没有账号可在线注册），在"生活服务"页面单击"信用卡还款"选项卡即可进入信用卡还款页面，此时可选择普通还款和快捷还款两种还款方式进行还款，如图 7-5 所示。

图 7-5　快钱信用卡还款页面

7.2.10　银联在线还款

银联在线支付是中国银联为满足网上支付需求而打造的银行卡网上交易转接清算平台，也是中国首个具有金融级预授权担保交易功能、全面支持所有类型银联卡的集成化、综合性网上支付平台。

银联在线支付也提供了信用卡还款功能，目前支持全国 23 家银行的信用卡在线还款，如表 7-4 所示。

表 7-4　银联在线支付信用卡还款的到账时间

到账时间	涉及发卡银行
实时到账	光大银行、招商银行、兴业银行、广发银行、中信银行、上海农商行、广州银行、宁波银行、重庆银行、青岛银行、徽商银行、重庆农商行、青海银行、哈尔滨银行、广东南粤银行、绍兴银行、平安银行
1～3 个工作日到账	浦发银行、民生银行、上海银行、华夏银行、东亚银行、中国银行（深圳分行）

精通信用卡，成为卡神

　　同样使用信用卡，有些人每月都在为偿还本期账单而头疼，而有的人却是轻松消费，甚至还在"赚银行的钱"。前者被称为"卡奴"，他们惧怕信用卡，认为这是一个"吸血鬼"；后者则被称为"卡神"，他们喜欢信用卡，可以"持卡走天下"。要想自己也能成为"卡神"，不做银行的赚钱工具，那么就必须要精通信用卡。

　　◇　拿到信用卡首先设置密码
　　◇　不得不知的几类信息卡风险
　　◇　不同场所用卡也要防范风险
　　◇　信用卡业务的几种利润来源
　　◇　信用卡带给银行的好处
　　◇　信用卡带给特约商户的好处
　　◇　信用卡的积分收益
　　◇　养成良好的用卡习惯
　　◇　明确信用卡陷阱

8.1 信用卡安全不得不重视

信用卡是一种信用消费工具，它本身并没有现金价值，也不存放货币，但持卡人可以通过它完成商品或服务的购买，因此其相当于持卡人财产的一种载体，所以信用卡的安全必须要受到重视。

8.1.1 拿到信用卡首先设置密码

信用卡与普通银行卡一样，也具有消费取现功能，但信用卡可能不是由申请人在柜台申请领取，因此新拿到的信用卡通常都有一个激活过程，该过程也是验证领卡人是否是申请人的过程。

在信用卡激活后就可以进行刷卡消费，但为了账户安全，持卡人最好通过各种渠道为信用卡设置密码，以保障信用卡的安全。

信用卡的密码通常有查询密码、交易密码两种。如果开通了网上银行，还有网上银行登录密码和支付密码等。

- 　**查询密码**：查询密码通常是指持卡人通过客服热线、网上银行或其他渠道查询信用卡账单、可用额度或其他信息时需要提供的密码。

- 　**交易密码**：交易密码是通过信用卡刷卡消费、在 ATM 取现或通过网上银行支付时需要提供的密码。大多数情况下，信用卡的交易密码与查询密码相同，在银行允许的情况下，建议持卡人尽量将交易密码和查询密码设为不同的密码，以便更好地保障账户安全。

- 　**网上银行登录密码**：当信用卡开通网上银行后，根据网上银行的不同功能，可能会要求设置一个专用的密码，用于登录网上银行。该密码通常可包含数字、字母和一些指定的符号，而查询密码和交易密码由于使用设备的不同，通常只能使用 6 位纯数字。

- **网上银行支付密码**：使用信用卡网上银行支付时所需要提供的密码，通常由数字和字母组成，但目前大多数银行的信用卡都没有设置独立的网上银行支付密码。

8.1.2 信用卡消费方式要设置得当

信用卡在激活以后就可以直接刷卡消费，目前大多数信用卡都支持签名消费和"密码+签名"消费的方式，这两种消费方式各有利弊。

以签名作为信用卡的消费凭证是国际银行业的主流，但很多国内持卡人认为，密码比签名更安全，而实际上却并非如此。

对于信用卡，使用签名消费时，核对签名的责任在商家；而使用密码消费时，保管密码的责任则在持卡人。因此，一旦发生信用卡被冒用的事件，使用签名的持卡人的权益往往能得到更好的保护和补偿。

目前国内大多数信用卡使用的是签名+密码的消费方式，实际上签名只是一种摆设，一般在超市商场等地方刷卡消费，只要输入了密码，会给你一个 POS 签购单让你签名，但收银员基本不会检查你的签名笔迹。

8.1.3 卡面信息的保密也非常重要

每张信用卡上都印有卡号、持卡人姓名拼音、有效期以及 CVV2 码（背面签名栏后三位），在一些银行的特约商户处，

只需要提供信用卡卡号、持卡人姓名、身份证号以及 CVV2 码，就可以实现支付。这种支付方式也被称为离线支付或无卡支付。

信用卡的 CVV2 码（也称安全验证码）经过发卡银行的编码规则和加密算法生成。在支付过程中，如果商家将 CVV2 码提供给银行，银行会默认商家取得持卡人授权，从而允许进行交易。

一位银行信用卡中心相关负责人表示：CVV2 码的重要程度不亚于信用卡交易密码，甚至可以看成信用卡的"第二密码"。CVV2 码在离线交易中是极其关键的。银行与符合条件的商家合作，商户在持卡人消费前要先冻结一部分资金，在消费完成且持卡人签字后，商户才能正式扣掉这部分资金。

CVV2 码除了保障离线支付外，还有一个非常重要的作用是防止自己的卡被克隆。不法分子即使获取了信用卡账号信息并复制卡，但没有复制 CVV2 码信息，就算知道密码，取款时也会被 ATM 拒绝。

8.1.4　不可不知的几类信用卡风险

信用卡虽然并未存有持卡人的现金，但从某些方面来看，只要信用卡产生了消费，就是持卡人的负债，需要由持卡人来承担负债的偿还业务，因此信用卡也存在一些使用风险。

1．单位卡可能存在的风险

单位卡由单位向银行统一申请，在该单位符合条件并按银行要求交存一定金额的备用金以后，银行将为申领人开立信用卡存款账户，并发给信用卡。单位卡可以申领若干张，持卡人资格由申领单位法定代表人或其委托的代理人书面指定和注销。

对具体的持卡人而言，若单位卡申领人无开户许可证，不会在发卡行所在地开立基本账户；没有以书面委托方式指定持卡人；指定的持卡人没有提供有效的证件；未对持卡申请人的基本资料进行合规审查，这些都会让单位卡持卡人的信用安全面临一定的风险。

要有效防范单位卡的各种风险，在单位申领单位卡时，银行必须要做好审核工作，要注意审核单位是否满足如图 8-1 所示的各项条件。

① 发卡行所在地的中国人民银行分支机构核发的开户许可证。

② 在发卡行所在地金融机构开立基本存款账户。

③ 具有单位证明材料，包括营业执照、机构代码证、法人代表有效身份证件等。

④ 持卡人由申领单位法定代表人或其他委托代表人书面指定，并提供有效身份证件。

图 8-1　申领单位卡时需要提供的资料

2. 个人卡可能存在的风险

个人卡申领过程中主要存在的风险是银行未准确核实申请人申请条件。个人申请信用卡，至少需要提供申请人有效身份证件，年龄必须在 18 周岁以上，且必须认真阅读申请表上关于信用卡章程的相关信息后，由本人亲自签名（领卡后背面签名需要与此签名一致）。

为了防范个人信用卡的一些风险，在信用卡的领取过程前后，必须注意如图 8-2 所示的几点。

① 申请信用卡时，要认真阅读相关协议，并在申请表上亲笔签名。

② 领取信用卡时，要出示本人身份证原件，并在登记簿上签名确认。

③ 领取信用卡后，及时在信用卡背面签名上签名。

④ 激活信用卡后，及时更新个人密码，由于个人密码泄露造成的损失由持卡人承担。

⑤ 卡与密码分开存放并妥善保管，不要将卡与磁性物品一同存放。

图 8-2　个人卡申领过程中的注意事项

3．批量发卡存在的风险

部分银行会在一段时间内接受信用卡申请，然后在特定的时间将这段时间内申请的信用卡批量制作。批量发卡大部分采用统一的密码，如果收到信用卡后未及时更改密码，而信用卡被盗或遗失，就很容易造成财产的损失。

为了防范这种风险，银行应加强对单位或集体申办信用卡的审查，原则上禁止发放统一密码，并应提醒持卡人在收到卡后及时更改密码。

8.1.5 不同场所用卡也要防范风险

信用卡在不同场所中使用时，由于持卡人的疏忽或其他客观条件，也可能为信用卡账户带来一些风险。持卡人需要了解一些常见的使用风险，并学会防范这些风险。

1．自助银行里的风险防范

自助银行给银行持卡人带来了很多方便，但由于其无人值守的特殊情况，也为持卡人带来一些风险。

例如，不法分子可能使用一些非法手段，在 ATM 上安装外接吞卡器，使得持卡人的信用卡被"吞"，从而获取持卡人的信用卡。

然后通过在原来的 ATM 密码键盘上安装覆盖密码键盘、在 ATM 周围安装摄像头或以人工窃取的形式，取得持卡人的密码。

待持卡人离开后，不法分子再取出信用卡，到其他地方通过刷卡的方式，盗刷大量金额，给持卡人带来财产损失。

对于这种情况，持卡人在到 ATM 上操作信用卡时，必须仔细查看 ATM 的读卡口和密码键盘是否存在异常，并观察周围是否有非银行的摄像头或可疑人员，如果发现异常，可暂时停止操作。

有些不法分子可能假冒银行工作人员，通过各种手段造成 ATM 故障，然后徘徊在自助银行周围，当发现可下手目标后，会主动上前搭讪，帮助持卡人操作。在持卡人不小心说出密码后，不法分子会告知持卡人这个机器暂时不能用，让其换个时间或换个地方操作。

当持卡人离开后，不法分子可能利用获取到的信用卡信息仿造信用卡，再串通商户大额盗刷该信用卡。

持卡人在自助银行操作时，不要轻信他人，更不能将自己的信用卡交给其他人操作。当 ATM 无法操作时，应多走几步换个银行操作，或换个时间再来。

2. 银行柜台前的风险防范

在柜台上使用信用卡，应该是最安全的，但仍可能由于个人原因导致信用卡出现安全问题。

※事例故事

小刘前去银行柜台开通信用卡网上银行业务，由于办理业务的人很多，他拿着信用卡在柜台前排队，还不时把玩信用卡，旁边很多人都可以清楚地看到他信用卡卡面上的信息。

在柜台上办理业务时，由于两次密码输入错误，他还自言自语地说："没错啊，我密码应该是 6 个 1 的。"在提供了身份证以后，柜台让其修改密码，他又修改为 6 个 5。

在此后的第 4 天，小刘收到银行短信告知他的信用卡在某处刷卡消费 12 800 元，他当时以为是诈骗信息，并没有注意，等他本人下次再刷卡的时候才被告知他的可用额度不足。此时他才拨打电话询问银行，被告知在几天前确实有一笔凭密码交易的消费。此时他才意识到，自己的信用卡已经被盗刷了。

在以上示例中，小刘在银行柜台办理业务时，把信用卡拿在手上排队，很容易让有心人记录下信用卡卡面信息，如卡号、有效期以及CVV2码等。而在柜台办理业务时，他输入的密码也非常简单，很容易被人记住。

不法分子完全可以用他的信用卡面信息来仿造一张卡，并凭他的密码在串通商户处完成刷卡消费（仿造卡在ATM上可能被识别出来）。

因此，在柜台办理业务时，应注意不要把自己的信用卡完全展示在非银行工作人员眼中；在办理业务过程中，无论任何情况下，都不要说出自己的密码（银行工作人员是不会要求你说出密码的）；在输入密码的时候，注意周围是否有人在观看，并尽量遮挡密码键盘。

3. 信用卡网上银行的风险防范

网上银行是最方便的一种个人金融服务系统，持卡人可以足不出户就完成查询、转账汇款、简单资料修改等各项业务，但网上银行也是风险最高的一种信用卡使用渠道。

在登录网上银行之前，首先必须保证自己所使用的计算机是无毒的。有些人在计算机使用过程中，不小心中了木马病毒，当在使用网上银行的时候，木马可能记录你的所有键盘输入，并从后台传送到指定的地方，不法分子可以轻松获取你的银行卡卡号、密码等敏感信息。

在使用网上银行的时候，要尽量手动输入网址，不要通过搜索引擎搜索。很多不法分子会伪装银行的网站，如工商银行网站（www.icbc.com.cn），不法分子可能用网址www.lcbc.com.cn来迷惑用户，如果用户访问该网址并输入资料登录，不法分子就可以轻易记录下你的银行卡信息，进而实施犯罪，并盗取你的财产。

所有网上银行的登录页面地址都使用的是加密协议，网址开头应为"https://"，并且在浏览器地址栏右侧会有一个加锁的图标🔒，而不是普通网站的"http://"开头的网站，如图8-3所示。

图 8-3　部分银行网上银行登录地址栏

此外，银行的网上银行一般都会要求用户设置一个预留信息，当登录网上银行时或登录网上银行后，首先会出现该预留信息，如图 8-4 所示。如果用户检测到预留信息与自己实际预留的信息不符时，应立即停止交易。

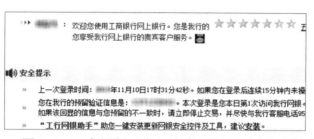

图 8-4　工商银行（左）和交通银行（右）网上银行的预留信息提示

4．通信工具中的风险防范

随着智能手机的不断普及，很多银行都专门开发了适用于通信工具中的掌上银行客户端，有的也提供了各种通信工具可访问的 Web 版网上银行。

由于智能手机功能的强大，可以安装各种软件，因此木马病毒的防范是首先需要重视的：要保证自己所使用的移动工具客户端是官方下载的，千万不要使用一些推送消息中包含的下载链接下载的手机银行客户端，也不要用手机浏览器登录一些短信中包含的网上银行页面。

此外，通信工具通常都是私有的，为了方便客户的使用，很多银行的掌上银行客户端都具有记住账号或记住密码的功能，如果不是在自己的设备上操作，千万不要让客户端记住你的信息，以免发生财产损失。

5．POS 刷卡时的风险防范

对于一般人而言，在 POS 机上刷卡消费是信用卡使用的主要途径，酒店、商场、超市是 POS 机刷卡频率最高的场所，也是信用卡使用风险最高的场所。这主要可能出现以下一些风险。

- 收银员故意制造交易错误，或取消交易后重新交易，以期让顾客重复刷卡，多付账。

- 一些图谋不轨的商家或收银员针对绝大多数顾客签单时不注意消费金额的特点，故意多输入消费金额，给顾客带来损失。

- 收银员趁顾客不注意时，将顾客信用卡调包，真卡被换为白卡或无效卡，然后利用真卡盗刷信用卡。

- 收银员趁持卡人未注意时，多刷一次卡，重叠回单让顾客签字或自己仿冒顾客签字赚取黑钱。

- 收银员用特制的机具刷卡，获取持卡人的信息，并转卖给不法分子以获取利益，从而给持卡人带来财产损失。

8.1.6　防止信用卡盗刷有秘籍

在自己不知情的情况下，信用卡被刷卡消费，这就是最让信用卡用户头疼的盗刷。即不法分子通过各种手段获取持卡人的相关信息，并制作仿造卡或通过无卡支付的方式，消费持卡人信用卡的额度。

要防止信息卡被盗刷，首先必须保护好自己的信用卡、个人信息以及个人密码，也可以通过以下几招来防止自己信用卡被盗刷。

- 到银行或正规公司办卡，切勿找人代办信用卡，这很容易使代办人得到你的个人资料。

- 如果是在网点领取信用卡，领卡时要当场检查密码信封，如果信封被打开过，应及时告知银行，要求更换密码信封。

- 领到信用卡后，要及时修改密码。密码不要太有规律，如不要使用生日、电话号码等数字作为密码。

- 在消费或取现时，应在保证输入正确的情况下，尽快完成输入，并且要养成遮挡密码键盘，多手指协作输入的习惯，避免有心人记住你输入密码的按键顺序。

- 交易完成后，应妥善保管签购单，以防止个人账号信息泄露，给不法分子带来可乘之机。

- 在商户刷卡交易后，应仔细查检信用卡，以免被调包。

- 在酒店、商务会所等地刷卡时，不要将信用卡交由服务人员，应亲自前往前台刷卡结账，尽量不让信用卡离开自己视线。

- 不要将信用卡随意借给别人，更不要随意让陌生人记住你的信用卡卡号。

- 不要把信用卡与身份证、驾驶证等有效身份证件放到一起，以防身份证与信用卡同时被盗或丢失，给不法分子提供冒用的机会。

- 如果信用卡被盗或遗失，应第一时间致电发卡银行信用卡中心进行挂失，再找时间补办信用卡。

- 如果注册的手机号码、账单地址等信息发生变更，应及时告知银行并提出修改申请。

除此以外，持卡人可向银行申请开通余额变更短信提醒，以便信用卡余额发生变动时及时被告知。如果此笔交易不是你本人授权的交易，应及时致电信用卡发卡银行，要求取消交易授权。目前，几大银行信用卡短信提醒功能和收费情况，如表 8-1 所示。

表 8-1　几大银行信用卡短信通知功能和收费情况

发卡银行	刷卡	网络	取现	账单	还款	收费政策
中国银行	√	√	√		√	免费，可自行设置通知金额
中国建设银行	√	√	√			500 元以上免费；500 元以下 3 元/月；公务卡免费
中国工商银行	√	√	√	√	√	免费，可自行设置通知金额
交通银行	√	√	√	√	√	4 元/月；1 500 元以上免费；公务卡、白金卡免费
招商银行	√	√	√	√	√	免费，100 元以上通知
中国农业银行	√		√	√	√	免费，10 元以上通知
光大银行	√	√		√	√	免费
华夏银行	√		√	√	√	免费，200 元以下的短信通知需要持卡人申请开通
深发银行	√	√	√	√	√	3 元/月；300 元以上免费
浦发银行	√	√	√	√	√	免费；金卡、普卡 500 元以上通知；麦兜卡和 WOW 卡 200 元以上通知
中信银行	√	√	√	√	√	4 元/月；200 元以上免费
广发银行	√	√	√	√	√	3 元/月；300 元以上免费；白金卡、优质客户免费
民生银行	√	√	√	√	√	3 元/月；钻石卡、白金卡免费
兴业银行	√	√	√	√	√	3 元/月；金卡免费

8.2　了解银行的获利方式

信用卡从申请到首次刷卡消费不需要支付任何费用，刷卡消费后按时还款，也不必支付任何利息。发卡银行把他人的钱"免费"借给你先用，又不收你任何回报，那么发卡银行靠什么来赚钱呢？

8.2.1　信用卡业务的几种利润来源

在会用卡的人眼中，信用卡会给自己带来很多方便和实惠，银行要生存，那就必须有其利润的来源。就银行信用卡业务来讲，银行的主要利润来源有以下几种。

1．年费/卡费

年费是信用卡最基本的一种费用，每个银行的信用卡都有其年费政策，有的银行信用卡终身免年费，但有的银行信用卡可达上万元/年。目前，各银行竞争激烈，通常会以刷卡达一定次数或消费达一定金额免年费的方式来吸引更多的客户。对刷卡达不到要求的客户，银行当然就会向其收取规定的年费。

对于一般的信用卡而言，卡费都不会被收取，但如果是申请一些特殊主题信用卡或个性定制信用卡，就可能被收取一定的卡费。此外，如果信用卡丢失补办，也会收取高额的卡费。

2．取现手续费和利息

信用卡可以在 ATM 上取现，但取现金额是不享受免息期的，将从取现当天开始计算利息，并且很多银行的信用卡取现还会收取不同金额的取现手续费，而有的银行的信用卡可能会在每月的前几次取现中免收手续费。

就目前国内信用卡市场而言，每家银行规定的取现利息都是相同的，按每日 0.5‰收取，平均月利息达 1.5%，年利息达 18.25%，相对于贷款利息要高很多，这也是信用卡发卡银行主要利润来源之一。

信用卡取现的利息是按月计算复利的，如 5 月 18 日取现 10 000 元，账单日是每月 25 日，那么 6 月的账单中会对该笔取现计收 10 000×0.05%×7=35 元的利息。如果该笔取现到 6 月 25 日之前还未偿还，则在 7 月的账单中会计收利息（10 000+35）×0.05%×31＝155.54 元。如此往复，直到持卡人全部还清取现金额为止。

3. 未全额还款的利息和滞纳金

如果持卡人透支且未在约定的免息还款期内全额还款，发卡行将向持卡人收取自入账日起累计的透支利息，按每日 0.5‰收取。如果持卡人在最后还款日之前所还金额低于最低还款额，则还会支付最低还款额未还部分 5%的滞纳金。

如果持卡人在最后还款日之前未全额偿还本期账单，则本期账单不享受免息期。未偿还的部分将从记账日开始按日利率 0.05%计收利息，直到持卡人全部还清本期账单为止。

而滞纳金则是在持卡人所还金额不足本期账单的最低还款额时才会收取，虽然是最低还款额未还部分的 5%，但很多银行都有一个下限金额，如中信银行最低收取 30 元。

4．超限费

当持卡人当前消费欠款超过信用卡信用额度时，发卡银行将向持卡人收取超限费。

特别是在某些节假日的时候，银行为了促进持卡人刷卡消费，会临时提高信用额度，如果持卡人之后还按当时的额度消费，可能在临时额度过期时，就会产生超限费。因此，持卡人应尽量避免超信用额度使用信用卡。

5．与商家合作赚取手续费

以上几种利润来源都可以由信用卡持卡人决定，如刷卡达到银行要求就不用给年费，不取现就不会产生取现手续费和利息，全额还款就不会产生滞纳金和利息，不超额消费就不会产生超限费等。如果这些费用都没有了，那么信用卡发卡银行的利润又从何而来呢？

所以，与商家合作赚取的手续费才是信用卡发卡银行的主要利润来源。银行在向商户提供 POS 机刷卡服务时，会向商户收取一定比例的手续费（或可称为回佣金）。

一位银行信用卡中心负责人透露："按照同业协会和银联默认的行规，POS 机刷卡消费向商户收取的手续费有一个固定的标准，酒店和餐饮业的回佣率为 1.8%，连锁超市等零售业回佣率为 0.5%，商场及娱乐休闲服务行业则为 0.9%。对于这三种回佣率的所占比例，信用卡的发卡行、银联和收单行分别以 7 : 1 : 2 的比例分取。"

按规定，持卡人在支持 POS 机刷卡的地方刷卡消费都是不需要支付额外费用的，如大型商场、超市等，但有些商户为了利润的最大化，会将银行向他们收取的手续费转嫁到顾客身上，要求顾客尽量现金支付，如果刷卡，则要顾客自己付刷卡手续费（通常为消费额的 1%～3% 不等）。

8.2.2　信用卡带给银行的好处

银行开办信用卡业务，"免费"把钱借给持卡人使用一段时间，不仅对银行没有坏处，反而是好处多多，归纳起来可有图 8-5 所示的几点。

① 持卡人持信用卡在商户处刷卡消费，商户需要向银行支付一定比例的手续费，这将给发卡银行带来直接收入。

② 一般的信用卡持卡人都是收入较为稳定的白领层，具有良好的信用记录，银行向其发放信用卡时，也会收集他们的基本资料，为其带来潜在的优质客户。

③ 信用卡在全世界大多数国家都比较流行，持有信用卡对持卡人而言是个人信用的象征，同时对发卡银行而言，可提高其知名度。

④ 信用卡的发放是面向全国客户的，这可以吸引更多的客户，新的信用卡客户也给银行其他金融产品提供了极好的发展机会。

图 8-5　信用卡带给银行的好处

8.2.3　信用卡带给特约商户的好处

信用卡的主要收入来源是特约商户处的 POS 机刷卡手续费。商户在向银行缴纳费用的时候，也会给自己带来一些好处。

● 消费者可避免随身携带大量现金，而且用信用卡消费过程中没有实物现金付出的概念，更容易让消费者产生冲动性购物的欲望，从而大大增加商户的销售额。

● 使用信用卡交易比收取现金更加安全、卫生。商户在结算过程中少收现金，避免了由于收银员经验不足而收到假币或找零错误的情况，也杜绝了由于商户存放大量现金可能导致的财产风险。

● 收银员经过培训并熟练掌握刷卡机操作后，可提高交易处理速度。

● 由于信用卡越来越受到广大消费者的喜爱，很多人在价格差距不是很大的情况下，更喜欢选择支持信用卡刷卡的商户消费，商户也借此来吸引更多的顾客。

● 通过受理银行卡，商户能够收集到相关消费数据，通过对数据的分析可以更好地制订有针对性的客户服务计划，并开通多种形式的促销活动，以帮助商户在市场竞争中建立优势地位。

8.3　信用卡的积分收益

刷信用卡消费与刷借记卡消费的主要区别除了信用卡用的是银行的钱、而借记卡用的是自己的钱外，最主要的是刷信用卡消费会有积分累积，而借记卡则没有积分功能。

8.3.1　一般信用卡的积分用途

根据信用卡发卡银行的不同以及所发行的信用卡主题、种类的不同，其附带的积分也有不同的功能。信用卡积分主要用在如图 8-6 所示的几个方面。

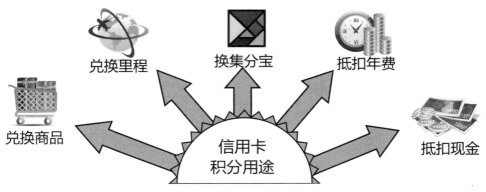

图 8-6　信用卡积分的主要用途

- **兑换商品**：在信用卡网上商城中有很多商品可以购买，或者可以直接使用信用卡积分兑换，这也算是信用卡持卡人的一种"福利"。

- **兑换里程**：对于航空类联名信用卡而言，其积分主要用于兑换航空里程，来抵扣对应距离的票价。

- **抵扣年费**：信用卡每年都会收取年费，但发卡银行为大多数信用卡提供了免年费政策，如有些信用卡用刷卡产生的积分来抵扣年费。

- **抵扣现金**：一些联名信用卡的积分，可在联名商户处当现金使用，在购买指定商品时，将直接抵扣现金。

- **换集分宝**：一些专门针对淘宝消费而推出的信用卡，其积分可以兑换成集分宝，在淘宝购物支付时当现金使用。

8.3.2　信用卡积分的累积规则

信用卡积分规则由发卡银行根据信用卡类型来定制，取现和转账交易通常不计积分，有些银行对于大于限额的交易，也不会累积积分。

1. 中国银行信用卡积分规则

根据中国银行 2016 年 9 月的最新版积分规则，中国银行信用卡的积分分为尊享积分和交易积分两种。

- **尊享积分**：即资产类积分，是为中国银行日均金融资产 20 万元以上的中高端客户提供的专属回馈，可用于兑换尊享礼遇。

- **交易积分**：交易积分分为信用卡积分和营销活动积分。交易积分可用于兑换各类实物礼品、非实物礼品、增值服务。持信用卡消费时，可获得相应信用卡积分回馈，中国银行会不定期开展积分营销活动，在活动期间，客户参与营销活动可获得相应营销活动积分。

中国银行信用卡尊享积分及交易积分（白金信用卡、全民健身卡除外）以 1 年为累计期，有效期为两年，每年 6 月 30 日将到期积分清零。白金信用卡积分长期有效，全民健身卡积分有效期为 5 年。不同类型的信用卡积分规则如表 8-2 所示。

表 8-2　中国银行信用卡积分规则

信用卡类型	积分规则
中银系列信用卡	每消费 1 元人民币累计 1 分；白金信用卡；1 美元累计 7 分，14 日元累计 1 分
长城企业公务卡	每消费或取现 25 元人民币累计 1 分；3 美元累计 1 分
白金信用卡	在中国境内（不含港、澳、台地区）交易每消费 1 元人民币累计 1 分，其余国家和地区每消费 1 元人民币累计 2 分；1 美元累计 14 分
财政公务卡、长城单位卡	每消费 1 元人民币累计 1 分
长城系列信用卡	每消费 1 元人民币累计 1 分
国航知音中银信用卡	每消费或取现 1 元人民币累计 1.5 分（1 分作为"前程万里"计划自动兑换为国航里程）

其中，部分交易或操作是不会累计积分的，如信用卡年费、取现手续费、透支利息、滞纳金、超限费以及其他信用卡收费等；信用卡转账、存（还）款、代扣款、代缴费、贷方余额返还以及长城系列信用卡取现等；网上银行和电话银行支付；低扣率或零扣率的商户消费。

其中，低扣率或零扣率的商户包括房地产、汽车销售、批发类交易、公立医院、公立学校、政府服务、慈善和公共事业等，商户代码与对应商户名称如表 8-3 所示。

表 8-3　低扣率或零扣率的商户对照表

类别代码	商户或交易类型名称
1520	一般承包商：住宅与商业楼
4458	烟草配送商户

类别代码	商户或交易类型名称
4900	公共事业（水电煤等）
5013	机动车供应及零配件（批发商）
5021	办公及商务家具（批发商）
5039	未列入其他代码的建材批发（批发商）
5044	办公、影印及微缩摄影器材（批发商）
5045	计算机、计算机外围设备（批发商）
5046	未列入其他代码的商用器材（批发商）
5047	牙科/实验室/医疗/眼科医院器材和用品（批发商）
5051	金属产品服务商和公司（批发商）
5065	电器零件和设备（批发商）
5072	五金器材及用品（批发商）
5074	管道和供暖设备（批发商）
5111	文具、办公用品、复印纸和书写纸（批发商）
5122	药品、药品经营者（批发商）
5131	布料、缝纫用品和其他纺织品（批发商）
5137	男女及儿童制服和服装（批发商）
5139	鞋类（批发商）
5172	石油及石油产品（批发商）
5192	书、期刊和报纸（批发商）
5193	花木栽种用品、苗木和花卉（批发商）
5198	油漆、清漆用品（批发商）
5271	活动房车经销商

续表

类别代码	商户或交易类型名称
5398	大型企业批发
5511	汽车货车经销商：新旧车的销售、服务、维修、零件及出租
5521	汽车货车经销商：专门从事旧车的销售、服务、维修、零件及出租
5551	船只经销商
5561	旅行拖车、娱乐用车销售商
5571	摩托车商店和经销商
5592	露营、房车销售商
5598	雪车商
5599	汽车、飞行器、农用机车综合经营商
5933	当铺
5960	保险：保险直销
5998	其他批发商
6300	保险销售、保险业和保险金
7013	不动产代理：房地产经纪
8062	公立医院
8211	中小学校（公立）
8220	普通高校（公立）
8398	慈善和社会公益服务组织
8651	政治组织（政府机构）
9211	法庭费用，包括赡养费和子女抚养费
9222	罚款
9223	保释金

类别代码	商户或交易类型名称
9311	纳税
9399	未列入其他代码的政府服务（社会保障服务，国家强制）
9400	使领馆收费
9704	县乡优惠：房产汽车类
9705	县乡优惠：批发类
9708	三农商户

2. 中国工商银行信用卡积分规则

中国工商银行信用卡的积分相对简单，对于非航空联名卡而言，使用牡丹信用卡每消费 1 元人民币（1 港元）积 1 分，每消费 1 美元积 8 分，每消费 1 欧元积 10 分。

使用信用卡购车、购房、批发、公益、网上购物等交易和其他被工商银行认定的不享受积分的交易不累计积分。

3. 中国农业银行信用卡积分规则

中国农业银行自 2013 年 6 月 1 日起实施了新的积分规则。普通情况下有效消费满 1 元人民币累计 1 分；有效消费满 1 美元累计 6 分；有效消费满 1 欧元累计 8 分；持卡人生日当天的所有有效消费均可享双倍积分。

但对于一些特殊的商户，农业银行信用卡的积分也有限制。在表 8-4 所示的商户处的有效消费，单笔最多累计 300 积分，同一账户每月最多累计 3 000 积分。

表 8-4　积分受限商户

商户代码	商户类别名称	商户代码	商户类别名称
4111	本市和市郊通勤旅客运输	4899	有线和其他付费电视服务
4112	铁路客运	5200	家庭用品大卖场
4121	出租车服务	5300	会员制批量零售店
4131	公路客运	5411	食品杂货店和超级市场
4511	航空机票	5722	家用电器商店
4814	电信服务	5994	报亭、报摊
7523	停车场		

4. 中国建设银行信用卡积分规则

中国建设银行龙卡信用卡持卡人刷卡消费（龙卡商务卡除外），即可按照龙卡信用卡计算方式累积积分，积分在信用卡有效期内永久有效，且可凭积分兑换相应的实物礼品、航空里程、服务等。

龙卡信用卡积分包括基本积分和奖励积分两部分，基本积分每消费人民币 1 元积 1 分（上海大众龙卡每消费人民币 1 000 元积 6 分）；每消费 1 美元积 7 分（上海大众龙卡每消费 100 美元积 4.2 分）；持欧洲旅行卡消费 1 欧元积 9 分；卓越商务卡每消费人民币 1 元积 1 分。

奖励积分是鼓励持卡人特定消费、用卡或使用有关产品或参加活动并符合奖励条件而额外计算的积分，积分按积分奖励类活动所公布的活动条款计算和使用。

龙卡信用卡积分每 500 分折算 1 元，500 分起兑并按 500 分整倍递进，单笔兑换中积分最多使用 500 万分。汽车卡积分可兑换加油费，5 万分起兑，并按 1 万分的整数倍兑换，每 1 万分汽车卡积分兑换 40 元加油费。

5. 交通银行信用卡积分规则

交通银行信用卡积分有效期为固定 24 个月，积分逐月过期（过期日为每个自然月月底），其积分规则也较为简单，使用指定信用卡签账消费，每消费人民币 1 元可积 1 分，每消费 1 美元可积 8 分。

这里的指定信用卡是指除交通银行卜蜂莲花信用卡、交通银行沃尔玛信用卡、交通银行香港新世界百货信用卡、交通银行东方航空卡、交通银行亚洲万里通卡、交通银行乐购信用卡以外的其他信用卡。

对于不参加积分的交易和商户可参考中国银行信用卡的积分规则。

6. 招商银行信用卡积分规则

招商银行一般信用卡积分永久有效，车卡、城市主题系列金卡积分有效期为 3 年，航空联名卡消费里程及凯莱酒店集团联名卡积分有效期以合作方公布为准。

普通信用卡单笔消费每 20 元人民币积 1 分，满 2 美元积 1 分；车卡、城市主题系列金卡除基本积分外，还额外赠送 50% 的分值，但有效期为 2.5～3 年。YOUNG 卡青年版主卡、新浪微博信用卡、GQ 卡持卡人在生日当月持该卡消费，额外奖励 1 倍积分，最多奖励 2 000 分。

根据本行积分规则，下列项目不予计算积分。

- 信用卡年费、循环信用利息、预借现金的手续费及利息、逾期缴款所衍生的费用以及其他各项手续费。

- 通过代扣代缴方式支付的相关费用。

- 低费率、零费率商户的消费（具体参见表 8-3）。

7．中信银行信用卡积分规则

使用中信银行信用卡消费或提现所产生的积分在银行记账日的次日生效。积分有效期最长为 2 年，最短为 1 年。

中信银行信用卡标准普卡积分以每消费或取现人民币 1 元或港元 1 元累计 1 分，1 美元或 1 欧元累计 8 分计算；标准卡金卡、钛金卡和白金卡每消费或取现人民币 1 元或港元 1 元累计 2 分，1 美元或 1 欧元累计 16 分。此外，对于一些特殊的信用卡，还有额外的积分奖励计划，具体可参见表 8-5。

表 8-5　中信银行信用卡积分奖励规则

信用卡类型		积分规则
运通普卡		每月消费（含提现）达人民币 1 200 元（含），额外获赠 0.5 倍积分，最高不超过 1 500 分
运通金卡、钛金卡、白金卡		每月消费（含提现）达人民币 3 500 元（含）以上，可额外获赠 1 倍积分，额外获赠积分数不超过 5 000 分
腾讯 QQ 联名卡、凤凰网联名卡、淘宝网联名卡		每月消费（含提现）达人民币 2 000 元（含）以上，可额外获赠 1 倍积分
魔力卡普卡		每月消费金额不足人民币 1 200 元（含），不计奖励；消费大于人民币 1 200 元，超出部分按 1.5 倍计算积分
魔力卡金卡、白金卡、钛金卡		每月消费在 3 500 元以下（含）部分按交易金额 2 倍计算积分；超过 3 500 元部分按 3 倍计算积分；本人或其子女（需要登记）生日当月刷卡享 4 倍积分
中信悦卡信用卡	基本积分	非生日月交易金额不足 5 000 元（含），享 2 倍积分；5 000～10 000 元（含），享 3 倍积分；10 000 元以上享 4 倍积分；生日月无论交易金额多少，均享 4 倍积分
	最终积分	账单日上一月日均资产不足 5 万元（含），享 0.5 倍基本积分；日均资产 5 万～20 万元（含）；享 1 倍基本积分；日均资产 20 万元以上，享受 2 位基本积分

8. 兴业银行信用卡积分规则

持兴业银行信用卡（特殊说明的信用卡除外）签账消费或预借现金，均可享受积分。签账消费每满人民币 1 元积 1 分，每满 1 美元积 6.5 分。预借现金同消费积分一样。

> **特殊说明的信用卡**
>
> 在兴业银行的信用卡积分规则中，签账消费不包括广州移动联名卡（IC 卡）的电子现金账户圈存交易以及电子现金消费。预借现金不计积分的信用卡包括星夜·星座信用卡、公务卡（银联品牌）、QQ VIP 信用卡、兴业通卡、吉祥航空联名卡、淘宝网联名信用卡、广州移动联名卡（IC 卡）等。

除基本积分外，兴业银行对一些特殊的信用卡还实施积分奖励计划，持卡人可以轻松获得多倍积分，具体如表 8-6 所示。

表 8-6　兴业银行信用卡积分奖励计划

信用卡类型	积分奖励计划
除标准白金信用卡外的其他信用卡	境外签账消费（不包括港澳台地区及国外通过银联网络完成的消费），可获得双倍积分；生日当天的交易可获双倍积分
标准白金卡	境外签账消费可获得 3 倍积分；生日当天的交易记 4 倍积分

9. 广发银行信用卡积分规则

持广发银行信用卡消费签账，满人民币 1 元积 1 分，满港元 1 元积 1 分，满美元 1 元积 8 分，持卡人生日当月（自然月）刷卡消费享双倍积分。理财通卡、商务卡、公司卡、转账卡、淘宝卡等不适用该规则。

航空类信用卡消费累计里程，不计积分。携程卡消费累计携程积分，不计广发积分。

消费积分有效期与信用卡有效期相同，积分到期时，金卡积分 7 折后转入下一期；普通卡积分清零，重新累积。

10．浦发银行信用卡积分规则

持浦发信用卡进行消费、取现、免息分期，均可享受积分积累。消费或取现满人民币 1 元可获得积分 1 分，满美元 1 元可获得积分 16 分；分期付款每月应摊还款额满人民币 1 元可获得积分 2 分。

房地产类、汽车销售类、批发类、医院类、学校类、慈善机构类、代扣代缴类、政府机构类消费、网上消费、银行费用等交易支出，不累积积分。

WOW 卡、普通卡积分有效期为 2 年，金卡积分有效期为 4 年（此有效期适用于 2005 年 12 月 13 日后开户的账户）。

退款积分将计入账单

如果使用信用卡刷卡消费并获得积分后发生退款事项，银行也将扣除该笔交易所获得的积分。如果在退款发生前，已经将所得积分进行了兑换，将导致退款扣积分后，账户积分为负，则该笔积分将以 5% 的比例计算方式以现金方式借记入信用卡账户作为持卡人债务。

11．华夏银行信用卡积分规则

使用华夏信用卡消费交易每满人民币 1 元可获得 1 分，满美元 1 元可获得 7 分，所产生的积分在华夏银行信用卡中心记账日的次日生效。目前，华夏银行信用卡积分有效期与信用卡有效期相同。

12．民生银行信用卡积分规则

民生银行发行 VISA/万事达卡/银联/JCB 品牌的无限卡、钻石卡、白金卡、金卡、普卡及各类联名卡均可参与积分计划，消费每满 1 元人民币可获得 1 积分，满 1 美元可获得 7 积分。

如果持有两张或两张以上信用卡，各卡刷卡消费累积的积分将合并计算；主卡与附属卡的积分也合并计入主卡账户下，积分永久有效，积分保留在主卡账户下直至销户。

13．光大银行信用卡积分规则

光大银行信用卡普卡和白金卡具有不同的积分规则，普卡交易1元人民币积1分，1美元积8分；白金卡交易1元人民币积2分，1美元积16分。积分有效期限为5年（含积分产生年），卡片到期续卡后，可继续使用兑换积分礼品。

房地产类交易、汽车销售类交易、批发类交易、公立医院类交易、公共学校类交易、慈善与社会服务类交易、政府服务类交易7类交易不计积分。

8.3.3　使用积分兑换礼品

积分的主要功能就是兑换礼品，而大多数信用卡持卡人都会到信用卡网上商城寻找适合自己的物品并以积分进行兑换。各大信用卡发卡银行都设有自己的网上商城，方便持卡人用积分兑换礼品，或者使用现金分期的方式购买商品。

例如，要在交通银行信用卡商城使用积分兑换商品，可访问交通银行信用卡中心（http://creditcard.bankcomm.com），在导航栏中的"积分奖赏"下拉菜单中，选择"积分商城"选项，如图8-7所示。

图8-7　进入交通银行积分商城

在商城中找到需要购买或兑换的商品，单击"积分抵现"按钮，在打开的页面中设置用于购买商品的积分（积分不足时会以信用卡额度支付），选择商品颜色和数量后单击"立即购买"按钮，如图8-8所示。

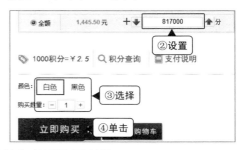

图 8-8　在交通银行积分商城购买商品

13 家全国性商业银行信用卡中心积分商城网址如表 8-7 所示。

表 8-7　13 家银行积分商城网址

发卡银行	积分商城网址
中国银行	https://jf365.boc.cn
工商银行	http://www.icbc.com.cn/FinanceMarket/Score/Pages/Default.aspx
农业银行	http://www.abchina.com/cn/CreditCard/RewardsProgram/default.htm
建设银行	http://buy.ccb.com
招商银行	http://jf.cmbchina.com/
交通银行	http://club.bankcomm.com/customer/index.htm
中信银行	https://creditcard.ecitic.com/eshop/mainpage_jf/index.htm
兴业银行	http://ccjf.cib.com.cn
光大银行	http://xyk.cebbank.com/home/jfmall/index.htm
浦发银行	http://service.spdbccc.com.cn/spdb/frontend/couponPlan/index.jsp
民生银行	http://shop.cmbc.com.cn/mall
广发银行	http://shop.cgbchina.com.cn/mall/integrate
华夏银行	http://creditshop.hxb.com.cn/mall/ui/giftIndex.action

8.4　养成良好的用卡习惯

当信用卡发给持卡人时都是一样的，为什么有的人可以玩转信用卡，而有的人却被信用卡所"玩转"呢？这就要归结到一些用卡习惯了。良好的用卡习惯，可以让你玩转信用卡，不好的用卡习惯，会让你被信用卡"玩转"。

8.4.1　不到万不得已不可提现

信用卡具有提取现金功能，一般信用卡的提现额度在信用额度的 30%～50%，有些信用卡提现额度甚至达到信用额度的 100%。

信用卡提现与普通借记卡取现不同，用信用卡提现不仅会从提现当天开始，按 0.05% 的日利率计算利息，很多银行还会在提现时一次性收取一定金额的提现手续费。

因此，如果持卡人借记卡有可用资金，在非必要情况下，尽量不要从信用卡提现出来使用，以免产生额外的费用。

当然，有些银行的信用卡每个月前几次取现可能不收取手续费，如果取回溢缴款也不收取手续费的话，也可以利用信用卡在异地存取款，这相对于使用借记卡异地存取款可能会更划算。

8.4.2　大量超额还款也有损失

大量超额还款是指在偿还信用卡时，还款金额远大于信用卡账单金额，多余的资金会成为信用卡账户中的溢缴款。

信用卡中的溢缴款通常不会计算利息。如果款项金额较大，存在借记卡中会产生一部分利息收入，而存在信用卡中则没有任何收益，这也间接导致了资产的"缩水"。

另外，很多银行的信用卡在持卡人取回溢缴款时，还会按照信用卡取现的收费方式收取费用，如果持卡人想要取回多还入信用卡中的资金，也会带来直接的资金损失。

8.4.3　大额套现有很高风险

套现与取现不同，套现是指持卡人通过一些特殊手段从信用卡中取得现金，而信用卡记录的是持卡人的刷卡消费金额。

如持卡人找信用卡套现公司，利用 POS 机刷卡消费，在支付高额的手续费后，信用卡套现公司支付现金给持卡人，这样持卡人的这笔交易银行记录为消费，可以享受免息期并分期偿还。

信用卡套现是违法的，套现公司都非正规公司，将很容易泄露信用卡信息，导致信用卡被盗刷。

经常性的大额交易，信用卡发卡银行也会监控，如果发现有套现嫌疑，银行会对该账户采取相应的惩罚措施，如降低信用额度、限制消费甚至冻结信用卡等。

8.4.4　切勿过度透支

透支消费是信用卡的一大功能特色，它可以激发持卡人的购买欲望，促进消费。但在刷卡消费时，持卡人一定要量力而行，切勿过度透支。

※事例故事

小李是一个小公司普通职员，每月工资 3 000 元左右，每月收入仅够支出，基本没有结余。

6 月小李办了一张信用卡，透支额度为 5 000 元，这让小李顿时觉得"有钱了"，可以买自己梦寐以求的 iPhone 手机了。于是，他在没有认真计划的情况下，就刷卡 4 380 元购买了一部 iPhone 手机。

加上平时的一些小额消费，6 月的账单中，他需要偿还银行 4 550 元，最低还款 455.0 元，而他工资仅领了 2 956 元，还得留一部分现金来生活，于是他选择了最低还款。

7月，他用信用卡消费了750元，加上他上月月末偿还的4 095元和上期利息，7月账单达到4 915元。之后，每月都不能全额偿还，欠款和利息越来越多，超出信用卡额度后还产生了超限费。种种费用加起来，让他再也无力偿还信用卡，最后只能找亲朋好友借钱偿还。

信用卡消费给持卡人带来了方便，但在刷卡消费之前，首先必须考虑自己是否有能力偿还，如果当期无力偿还，也必须要计划未来几期中是否可以还完。

如果消费金额超出自己的可承受金额，导致无力偿还账单，那就不能怪银行了。只要你不是选择全额还款，不管是消费还是取现，都不会享受免息期，高额的利息可能像滚雪球一样，让你的负债越积越多。

8.4.5　切勿随意将卡借给他人

信用卡原则上只能本人使用，而在实际生活中，很多人都可能把信用卡借给亲朋好友使用，而这样会给自己的财产安全带来隐患。

如果是凭密码刷卡消费，只要密码正确，发卡银行就会授权交易，而无论是谁在哪里使用的这张卡刷卡。只要银行交易入账，在账单日就会生成账单，持卡人就有义务偿还这笔债务，即使该笔交易不是自己消费的。

8.5　明确信用卡陷阱

随着信用卡发卡量的不断增加，使用信用卡的人也越来越多，而很多人在使用信用卡的过程中却总是苦恼为什么我偿还的金额总是比我消费的金多呢？这是因为在信用卡使用过程中，处处都有陷阱。

8.5.1　免息分期不可能完全免费

分期付款是信用卡的一大特色功能，很多银行的信用卡都有"0首付，

0 利息"的分期宣传，银行对客户宣称的就是"免息"分期，目前各大银行信用卡都实行这种"免息"分期模式，其实这是信用卡最大的一个陷阱。

各大银行的分期付款，无论是账单分期还是单笔分期，都是免利息的，但都有一个共同点，就是要收取一定比例的手续费，且手续费还不低。如交通银行账单单笔分期，每期收取分期金额 0.72% 的手续费，如此计算下来，每月的手续费达到 1.5%，每年的手续费达到 8.64%。其实这里的手续费，就可以看作变相的利息。

马先生有一张工商银行信用卡，账单日为每月 8 日。5 月 10 日他刷卡消费了 10 000 元，打算分 12 期偿还，分期无利息，但收取每月 0.6% 的分期手续费。

在 6 月 8 日所出的账单中，马先生的这笔分期还本金为 10 000÷12=833.33 元，手续费为 10 000×0.6%=60 元，每期所还款为 833.33+60=893.33 元，12 个月共需要还 10 719.96 元，比实际消费金额多了 719.96 元，而多出的金额并非"利息"，而是银行所说的分期手续费。

8.5.2　分期付款比银行贷款更方便

如果临时需要一笔不算很大的资金时，现金不够，而向银行贷款又麻烦，使用信用卡刷卡分期偿还，就可以达到与银行贷款相似的目的，而且信用卡分期比银行贷款方便得多。

这确实是一个事实，如果需要的金额在信用卡额度以内，比如需要 5 万元资金，向银行贷款的话，需要提供各种资料证明，手续非常繁多，而且需要等待审批，时间也相对较长，而使用信用卡直接刷卡消费，然后再向银行申请分期偿还即可。不过这虽然方便很多，但也需要支付更多的费用。

黄小姐付装修款需要 50 000 元，打算分 1 年偿还。如果向银行贷款，银行可给出年利率是 7.20%（月利率约 0.60%），而如果刷信用卡然后分期，利率为 0，但月手续费为 0.60%。

如果该笔钱向银行贷款，按等额本息法偿还，每月需要偿还 4 330.95

元，1 年后共偿还 51 971.38 元，即总利息支出 1 971.38 元。如果信用卡分期偿还，每月需要偿还 4 466.67 元，1 年后共偿还 53 600 元，即总手续费支出 3 600 元，比银行贷款多支付 1 628.62 元。

在以上示例中，如果把分期手续费看作利息，在同样的利息下，为什么信用卡分期会比银行贷款多支出那么多利息呢？这就要涉及银行贷款利息和信用卡分期手续费的计算方式了。

在银行贷款中，贷款人分期偿还贷款额，已偿还的部分不再计收利息，随着贷款的不断偿还，计算利息本金越来越少，在利率不变的情况下，利息也越来越少。

而在信用卡分期还款中，计算利息的本金始终保持不变（分期总额），这就导致了每期的利息始终都一样，不会随着欠款的偿还而有所减少，如图 8-9 所示。

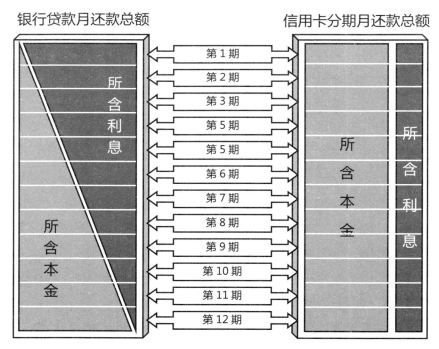

图 8-9　银行贷款与信用卡分期偿还方式对比

信用卡分期的这种收费模式，很明显能看出不合理之处，以更加方便快捷的"变相贷款"来诱惑持卡人分期，而不去银行贷款，在给用户提供方便的时候，赚取更多的手续费。

如以上示例中，人民币 50 000 元的贷款和信用卡分期，在利率（手续费）为 0.6%/月，分 12 期偿还的情况下，银行贷款每月偿还 4 330.95 元，信用卡分期每月偿还 4 466.67 元，详细数据说明如表 8-8 所示。

表 8-8　50 000 元银行贷款和信用卡分期明细数据对比

期次	银行贷款			信用卡分期	
	包含本金	计息本金	利息	包含本金	手续费
第 1 期	4 030.95	50 000.00	300.00	4 166.67	300
第 2 期	4 055.13	45 969.05	275.81	4 166.67	300
第 3 期	4 079.47	41 913.92	251.48	4 166.67	300
第 4 期	4 103.94	37 834.45	227.01	4 166.67	300
第 5 期	4 128.57	33 730.51	202.38	4 166.67	300
第 6 期	4 153.34	29 601.94	177.61	4 166.67	300
第 7 期	4 178.26	25 448.61	152.69	4 166.67	300
第 8 期	4 203.33	21 270.35	127.62	4 166.67	300
第 9 期	4 228.55	17 067.02	102.40	4 166.67	300
第 10 期	4 253.92	12 838.48	77.03	4 166.67	300
第 11 期	4 279.44	8 584.56	51.51	4 166.67	300
第 12 期	4 305.12	4 305.12	25.83	4 166.67	300

8.5.3　最低还款不会享受免息期

最低还款是信用卡为持卡人提供的一个"人性化"的还款服务，可以在持卡人无力全额偿还当期账单时，选择仅偿还当期账单中所有消费金额的

10%部分，并且不影响持卡人的信用记录。

但是最低还款背后也隐藏着很多不为人知的项目，如果持卡人选择最低还款，那么本期账单的所有交易都将不享受免息期，即如果本期账单未全额还款但达到最低还款要求，那么本期账单中所有未偿还的交易，从银行记账日当天开始，将按每日 0.05%的利率计收利息，直到持卡人还清所有欠款。

8.5.4 开卡不用卡也要交费

一般信用卡在领卡后都需要经过一个开卡激活过程才可以刷卡消费，如果是到营业网点领的卡，在领卡的时候，银行工作人员会帮你完成信用卡开卡激活，如果是邮寄给申请人的，则需要申请人自己开卡。

很多银行的信用卡在未开卡之前，信用卡是无效的，不会收取任何费用，一旦信用卡开卡后，就会收取年费。大多数普通卡首年都会免年费，在刷卡达到一定的次数或金额后可免次年年费。

如果开卡后长时间未使用信用卡，并且未对信用卡进行销户处理，信用卡就会成为"休眠卡"，而休眠卡同样会被收取年费，即使你不用卡，过一段时间也会产生费用，如果未及时偿还，个人信用记录也会受到影响。

因此，如果长时间不使用某信用卡，或觉得该信用卡已无使用价值，可以在还清所有欠款后，到银行注销信用卡，以免给自己的信用记录和财产带来不必要的损失。

信用卡用卡心得

　　虽然说经验都是源自积累的，但想要积累信用卡的使用经验，可能以花钱为代价。而有些人即使信用卡都已经消费几十万元了，但也无心去研究其中的奥秘。这里我们为读者准备了一些信用卡的使用心得，让读者从申请、使用到还款，更能够得心应手。

　　◇　选择适合自己的信用卡
　　◇　选择可靠的申请渠道
　　◇　快捷支付时不要随意绑定信用卡
　　◇　信用卡被冻结的原因
　　◇　快速提高信用卡额度有技巧
　　◇　还款日还款可能会被罚息
　　◇　分期还款与最低还款的考量

9.1 心得之申请篇

如何申请信用卡的内容已经在本书的第 3 章和第 4 章有所涉及，但并不是每个人一申请，就能得到想要的信用卡。这里为大家总结了一些信用卡申请心得，希望能助读者朋友申请到理想的信用卡。

9.1.1   选择适合自己的信用卡

市面上的信用卡有上千种，每种信用卡都有其独特的功能，我们在申请信用卡之前，首先应根据自己的需要确定几种类型的信用卡。如有车一族可考虑办理车主卡、经常出差的读者可选择商旅卡、喜欢购物的读者可选择百货联名卡等，这些可参考本书第 2 章的相关内容。

此外，选择发卡银行也是非常重要的，相比之下，五大国有银行的信用卡审批较为严格，不容易批卡，而其他商业银行的申请成功率则要高得多。

卡等级的选择也非常重要。一般情况下，无限卡的要求最高，通常普通用户不会申请；其次是白金卡，一般为银行的 VIP 客户或者在该银行有一定资产方可申请；再次是金卡，只要有一定的资产证明即可申请；最后是普通卡，大部分客户只要提供相应的证明文件即可申请。

9.1.2　办卡需要有节制

现在的信用卡虽然越来越好申请，但办卡也需要有节制，不能因为现有资源好、批卡容易就大量办卡。要知道信用卡在提供给人提前消费、免息还款的时候，也是会产生额外费用的。

首先是年费。基本上所有具有透支功能

的信用卡都会有年费，少则几十元，多则上千元。各大银行虽然对大部分普通信用卡实行了达到条件免年费的优惠策略，但如果信用卡过多，就不可能每张信用卡都兼顾得上，很可能就会使某些信用卡未达到免年费标准，而造成损失。

其次是利息。虽然信用卡都有一定的免息还款期，但如果哪张信用卡在到期还款日之前忘记了还款，那么，将从你刷卡的那一天开始计算利息，且利率要远大于银行贷款利率。

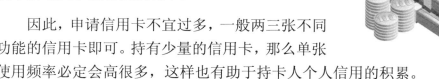

因此，申请信用卡不宜过多，一般两三张不同功能的信用卡即可。持有少量的信用卡，那么单张使用频率必定会高很多，这样也有助于持卡人个人信用的积累。

9.1.3　提供更全面的资料

银行在发行信用卡的时候，都会承担一部分风险，额度越大的信用卡，银行需要承担的风险也就越高。发卡银行在向申请人提供信用卡之前，都会严格审查申请人提供的申请资料，以最大限度地降低银行发行信用卡的风险。

通常，申请信用卡时，都会要求申请人提供如图 9-1 所示的材料。

一、身份证明材料

境内公民需身份证或者临时身份证的正反面复印件；军人若持有身份证，需同时提供军官证和身份证复印件；境外人士需提供护照复印件、大陆通行证等。

二、工作证明材料

加盖单位公章的工作证明原件、有效期内的劳动合同复印件、可显示姓名及工作单位名称的证明原件；与客户实际工作单位一致的社保、养老、失业保险缴费信息页面任一均可。

三、财力证明文件

申卡人名下的商品房房产证复印件或购房合同复印件、本人名下的车辆行驶证复印件、机动车登记表复印件、保险公司车险保单复印件，三者任一。

图 9-1　申请信用卡所需的基本材料

以上三项是申请信用卡的基本材料，每项材料都有几种，其中申请成功的关键在于第三项——财力证明文件，这直接影响银行的批卡以及申请的信用卡等级和额度。在以上申请材料中，提供的材料越全面，申请成功的概率就越高。

※事例故事

张先生是一名普通的打工族，就职于一家私营公司，每月工资只有 3 000 多元。他很想办一张信用卡，但多次申请都未获得批准。

张先生经过咨询，知道了选择由业务员上门收集资料的申请方式将更容易成功申领信用卡。于是他再次向某银行申请信用卡，并在网上填写必要的资料后，选择由银行业务员上门收集资料的方式办理。

张先生提供了自己的身份证、工作证明和收入证明。但他这次在填写工资情况时，将单位日常福利也计算在内，加起来每个月也有 5 000 多元。

经过几天的等待后，银行打电话确认了张先生的申请信息，然后核准了信用卡。虽然初始额度只有 3 000 元，但对于张先生来说，这已经够用了，只要以后用心使用，信用卡的额度总会增加的。

9.1.4　选择可靠的申请渠道

在前文中，我们了解到申请信用卡可以通过网上申请、柜台申请和代理申请几个渠道。网上申请是最简单、最方便的，即可以通过第三方网站申请，也可以通过银行的官方网站申请。通过第三方网站申请成功的效率相对较高，但风险也较高，如图9-2所示。

图 9-2　通过第三方网站申请信用卡

当然，也可以直接访问信用卡的官方网站进行申请，如图9-3所示。

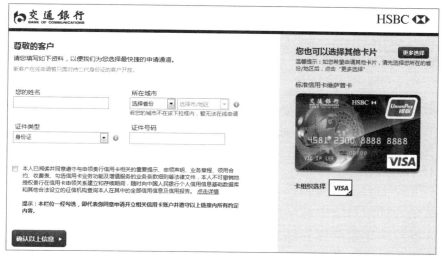

图 9-3　交通银行信用卡申请页面

柜台申请是最安全的申请渠道，用户可携带所需资料前往银行柜台提交信用卡申请资料，由银行柜台初步审核，符合条件后递交给信用卡中心再次审核，通过后即可通过邮寄或柜台领取的方式发放信用卡。

代理申请是最简单的。很多银行在信用卡推广期间都会招聘业务员上门为客户办理信用卡，用户只需要填写一张申请表，由业务员拍摄身份证和工作证照片，即可申请成功。

注意信用卡申请的安全性

在申请信用卡时，需要填写真实的个人信息。如果是网上申请，一定要确保自己所找的网站安全可靠，最好是选择银行官网填写资料。如果是代理申请，一定要注意验证业务员的身份，不要被冒充的银行业务员骗取用户资料，甚至有通过冒用他人身份信息办理信用卡后盗刷的案件发生。

9.1.5　用已有信用卡申请新卡

很多时候，第一张信用卡申请是最困难的，因为银行没有个人的信用记录，一切资料都是空白的，银行对所有资料都要认真审核。

很多银行可以提供以卡办卡业务，如果你已经拥有了一张任意银行的信用卡，只要信用记录良好，就可以只提交身份证明材料，和已有信用卡正面照片，即可办理新的信用卡。

以卡办卡的申请成功率非常高，银行会从个人征信系统中查询你的信用情况，并据此来确定是否为你核发新卡。同时会根据你提供的信用卡额度，为你决定新卡的信用额度。

9.2 心得之用卡篇

信用卡的使用看似简单，实则有很多讲究，信用卡用得好，你就是"卡神"，可以"赚"银行的钱；使用得不好，你就是"卡奴"，只有被银行赚钱。这里为读者准备了一些用卡心得，希望能帮助大家摆脱"卡奴"的身份。

9.2.1 信用卡年费规则有差异

绝大多数的信用卡都是有年费的。很多人可能不相信，"我的信用卡都已经使用了好几年了，也没见收我年费啊！"其实这是很多银行为了促进信用卡刷卡消费而实行的年费优惠策略。

对于普通卡和金卡，通常第一年都是免年费的，以后每年刷卡消费达多少次，或者达到多少金额，可以免次年年费。

但对于一些特殊功能的信用卡或者白金卡而言，年费的减免就要困难得多，有些甚至没有年费减免优惠。这里为大家列举了各大银行的一些常见的信用卡年费政策，如表 9-1 所示。

表 9-1 几大银行常见信用卡免年费政策

发卡银行	免年费政策
中国银行	除中银中友百货联名卡、中银盛世东方信用卡和中银长城环球通信用卡无年费优惠政策外，其他信用卡首年免年费，刷卡满 5 次免次年年费
农业银行	所有公务员卡终身免年费；金穗高尔夫白金卡首年免年费，刷卡 12 次免次年年费，或用 5 万积分兑换主附卡年费；金穗华彩财富白金卡首年不免年费，刷满 18 次免次年年费；其他信用卡首年免年费，刷卡满 5 次免次年年费
工商银行	每年刷卡消费累计达到 5 笔或 5 000 元人民币（含等值外币），可自动减免主、副卡当年年费

发卡银行	免年费政策
建设银行	首年免年费，刷卡满 3 次免次年年费
交通银行	除交行白金卡外，其他信用卡首年免年费，刷卡满 6 次免次年年费
中信银行	除中信 i 白金信用卡外，其他信用卡开卡首月刷 1 次免年费，刷卡满 5 次免次年年费
广发银行	首年免年费，刷卡 6 次免次年年费
光大银行	首年免年费，消费 3 笔或单笔消费 2 000 元以上免收次年年费
兴业银行	PASS IC 芯片信用卡、兴业行卡白金信用卡、兴业尚白金无年费优惠；佛山教育城域网一卡通、兴业 FIFA 世界杯国际信用卡、兴业借贷合一信用卡刷卡 5 次免次年年费；其他卡首年免年费，核卡成功后的一年内刷卡消费或预借现金满 5 次（不限金额），即免次年年费
招商银行	全币种国际信用卡无年费优惠；其他信用卡首年免年费，刷卡 6 次免次年年费
浦发银行	优享版不免年费；白金卡刷卡 30 000 元免次年年费；金卡刷卡 5 000 元免次年年费；金卡标准版刷卡 3 000 元免次年年费；普卡刷卡 2 000 元免次年年费
平安银行	金卡附属卡终身免年费；其他卡首年免年费，刷卡 6 次免次年年费
民生银行	除钻石信用卡外，其他卡首年免年费，消费 5 次免次年年费
深发银行	白金天玑卡无免年费政策；其他卡免首年年费，刷满 18 次免次年年费
华夏银行	钛金丽人刷卡 5 000 元以上免次年年费；其他信用卡首年免年费，首年消费或取现交易 5 笔及以上即可免除次年年费

9.2.2　快捷支付时不要随意绑定信用卡

　　快捷支付是一项在线快速支付业务，很多购物网站或第三方支付平台都有快捷支付功能，用户只需将自己的银行卡与对应的账号进行绑定并验证通过，下次支付时就可以只输入该网站的支付密码，即可完成从绑定的银行卡中扣除相应的金额。

快捷支付功能在给网上购物带来方便的同时，也会带来一些安全隐患。如果用户在网站上绑定了信用卡进行快捷支付，而该网站又不需要短信验证的话，一旦用户账号被盗，就可能导致信用卡被盗刷。

因此，如果要在购物网站绑定信用卡作为快捷支付账号，一定要确保该网站的快捷支付安全性有保障，最好是能有短信动态密码之类的多次验证。

9.2.3 信用卡被冻结的原因

当发卡银行监测到用户的信用卡存在异常行为时，会选择冻结信用卡。信用卡被冻结后将无法消费、取现或转账。那么，信用卡为什么会被冻结呢？冻结后又应如何解冻呢？总结起来，信用卡被冻结有以下 3 种原因。

- **涉嫌套现**: 如果某张信用卡频繁地使用 POS 机大额消费，或频繁地大额取现，银行会怀疑你的账户有套现的嫌疑，信用卡会以涉嫌套现为由被冻结。

- **多次逾期还款**: 在信用卡到期还款日之前未向信用卡中存入最低还款金额，并多次出现此情况时，银行会认为持卡人还款能力有限，影响信用记录，进而冻结该信用卡并启动追讨程序。

- **财产被法院冻结**: 财产因各种纠纷被冻结或被没收时，信用卡也会被法院冻结。

如果信用卡是因涉嫌套现而被冻结的，持卡人可提供过去一年的信用卡消费凭证，向银行申请解冻，否则就只能等待银行处理。

如果是因多次逾期未还款而造成的信用卡被冻结，只需要全额还款，然后打电话给客服要求解冻，此时如果逾期次数不多，一般会被解冻的，但可能会

被降低信用额度。

因为财产被法院冻结而导致的信用卡被冻结的情况比较少，但如果发生这种情况，那么只有先解决财产纠纷官司，然后再考虑解冻信用卡。

9.2.4　无卡无密也可能被盗刷

信用卡在给人带来方便的同时，也存在一定的安全隐患。信用卡消费主要有线下支付和离线交易两种方式。

线下支付是指持卡人在商场、超市等POS 机终端完成交易。离线交易则是指持卡人在网上交易时，只需向商家提供信用卡账号、识别码（CVV 验证码）及有效期，即可完成支付。

也就是说，只要有信用卡卡号、CVV 码以及信用卡有效期，即使没有信用卡卡身和支付密码，信用卡也可能被盗刷。

※事例故事

杨先生和朋友在一次用餐结账时，把信用卡交给服务员来付款。之后，花了十几分钟终于结账完毕，杨先生当时也没有过多在意。

第二天上午，杨先生收到银行发来的短信，他的信用卡额度为 6 万元，刚被刷了 5.4 万余元。

杨先生立即致电信用卡中心告知其并未消费，并要求紧急挂失信用卡。银行查知信用卡确实有消费记录，该信用卡在某旅游网站购买了旅游套餐和旅游机票，处理方法需要等待银行通知。

在以上案例中，信用卡被盗用时，该卡在杨先生身上，也没有短信等通知要求输入密码，而信用卡就完成了消费。这极有可能是杨先生在将信用卡交由服务员结账时，信用卡信息被泄露所导致的。

9.2.5 快速提高信用卡额度有技巧

一般人都希望自己的信用卡额度能不断提高，但信用卡额度的提高与持卡人的使用方法密切相关，这个过程实际就是一个"养卡"的过程。有人短短几年就可以让额度翻倍，而有的人信用额度则几年不变。

这里，为大家提供一些通用的信用卡快速提额技巧，帮助大家快速把自己的信用卡"养肥"。

> **养卡不能再走"套现"老路**
>
> 一提到信用卡养卡，很多人会很自然地想到信用卡套现，因为很多人通过 POS 机套现确实提高了信用额度。然而，信用卡套现是一种违法行为，本身就有很大的风险，包括不能及时还款的逾期风险，通过套现泄露信息而导致信用卡被盗刷，银行监管发现套现行为而冻结信用卡，以及套现行为本身的法律风险等。鉴于这些风险的存在，养卡是不能走套现道路的。

1．控制刷卡次数与金额

信用卡刷卡次数越多，额度提升越快。银行发行信用卡的目的在于获得收益，而信用卡业务的一项重要收入来源就是刷卡手续费。只要持卡人在商户刷卡消费就能够为银行创造收益，因此，信用卡刷卡次数越多、刷卡金额比例越高的持卡人是最受银行欢迎的。

通常情况下，一张信用卡每月消费次数要保持在 20 笔以上，单月刷卡金额要在总授信额度的 60%以上的，申请提额交易容易获批。如果刷卡金额已接近授信额度，且个人信用记录良好，银行会主动临时提高额度，并有可能将临时额度转为永久额度。

　　如果持卡人本人没有太多的消费需求，那么可以试试以帮别人刷卡购物的方式来增加刷卡次数和金额。

2. 选择适当的商户

　　并不是所有商户刷卡交易都能够给银行带来可观的收益，有的商户手续费很低，甚至没有刷卡手续费的，此类商户刷卡交易通常不享受信用卡积分，而这样的刷卡交易对信用卡额度提升也没有明显帮助。

　　因此，建议大家多在有积分的商户刷卡交易，或者在与银行合作的特约商户处刷卡消费。此外，不同类型的商户要尽量交叉着刷，从而保持交易的多样性，如超市、餐饮、电器商场等间隔刷卡。

3. 兼顾其他业务

　　要想养好卡，并快速提升信用额度，不仅要会刷卡，还可以兼顾办理一些其他信用卡业务，如信用卡取现、账单分期还款、在信用卡商城分期邮购商品等，只要能适当为银行创造收益，就可能更快地提升额度。

4. 抓住提额的正确时机

　　想要快速提高信用额度，还必须要抓住正确的提额时机，比如，在单笔大额消费金额占信用卡总额度50%以上，或者可用额度不足信用额度10%的时候，要立即申请信用卡提额。

　　在这种情况下，银行会认为持卡人有较高的刷卡消费需求，且当前的信用额度已经不能满足他的需求而需要提升额度。

9.3　心得之还款篇

俗话说：有借有还，再借不难。用了银行的钱，迟早都是要还的。还款看似一件非常简单的事情，但如果把握不好，也可能带来不必要的经济损失。这里为大家提供两点还款心得。

9.3.1　还款日还款可能会被罚息

信用卡给定的最后还款日是上期消费免利息的最后期限，只要在最后还款日之前将上期账单全部还清，就不会产生利息。如果不是到柜台还款或通过同行 ATM 还款，切记不要等到还款日当天再还款。

※事例故事

林女士有一张信用卡，上月透支 2 万余元，最后还款日为 12 月 26 日。由于手上资金稍紧，迟迟未能还款，直到 12 月 26 日中午才将透支金额全部凑齐，通过本行网上银行转入信用卡中。

1 月 1 日元旦当天取钱时，她发现自己的借记卡中金额明显多了很多，原来那 2 万余元因为转账失败，又被退回到原账户中。她赶忙查询信用卡，果然显示还款失败，被认定为逾期还款。

虽然她第二天及时进行了信用卡还款，但是 50 天免息期作废，还被扣了 500 多元逾期利息和近 100 元滞纳金。

通过以上事例我们得出，如果条件许可，尽量不要等到最后还款日当天才去还款，任何未能及时到账的还款都将被视为逾期还款。

特别是通过网上银行跨行转账或使用第三方支付机构还款时，由于当时看不到转账结果，不能确定是否成功，并且都有一定的到账时间，因此最好能提前 3～5 天提交还款申请，这样即使一次未能成功还款，也还有足够的时间来补救。

9.3.2　分期还款与最低还款的考量

当我们上月透支金额超过还款承受能力，或暂时资金紧张无法全额还款时，可采用账单分期还款或最低还款方式，这样不会影响信用额度，但会产生一些利息。那么，哪种还款方式更加划算呢？

我们知道，分期还款会按分期金额和期数收取手续费，费率根据不同银行和不同分期期数不同。最低还款则会将未偿还部分从消费记账日开始按日利率 0.05% 计算，并按月计算复利。

假设银行分期还款手续费为每月的 0.72%，我们通过正面的事例来计算分期还款和最低还款的区别。

※事例故事

丁小姐于 11 月 15 日刷卡消费 6 000 元，她信用卡账单日为每月 4 日，最后还款日为当月 24 日。12 月 4 日的账单中只有这一笔消费，但她每月最多只有 2 300 元可以用于还款。

丁小姐打算用分期还款的方法分 3 期来偿还，她大概计算了一下。

月还款本金=6 000÷3=2 000 元；

月还款手续费=6 000×0.72%=43.2 元；

月还款总金额=2 000＋43.2=2 043.2 元；

3 期总手续费=43.2×3=129.6 元。

分 3 期还款每月还款金额在可接受范围内，总共也只需要多支付 129.6 元的手续费（利息）。

丁小姐又计算了一下最低还款的情况。她每月 10 日领工资，假设领工资当天就将可用金额来偿还信用卡，那么最节省的还款方式有如下计算。

12 月 10 日还款 2 300 元，超过最低还款标准但未达全额还款，按最低还款标准算，未偿还部分为 6 000－2 300=3 700 元，截至 1 月 4 日的账单中，需要支付利息 3 700 元×0.05%×50 天=92.5 元，账单总金额为 3 700＋92.5 元=3 792.5 元。

1 月 10 日还款 2 300 元，未还部分本金 3 700－2 300=1 400 元，截至 2 月 4 日的账单中，本金应支付利息为 1 400 元×0.05%×81 天=56.7 元，利息部分需要支付利息 92.5 元×0.05%×31 天=1.43 元，账单总金额为 1 550.63 元。

2 月 10 日领取工资后立即还款，所需金额为 2 月 4 日账单基础上，本金和利息均增加 6 天的利息，即总利息为 1 400 元×0.05%×87 天＋92.5 元×0.05%×37 天=62.61 元，连本带利需还 1 555.11 元。

因此，如果采用最低还款方式，共需要还款 2 300＋2 300＋1 555.11=6 155.11 元，利息为 155.11 元。

综上，在丁小姐的还款能力内，采用分期还款额外支出 129.6 元，而采用最低还款额则支出 155.11 元，前者比后者划算。

但也并不是所有分期还款都比最低还款要划算，如以上事例中，如果丁小姐没有每月只能还 2 300 元的限制，而是仅仅在 12 月 26 日前拿不出 5 000 元，而在 1 月 10 日就能偿还完，那么她在 1 月 10 日只需要还款 3 803.88 元，总还款金额为 6 103.88 元，这样就会比分期还款要划算。

因此，分期还款适用于金额较大、短时间内无法全额偿还的账单或单笔消费，而最低还款则更适用于只是当时没有足够资金偿还，但在短时间内就可以凑足全部欠款的情况。

购车贷款

随着人们收入和生活水平的提高，越来越多的人追求出行的便捷性，因此越来越多的家庭都在条件允许的情况下开始考虑购买汽车来代步。购车贷款就是银行为资金紧缺的买车人士提供的一种信用贷款，该贷款的资金只能用于购车。

◇ 选择适合自己的购车贷款方式
◇ 购车贷款需要支付哪些费用
◇ 银行购车贷款流程
◇ 汽车金融公司的贷款步骤
◇ 各大银行个人汽车消费贷款简介
◇ 汽车金融公司贷款
◇ 信用卡分期购车

10.1　必须了解的个人购车贷款知识

随着汽车价格的下降，越来越多的家庭开始考虑购买汽车，而一些具有稳定收入的家庭，在预算允许的情况下，会选择贷款购车。在购车贷款之前，你了解个人购车贷款的相关知识吗？

10.1.1　选择适合自己的购车贷款方式

购车有购买新车和购买二手车两种。一般来说，新车价格较高，但性能较好，售后服务有保障；而二手车价格实惠，但可能使用年限已长，整车性能有所下降，售后得不到很好保障。

一般来说，购车贷款都是针对购买新车而言的。就目前来看，购车贷款主要有银行车贷、信用卡分期购车和专业汽车金融公司贷款。

- **银行车贷**: 由购车人向银行申请的，专门用于个人购买家用小汽车的贷款，只要符合银行规定的申请条件的购车人，均可申请。

- **信用卡分期购车**: 持有某银行的信用卡，并且该银行有合作的汽车经销商，在这些经销商处购买指定车型，可以向信用卡发卡银行申请购车分期业务，并通过该信用卡刷卡支付购车款。

- **汽车金融公司贷款**: 购车人向专门提供汽车贷款服务的非银行金融机构申请用于购买汽车的贷款。

其中，银行车贷是绝大多数购车者都了解的一种贷款方式，它与个人消费贷款类似，只要符合银行规定条件的人都可以申请，但贷款仅可用于购买指定的车辆。

信用卡分期购车适合持有信用卡的购车人，且自己所购买的汽车为该发卡银行合作经销商的指定车型。

汽车金融公司贷款适合与银行车贷相似，其放款时间可能更快，申请要求更低，优惠力度也更大。国内第一家汽车金融公司是成立于2004年的"上汽通用汽车金融"，如表10-1所示为国内的汽车金融公司。

表10-1　目前国内的汽车金融公司

企业名称	股份属性	成立时间
大众汽车金融（中国）	外商独资	2004年
上汽通用汽车金融	中外合资	2004年
丰田汽车金融(中国)	外商独资	2005年
福特汽车金融（中国）	外商独资	2005年
东风标致雪铁龙汽车金融	中外合资	2006年
沃尔沃汽车金融(中国)	外商独资	2006年
东风日产汽车金融	中外合资	2007年
菲亚特克莱斯勒汽车金融	外商独资	2007年
奇瑞徽银汽车金融	奇瑞汽车+徽商银行	2009年
宝马汽车金融（中国）	外商独资	2010年
广汽汇理汽车金融	广汽集团+东方汇理	2010年
三一汽车金融	三一集团+湖南省信托+华菱钢铁	2010年
一汽汽车金融	一汽财务+吉林银行	2011年
北京现代汽车金融	中外合资	2012年
重庆汽车金融	庆铃汽车+渝富资产管理+重庆农商银行	2012年
瑞福德汽车金融	江淮汽车+桑坦德消费金融	2013年
天津长城滨银汽车金融有限公司	长城汽车+天津滨海农村商业银行	2013年

10.1.2　购车贷款需要支付哪些费用

购车贷款的主要目的是解决当前资金欠缺的问题，以更少的资金购买车辆，然后按月偿还未支付的部分。除信用卡购车分期以外，其他任何形式的购车贷款，都需要考虑以下费用。

- **首付费**：首付费用一般不得低于车价的 30%，具体额度可以根据自身实际进行选择。

- **新车保险费用**：主要包括交强险费用和商业车险费用两大部分。交强险是国家强制保险，全国统一价格，每位车主都必须缴纳。而商业车险，因为涉及的险种比较多，而且与车价、地区等因素挂钩，因此没有一个明确的规定。

- **公证抵押费**：包括公证费和抵押费，通常在 1 000 元以上。

- **上牌费**：办理汽车牌照的费用，选择自行办理的免收。通常新车上牌费用主要包括新车上线检测缴纳的费用、拓号照相的费用以及新车牌照的费用，一般为 300 元左右。

- **履约金**：贷款所需缴纳的保证金，按揭完成后全额退还。通常价格在 30 万元以下的车辆收取 3 000 元。

- **资信费**：因地区不同有所差异，一般按照贷款额度的 1%收取。

10.1.3　银行购车贷款流程

如果要在银行申请购车贷款，首先需要满足银行贷款的基本条件，基本要求如图 10-1 所示。

①	购车者必须年满 18 周岁，具有有效身份证明且具有完全民事行为能力。
②	具有稳定的职业和按期偿还贷款本息的能力。
③	能提供固定和详细住址证明。
④	个人社会信用良好。
⑤	持有贷款人认可的购车合同或协议。
⑥	合作机构规定的其他条件。

图 10-1 银行购车贷款申请条件

符合购车贷款申请条件的购车人可以选择一家自己认为最合适的，并且提供个人汽车贷款业务的银行，申请个人汽车贷款基本流程如图 10-2 所示。

①经销商咨询贷款事宜

在打算购买某款汽车时，首先需要到汽车经销商处咨询买车的相关事宜，确定汽车的车型、购车总金额，对选中的车型进行细致的了解。

②审核贷款买车资料

将所需资料交给经销商做初审，包括填写贷款申请表、合同等，并提供本人及配偶身份证、户口簿、收入证明、房产证、结婚证等资信证明。

③交首付款、签定购车合同

据选定的车型交纳相应的首付款，一般情况下是交纳全车款的 20%～40%，之后就是与经销商签订买车合同，并由保险公司办理相应的汽车保险。

④银行受理、审核

经销商将客户资料及购车合同提交银行，由银行进行贷前调查，当这些都办妥了以后，再由银行确定放款事宜。

⑤经销商交付车辆

银行放款给汽车经销商后，经销商会办理车辆入户手续，上牌及车辆保险等中间手续，并按约定时间将车辆交付给购车人。

图 10-2 银行购车贷款基本流程

10.1.4 汽车金融公司的贷款步骤

汽车金融公司专门为购车者提供了购车贷款服务，其具有审核条件低（相对于银行贷款）、放款速度快、还款灵活等优点，但相对而言其利率要高一些。在汽车金融公司贷款购车的基本流程如图 10-3 所示。

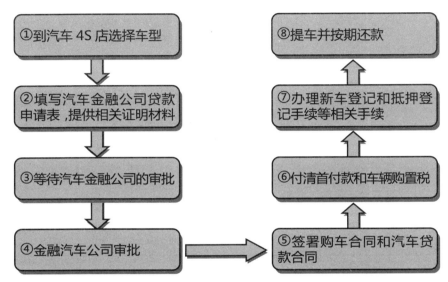

图 10-3　汽车金融公司购车贷款基本流程

10.1.5 二手车贷款流程

购买二手车，在车辆估价较高的情况下，也可以向银行申请购车贷款，或者找一些提供二手车贷款的汽车金融公司申请贷款。

银行二手车贷款审核条件较为"苛刻"，发放的贷款额度也相对较低。如向中国银行申请二手车贷款，汽车估价需要在 60 万元以上，而且还要考虑车辆耗损情况（通常新车可获贷至 80%，每超过一年减 15%）。

如果找一些汽车金融公司贷款，审核条件可能就相对容易一些，但贷款成本可能相对较高。如果是向银行申请二手车贷款，其基本操作流程如图 10-4 所示。

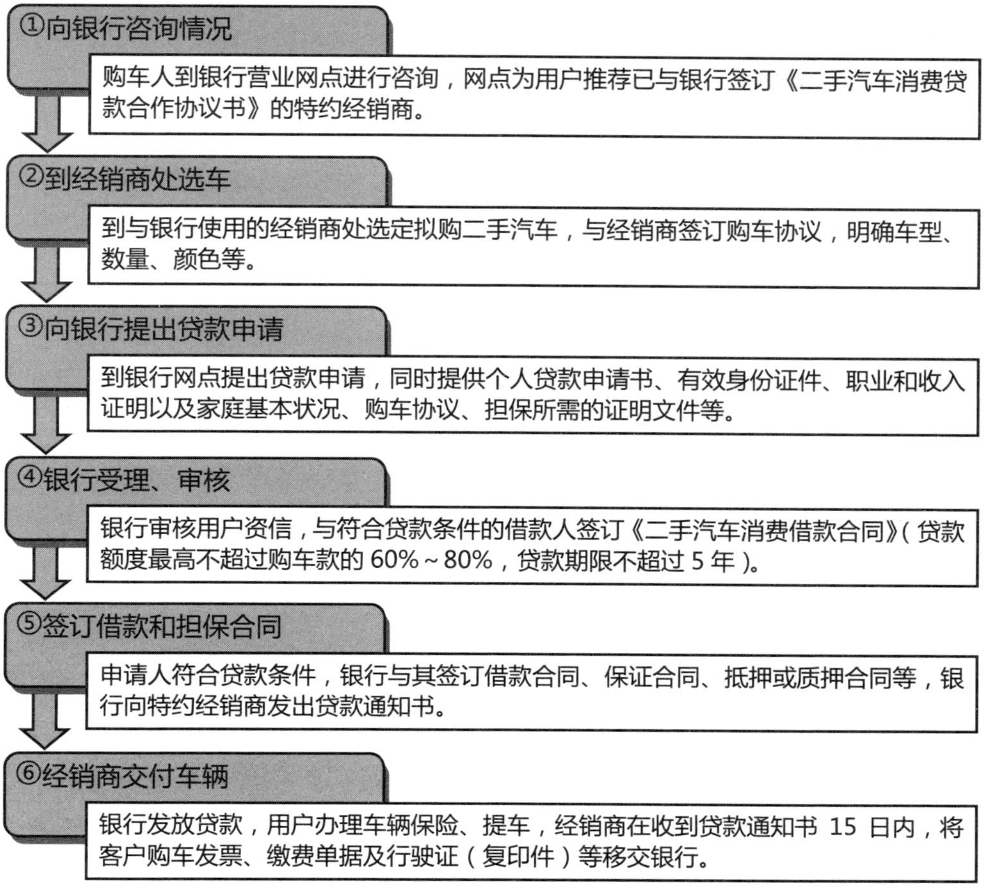

①向银行咨询情况

购车人到银行营业网点进行咨询，网点为用户推荐已与银行签订《二手汽车消费贷款合作协议书》的特约经销商。

②到经销商处选车

到与银行使用的经销商处选定拟购二手汽车，与经销商签订购车协议，明确车型、数量、颜色等。

③向银行提出贷款申请

到银行网点提出贷款申请，同时提供个人贷款申请书、有效身份证件、职业和收入证明以及家庭基本状况、购车协议、担保所需的证明文件等。

④银行受理、审核

银行审核用户资信，与符合贷款条件的借款人签订《二手汽车消费借款合同》（贷款额度最高不超过购车款的 60%～80%，贷款期限不超过 5 年）。

⑤签订借款和担保合同

申请人符合贷款条件，银行与其签订借款合同、保证合同、抵押或质押合同等，银行向特约经销商发出贷款通知书。

⑥经销商交付车辆

银行发放贷款，用户办理车辆保险、提车，经销商在收到贷款通知书 15 日内，将客户购车发票、缴费单据及行驶证（复印件）等移交银行。

图 10-4 银行申请二手车贷款基本流程

10.2 各大银行个人汽车消费贷款简介

很多银行都提供了个人汽车消费贷款，如果想要购买新车，在条件允许的情况下，可以选择向银行申请购车贷款。虽然这样需要的资料较多，审核严格，但其相对费用较低。

各大银行在提供个人汽车消费贷款时，都有不同的规定，这里主要对 10 家全国性商业银行的个人汽车消费贷款做一个简单介绍。

10.2.1 工商银行个人汽车消费贷款

工商银行提供了个人自用车贷款和个人商用车贷款两种业务。个人自用车贷款是工商银行向申请购买自用汽车的客户发放的人民币担保贷款；个人商用车贷款是工商银行向客户发放的用于购买以营利为目的的汽车的贷款。

1．个人自用车贷款

工商银行个人自用车贷款提供"直客式"和"间客式"两种贷款模式供客户选择，贷款金额最高可达购车价格的 80%，贷款期限最长 5 年。

- **直客式**：借款人直接向工商银行提交有关汽车贷款申请资料，银行经贷款调查审批同意后，签订借款合同、担保合同。借款人再到工商银行特约汽车经销商处选购汽车。贷款资金由银行以转账方式直接划入汽车经销商的账户。

- **间客式**：借款人到工商银行特约汽车经销商处选购汽车，提交有关贷款申请资料，并由汽车经销商转交工商银行提出贷款申请。银行经贷款调查审批同意后，签订借款合同、担保合同，并办理公证、保险手续。

无论采用哪种贷款模式，贷款人必须是具有完全民事行为能力的自然人，年龄在 18（含）至 60（含）周岁之间。此外，还需要满足以下条件。

- 具有合法有效的身份证明、贷款银行所在城市的户籍证明或有效居住证明、婚姻状况证明或未婚声明。

- 具有良好的信用记录和还款意愿。

- 具有稳定的合法收入来源和按时足额偿还贷款本息的能力。

- 能够提供银行认可的有效权利质押物或抵押物及具有代偿能力的第三方保证。

- 能够支付不低于规定比例的所购车辆首付款。

- 若为"间客式"贷款，还需持有与特约经销商签订的购车协议或购车合同。

- 借款人单户（含配偶）在工商银行的个人汽车消费贷款不超过3笔（已结清除外）。

- 在工商银行开立个人结算账户。

2．个人商用车贷款

个人商用车贷款可用于购买包括城市出租车、城市公交线路车、客运车、货运车及工程机械（推土机、挖掘机、搅拌机、泵机等）车辆，申请人需要满足如图10-5所示的条件。

① 购车者必须年满18周岁，具有有效身份证明且具有完全民事行为能力。

② 具有合法有效的身份证明、婚姻状况证明及贷款所在城市的户籍证明。

③ 具有良好的信用记录和还款意愿。

④ 具有稳定的收入来源和按时足额偿还贷款本息的能力。

⑤ 已支付所购车辆首付款。

⑥ 借款人单户（含配偶）在工商银行的个人商用车贷款不超过3笔（已结清贷款除外）。

⑦ 具有所购车辆的购车合同、车辆保险合同以及借款人经营运输资格证明材料。

⑧ 除城市出租车外，购买其他客运及货运汽车的借款人，须有符合条件的挂靠运输公司，并提供经运输公司全体股东或董事会签名盖章的承诺书。

⑨ 能提供工商银行认可的贷款担保方式。

⑩ 在工商银行开立个人结算账户。

图 10-5　工商银行个人商用车贷款申请条件

10.2.2　中国银行个人汽车消费贷款

中国银行的个人消费类汽车贷款可用于借款人购买消费类自用车（不含二手车），其申请条件与工商银行个人汽车消费贷款申请条件相似。

一般客户贷款限额原则上不高于汽车价格的 60%，在有优质客户提供担保的原则上不高于汽车价格的 70%，优质客户贷款限额原则上不高于汽车价格的 70%。

一般客户个人汽车消费贷款期限原则上不应超过 3 年（含 3 年），优质客户个人汽车消费贷款期限最长不超过 5 年（含 5 年）。

根据贷款期限长短执行不同的贷款利率。一般客户贷款利率执行基准利率，原则上不得低于基准利率；优质客户贷款利率经省级分行批准，可以在基准利率基础上适当下浮，下浮比例不得超过 10%。

此外，借款人需提供足值、有效的担保，作为可靠的第二还款来源。其中，一般客户必须提供如图 10-6 所示的任意两种担保方式，优质客户可以提供其中任意一种担保方式。

① 以所购车辆作为抵押。

② 第三方（自然人或法人）不可撤销的连带责任担保。

③ 除所购车辆外的财产抵（质）押。

④ 总行认可的其他担保方式。

图 10-6　工商银行个人汽车贷款可选担保方式

10.2.3　农业银行个人汽车消费贷款

农业银行可以为我国公民，或在我国境内连续居住一年以上（含一年）的港、澳、台居民及外国人（港、澳、台居民及外国人还应指定一名具有一定经济实力、信誉良好的当地居民为联系人）提供个人汽车贷款。

其中，贷款人只需要满足如图 10-7 所示的条件即可。

①	年龄在 18~60 周岁，具有完全民事行为能力，持有合法有效身份证明。
②	具有本地户籍证明或有效身份证明。
③	信用记录、收入水平、信用评分符合农业银行相关规定，具备按期偿还信用的能力。
④	能支付不低于规定比例的购车首付款，能提供符合条件的担保。

图 10-7　农业银行个人汽车消费贷款申请条件

农业银行个人汽车消费贷款期限最长为 5 年，商用车贷款期限最长为 3 年。自用车贷款金额最高为购车价格的80%，商用车贷款金额最高为购车价格的60%。

10.2.4　建设银行个人汽车消费贷款

建设银行提供个人自用汽车和个人商用汽车贷款，贷款基本规定如下。

● **贷款对象**：年龄在 18（含）至 60 周岁（含），具有完全民事行为能力的自然人。

● **贷款额度**：个人自用汽车贷款金额不超过所购汽车价格的 80%，个人商用汽车贷款金额不超过所购汽车价格的 70%。其中，商用载货车贷款金额不得超过所购汽车价格的 60%。

● **贷款期限**：自用车最长期限不超过 5 年，商用车期限不超过 3 年。

● **担保方式**：借款人须提供纯车辆抵押、"车辆抵押+担保机构""车辆抵押+自然人担保"和"车辆抵押+履约保证保险"等担保措施中的一种。

● **还款方式**：贷款期限在一年以内的，可以采取按月还息任意还本法、等额本息还款法、等额本金还款法、一次性还本付息还款法等方式；贷款期限在一年以上的，可采取等额本息、等额本金还款法。

● **需要提供的申请材料**：申请个人汽车贷款需要提供如图 10-8 所示的一系列申请材料。

①　建设银行专用的《个人贷款申请书》。

②　居民身份证、户口簿、军官证、护照、港澳台同胞往来通行证等有效身份证件，已婚的借款人要提供配偶的身份证明。

③　户籍证明或长期居住证明。

④　个人收入证明，必要时须提供家庭收入或财产证明。

⑤　由汽车经销商出具的购车意向证明。

⑥　购车首期付款证明。

⑦　以所购车辆抵押以外的方式进行担保的，需提供担保的有关材料。

⑧　个人商用汽车贷款还需提供所购车辆可合法用于运营的证明，如车辆挂靠运输车队的挂靠协议、租赁协议等。

图 10-8　建设银行个人汽车消费贷款需要提供的申请材料

10.2.5　交通银行个人汽车消费贷款

交通银行可向借款人发放用于购买生活自用汽车的贷款，提供"直客式"和"间客式"两种贷款模式，以及等额本金法、等额本息法及分阶段还款法等 7 种还款方式以及多种担保方式。

只要是具有完全民事行为能力，持有合法、有效身份证件，资信情况良好，具备稳定收入来源和按期还本付息能力的自然人，都可以申请。

一手车贷款额度不超过所购车辆价格的 80%，贷款期限最长 5 年；二手车贷款额度不超过所购车辆价格的 50%，贷款期限最长 3 年。

申请人仅需提供借款人及配偶身份证明，婚姻证明，汽车销售合同，首付款证明，借款人还款能力证明，抵押、质押或保证证明文件等材料即可。

10.2.6　　招商银行个人汽车消费贷款

招商银行提供的优越汽车贷款,可以在贷款购买汽车的同时免除担保费用,优质客户可专享无须支付担保费用或履约保证保险费用、手续快捷、利率超低等特权。

适合的对象包括招商银行私人银行客户、金葵花客户和信用卡白金卡客户;公务员、教师、医生等政府机关或行政事业单位员工;优质企业员工和招商银行认定的其他优质客户。贷款金额可达购车价格的80%,最高200万元;贷款期限最长5年。

如果贷款人不符合以上条件,也可以选择易借汽车贷款,在提供担保的情况下,最高贷款金额可达50万元。

10.2.7　　兴业银行个人汽车消费贷款

兴业银行个人汽车消费贷款仅用于购买各类一手自用汽车,所购买车辆的净车价不低于10万元,核定载乘人数在7人座(含)以下,且必须在经营机构所在地登记上牌方可申请。

贷款额度最高为汽车市场价的 70%,进口车贷款额度最高为国内市场价的 60%,不包含汽车牌照费用、购置附加费用、保险费用等除市场价以外的其他一切费用,最长期限可达 5 年。

10.2.8　　民生银行个人汽车消费贷款

民生银行个人汽车消费贷款仅用于购买自用车,不可用于购买商用车、二手汽车,并且只有个别分行有此项业务。

贷款最高额度与所购车型有关,国产车型贷款额度不大于贷款所购车辆净车价的 70%；进口车型贷款额度不大于贷款所购车辆国内市场净车价的 60%。贷款期限最长不超过 3 年（以个人房产抵押或民生银行认可的低风险担保方式的除外），且贷款期限与借款人年龄相加之和不超过 60 年。

10.2.9　浦发银行个人汽车消费贷款

浦发银行个人汽车消费借款具有受理方式多样化、还款方式多样性、扣款日期自由选择以及实时短信通知等特点。

最高贷款额度不超过所购车辆净车价（不含各类附加税费及保费）的 80%，进口汽车不超过所购车辆国内市场净车价（不含各类附加税费及保费）的 70%，贷款最长期限不超过 5 年。

10.2.10　光大银行个人汽车消费贷款

光大银行个人汽车消费贷款要求贷款对象应为年满 18 周岁且具有完全民事行为能力的自然人，借款人有良好的信用记录和还款意愿。

最低首付款仅 30%，个人汽车消费贷款额度最高不超过购车实际成交价格的 70%（不含各类附加税、费及保险费等），贷款期限最长可达 36 个月。

10.3　汽车金融公司贷款

除了各大银行以外，汽车金融公司贷款也是目前购车者贷款很好的一种选择，它相对于银行而言，审核条件更低，贷款更容易，贷款额度更高，唯一的缺点就是费用较银行贷款更高一些。

10.3.1　上汽通用汽车金融

上汽通用汽车金融公司成立于 2004 年，是国内最早成立的一家汽车金融公司，其提供的车贷具有全球专业服务标准、随时随地网上申请、众多套餐随心选择、全程导购、流程便捷、审批迅速等特点。

该公司汽车贷款首付最低 20%，无户籍限制、免担保、免抵押，最短可贷 12 个月，最长不超过 60 个月。

10.3.2　大众汽车金融（中国）

大众汽车金融（中国）是中国第一家外商全资汽车金融公司，成立于2004 年 9 月，提供新车贷款、二手车贷款和 Das WeltAuto 贷款业务。

其提供的新车贷款中的标准信贷在世界各地得到了人们的广泛信赖，仅需要支付购车价的 20% 为首付，即可享受剩余车款最长 5 年的贷款期限。

10.3.3　丰田汽车金融（中国）

丰田汽车金融（中国）有限公司正式成立于 2005 年 1 月 1 日，是最早通过中国银监会批准的汽车金融公司之一。

该公司为丰田旗下所有在华销售品牌提供等额本息贷款方案与轻松融资贷款方案两类贷款方案，适用于国产车及进口车，也适用于丰田品牌及雷克萨斯品牌。

该公司汽车贷款最低首付 20%，最长贷款期限为 5 年，可使用中国工商银行的存折、借记卡、理财金账户以及招商银行一卡通偿还贷款。在汽车贷款期间，所购汽车必须购买车损险、第三者责任险、盗抢险、不计免赔险，且贷款期间所有保险保单第一受益人应为丰田汽车金融（中国）有限公司。

10.3.4　福特汽车金融（中国）

福特汽车金融（中国）有限公司是美国福特汽车信贷有限责任公司于 2005 年在华设立的全资子公司。

福特汽车金额（中国）有限公司提供的车贷要求购车者首付汽车款为 20%，贷款期限为 1～4 年。

10.4　信用卡分期购车

信用卡分期购车是信用卡发卡银行与汽车销售公司联合推出的一些便民化汽车分期服务，只要持有某银行的信用卡，且该银行提供汽车分期业务，即可在购买特定车型时，申请分期偿还业务。

10.4.1　信用卡购车有何优势

由于监管的需要，大部分商业银行对汽车贷款的审批政策较严，客户申请汽车贷款比较困难，而通过汽车金融公司贷款一般利息较高，年息大多在 7% 以上，而且很多汽车金融公司必须要求车辆抵押，有些公司还会增加一些抵押费和担保费支出。

汽车金融公司贷款速度比较快，由于增加了担保措施，汽车金融公司对贷款客户的审批条件会宽松一些。

而信用卡购车分期是指信用卡持卡人向发卡银行申请欲购车款的部分金额，在约定期限内逐月还款，并按照发卡银行规定支付一定手续费的信用卡付款方式。

这种方式需要交一定比例的首付款，剩下的余款按月分次等额偿还；期限最长 3 年，不需要缴纳利息，只缴纳手续费，而且银行一般要一次性收取。

三者相比而言，信用卡分期购车的优势较为明显。

- 审批快、费用低是其最大优势，如果使用信用卡贷款购车只需一张有一定期限且信用记录良好的信用卡，提供身份证之后向持卡银行申请就可申请分期购车。

- 通过信用卡购车还免去了贷款本应产生利息费用也就是"零利率、零利息"，办理时只需交纳部分手续费就可以，而所交纳的手续费也比一般商贷产生的利息便宜。

- 使用信用卡贷款购车可以享受 4S 店任何的购车优惠，且所贷款的金额可按照相关银行的规定进行积分，同时用贷款所产生的积分还可在银行换取相关礼品。这等于变相又有了"小优惠"。

10.4.2　信用卡分期购车应注意的问题

虽然利用信用分期卡购车已经成为一种很流行的购车手段，但买车需要的费用不是一个小数目，而使用信用卡分期购车还必须注意以下一些问题。

1．免息不免费

信用卡分期购车虽然是免息分期，但是绝对不是免费的。信用卡分期购车需要收取一定比率的手续费，这也相当于银行贷款的利息。分期购车手续费总金额=分期总金额×手续费率，很多银行的手续费记入分期购车后的第一期账单。

目前，信用卡分期购车手续费的费率根据贷款期限的长短，大约在3%～11%，不同银行、不同品牌经销商的车贷手续费收取比例差异较大，部分指定汽车类型可以享受零手续费。购车人如果想提前还款，收取的手续费是不能退还的。

2．指定车型，限定额度

用信用卡分期购车，购车人先要确定自己看中的车型是与哪个银行有合作的，因为信用卡分期购车只能购买与银行合作的经销商或厂家指定的车型，如果有这家银行的信用卡，就可以直接申请分期购车；如果没有，则需要先申请信用卡，再办理分期购车。

分期买车两年
省340元

很多持卡人还有可能遇到信用额度的问题，因为普通的信用卡信用额度通常较低（如一般在5万元左右），如果持卡人想购买一辆15万元的车，贷款10万元，则原本的信用卡额度就无法满足分期付款额度的需要，这就需要向银行申请临时调高信用额度。

信用卡购车额度与信用额度

用信用卡分期购车，通常需要较高的额度，而一般人的信用卡额度是不足以支付购车分期款的，因此需要向银行申请购车款额度，而这个额度与持卡人的信用额度关系不大，基本上是专用的，很多银行的信用卡购车额度是不占用信用额度的。

3．小心捆绑保险

信用卡分期购车"零利率"已经成为很多汽车厂商惯用的"吸客"方式。不过，信用卡免息车贷，尤其是商业银行的信用卡免息车贷，大多与车险捆绑在一起，且多要求消费者购买全险。

※事例故事

刘先生看中一辆28万元的新车，想赶在元旦前把车开回家。刘先生咨询了银行工作人员，当等到银行贷款审批下来后，他还不能在元旦前买下该车，所以销售人员向他推荐了信用卡分期购车。

而刘先生刚好有该银行的信用卡,于是向银行申请了购车额度。可销售人员却告诉他,信用卡贷款买车必须要购买汽车全额保险,并且要预付第 3 年 10% 的保险费。这样算下来,一次性付清的车险费就高达 1 万多元。

目前,大多数银行对信用卡购车都有捆绑购买保险的条款,虽然银行没有要求购买全险,但车损险、盗抢险、第三者责任险、车上人员险这 4 大险种已经是车险里面最主要的保险,保险费用也比较高。

车险中经常说的"全保""全险",其实是 4 项基本险加 3 个附加险的保险组合。4 项基本险是车辆损失险、商业第三者责任险、全车盗抢险以及车上人员险,3 个附加险是指玻璃单独破碎险、车身划痕损失险以及不计免赔率特约条款。

以 20 万元的车辆为例,如果购买全险报价在 8 000 元以上,而只购买 4 大基本险,则保费价格在 6 000 元左右,能节约 2 000 元左右。

10.4.3 信用卡购车必须选择好的银行

由于信用卡购车分期的方便性和实惠性,越来越多的购车者选择信用卡分期来购车,虽然这种方式可以免息,但手续费是必须要考虑的。在购车前,应该认真对比各家银行的手续率以及相关优惠活动,选择费用最低的银行来申请购车分期。

以招商银行信用卡为例,在 2017 年 1 月 1 日至 12 月 31 日期间分期购买特斯拉,可享受如表 10-2 所示的优惠。

表 10-2　招商银行信用卡分期购特斯拉优惠

车型	首付比例	期数（月）	客户费率	分期金额区间
Model S 全系 Model X 全系	≥15%	12	5.00%	3 万～150 万元
		24	9.00%	3 万～150 万元
		36	13.00%	3 万～150 万元
		48	17.00%	20 万～150 万元
		60	24.00%	20 万～150 万元
Model S（二手车）	≥50%	12	5.50%	3 万～150 万元
		24	9.50%	
		36	13.50%	

购房贷款

　　住房是每个家庭都需要的一种固定资产，随着土地资源越来越紧缺和各种需求的不断上涨，房价上涨的速度远超想象。因此，很少有人能一次性全额购买一套住房，于是更多的人通过向银行贷款来买房，之后再来分期偿还购房款。

◇　购房贷款必备知识
◇　购房商业贷款
◇　住房公积金贷款
◇　二手房贷款

11.1　购房贷款必备知识

住房对于每个家庭都是刚性需求，只要是没有住房的家庭，都会考虑如何购买一套属于自己的住房。而在购买住房时，很多人都会选择按揭买房的方式，即自己出首付款，剩余部分向银行贷款，然后按月期偿还。

买房对于很多人而言，一辈子可能就买一次，也算是一个"人生大事"，在买房前必须做足各项准备，了解购房贷款的知识就是不可缺少的一项。

11.1.1　认清限价房与经济适用房

准备购房的人，应该都听说过限价房与经济适用房这两个概念。相对于一般商品房而言，限价房与经济适用房更容易让更多的中低收入家庭接受，但这两者也有一定的区别。

1．限价房

限价房又被称为"两限"商品房，按照"以房价定地价"的思路，采用政府组织监管、市场化运作的模式，主要解决中低收入家庭的住房困难，是目前限制高房价的一种临时性举措。

与一般商品房不同的是，限价房在土地挂牌出让时就已被限定房屋价格、建设标准和销售对象限定，政府对开发商的开发成本和合理利润进行测算后，设定土地出让的价格范围，从源头上对房价进行调控。

限价房要优先保证中低价位、中小套型普通商品住房和廉租住房的土地供应，其年度供应量不得低于居住用地供应总量的 70%。

2. 经济适用房

经济适用房是指具有社会保障性质的商品住房,其具有经济性和适用性两大特点。

- **经济性**: 是指住房价格相对于市场价格比较适中,能够适应中低收入家庭的承受能力。

- **适用性**: 是指在住房设计及其建筑标准上强调住房的使用效果,而非建筑标准。

经济适用房是国家为解决中低收入家庭住房问题而修建的普通住房,这类住宅因减免了工程建设中的部分费用,其成本略低于普通商品房。经济适用房是政府民生工程,各地购买经济适用房的标准不尽相同。

11.1.2 住房商业贷款利率

住房商业贷款是银行用其信贷资金所发放的自营性贷款,购房人以其所购买的产权住房(或银行认可的其他担保方式)为抵押作为偿还贷款的保证而向银行申请的住房商业性贷款,贷款人需要根据银行的规定,支付一定比例的利息。

我国的房贷利率是由中国人民银行统一规定的,各个商业银行执行时可以在一定的区间内自行浮动。并且该利率在贷款期间并不是固定不变的,如果中国人民银行基准利率有所调整,银行会在每年1月1次对贷款利率进行相应调整;如果基准利率未改变,则不调整。

为了吸引更多的购房者在银行贷款,很多银行都会实行一些利率优惠政策，最低可在基准利率的基础上优惠 30%。不过随着大环境的改变，有些银行也不再实行利率优惠，甚至还会在基准利率上有所上浮。

对于购房者而言，利率每优惠 1%，就可以节省一大笔利息支出。截至 2015 年 10 月，中国人民银行发行的最新贷款利率如表 11-1 所示。

表 11-1　目前最新商业贷款基准利率

利率项目	年利率	利率项目	年利率
6 个月以内（含 6 个月）	4.35%	3 至 5 年（含 5 年）	4.75%
6 个月至 1 年（含 1 年）	4.35%	5 年以上	4.9%
1 至 3 年（含 3 年）	4.75%	—	—

对于住房商业贷款，不同城市不同银行在不同时期，实行的利率政策也不相同，具体可咨询当地银行。如在 2017 年 9 月，北京等地区的银行纷纷再次上调首套房贷利率，其中，较基准利率上浮 5%～10% 已成为主流。而工商银行、中国银行、建设银行和农业银行的首套房贷最低利率已经全部在基准利率基础上上浮 5%。而民生银行、广发银行等多家股份制银行，均在基准利率基础上上浮 10%。

11.1.3　住房公积金贷款利率

企业在为职工购买住房公积金后，当职工需要购建、翻建、大修自有住房资金不足时，可以申请公积金贷款，其贷款利率与商业贷款利率不同。

2015 年 10 月 24 日调整并实施的公积金贷款基准利率分为 5 年以下（含 5 年）和 5 年以上两种，5 年以下（含 5 年）的贷款年利率为 2.75%，5 年以上的贷款年利率为 3.25%。

相对于商业贷款而言,公积金贷款利率要低很多,但公积金贷款具有一个最高额度,且申请条件较为复杂。

11.1.4 年轻人购房贷款需慎重

在房价居高不下的年代,对买房的刚需族来说,根据自身的实际需求和经济情况,很多年轻人都纷纷地加入了购房大军中。但在购房之前,必须要慎重考虑。这里给年轻的购房者们提 4 点购房建议。

- **买房首选小户型**:年轻人如果还没有结婚生子的打算,单身生活,购房面积不宜过大,够用即可,所以小户型是首选。

- **充分考虑自己的财力状况**:年轻人如果积蓄尚不丰厚,购房首付款通常需要父母的资助,按揭贷款则由自己来还。因此要用自己的收入来决定贷多少款,做到量入为出。月还款额最好不要超过月收入的 40%,否则会使生活捉襟见肘,影响生活品质。

- **不以区域作为主要依据,交通方便即可**:城市中心区或者商业区的房子配套设施完善,居住舒适度很高,但是房价不菲。对于经济不太宽裕的年轻人来说,没有必要一定选择这些高房价的区域,只要所购房屋所在区域交通便利即可。

- **考虑住房的升值空间**:年轻人首次置业应该考虑住房的升值潜力,因为随着年龄的增长,年轻人会结婚生子,也就产生了换房的需求,届时如果

房子升值，那么换房成本将会降低很多。

11.1.5　买房应该精打细算

买房对于绝大多数人来说，都是一件非常重大的事情，上百万元的资金对于一般家庭而言都不是小数目，因此在买房之前必须要精打细算。这主要需要考虑以下几项。

1．确定买房方式

就目前我国房产市场来看，买房仅有全款或贷款两种方式。是否贷款、贷多少应根据自身经济条件来定。

购房资金充裕的可以选择全款买房或者少量贷款，这样后期的还款压力小、所付利息少。

如果买房时经济不够宽裕并预计自己今后收入将要大幅增长，不妨放心大胆地多贷点儿，以减少现时的压力。

2．首付款准备多少

购买首套房，原则上商业贷款首付最低只需 3 成，但是，还要考虑到买房时要缴纳一些税费，如契税、保险费、维修基金等，所以最好多准备 3 万～5 万元的资金。

除此之外，如果买房后需要装修，那么装修基金也应该事先准备好。考虑到意外生病和工作变动等不可控风险，最保险的做法是在上述基础上多准备几万元的预留资金，以备不时之需。

3. 买多大面积的房子

住房面积当然是越大越好，但由于高昂的房价，越大的房子需要的资金越多，所以买房时应结合自己的家庭情况和经济情况来决定买房大小。

对近几年没有生子计划的年轻夫妻来说，一室一厅的小户型房就够用了；对于三口之家来说，两室的房型最适合；如果要跟父母一起居住，应该考虑两室或者三室的房型。

总之，家里人口越多，越应该考虑房屋的实用性，卫生间最好有两个，餐厅和客厅的面积也应该相对大一些。

4. 房子买在哪里

房子的地理位置也是所有购房者考虑的重点，一般来说人群较为集中的商业繁华区房价较高，而越远离市中心的房价会越来越低。

购房者可以选择离单位近的位置或者离父母家近的位置，而不一定是要向市中心靠拢。离单位近，上下班比较方便；离父母近，便于互相照应。

另外，应该尽量选择交通四通八达的区域，最好附近有公交站点，毕竟生活便利才是选房的关键。

11.1.6 购房贷款之前先算算

贷款买房，最重要的就是利息支出，在相同的贷款金额下，不同的还款期限和不同的还款方式都将影响总利息的支出。

一般来说，购房按揭贷款可采用等额本息法或等额本金法偿还，前者每月偿还的贷款金额相同，早期还贷压力较轻；后者随着还款次数的增加，每月还款金额不断减少，越往后还款压力越小。

两种还款方式中，在相同的贷款金额、贷款利率和还款期限下，等额本息法还款的总利息支出较等额本金法还款利息支出要多一些。购房者要贷款购房前应仔细计息一下，选择适合自己的贷款偿还方式。

现在互联网上有很多"房贷计算器"，如进入融 360 房贷计算器页面（https://www.rong360.com/calculator/fangdai.html），在该页面中即可进行房贷的计算，如要计算 50 万元的纯商业贷款，分 20 年偿还，利率更新时间为 2015 年 10 月 24 日，结果如图 11-1 所示。

如果不确定要贷多少钱，也可以选择"按面积算"计算。输入平方米单价和面积，选择首付比例、贷款期限和年利率后，单击"计算"按钮即可得到计算结果。

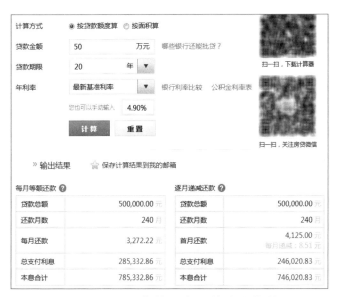

图 11-1 按贷款额度计算购房贷款

此外，在该页面还可以选择公积金贷款计算器，进行公积金贷款的计算。如果公积金额度不够，还可以选择组合贷款计算器计算出一部分使用公积金贷款，一部分采用商业贷款的每月还款金额。

11.2 购房商业贷款

在没有住房公积金的情况下，绝大多数购房者都只能选择购房商业贷款，而提供购房商业贷款的一般都是当地的各大银行。由于银行之间也会有竞争，其竞争性主要体现在利率优惠政策上，因此购房者在贷款前，也应该选择一家最实惠的银行进行贷款。

11.2.1　新房商业贷款的办理步骤

不同的银行办理购房商业贷款的步骤可能不尽相同,但一般都会经历如图 11-2 所示的步骤。

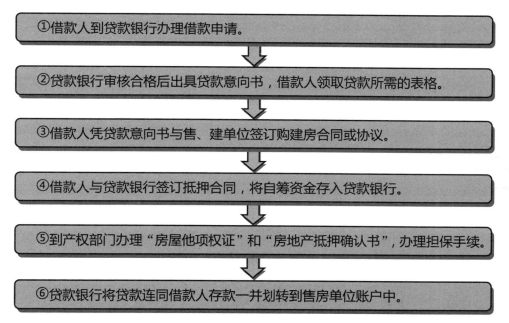

①借款人到贷款银行办理借款申请。

②贷款银行审核合格后出具贷款意向书,借款人领取贷款所需的表格。

③借款人凭贷款意向书与售、建单位签订购建房合同或协议。

④借款人与贷款银行签订抵押合同,将自筹资金存入贷款银行。

⑤到产权部门办理"房屋他项权证"和"房地产抵押确认书",办理担保手续。

⑥贷款银行将贷款连同借款人存款一并划转到售房单位账户中。

图 11-2　新房商业贷款基本流程

可申请公积金贷款的首选公积金贷款

公积金贷款具有利率低、减收相关手续费、家庭成员公积金计贷额度可合并使用等优惠,因此只要是及时足额缴纳公积金的职工,均应首先申请自己可以得到的最大额度、最长期限的公积金贷款。

11.2.2　工商银行个人住房商业贷款

工商银行个人住房贷款的借款人应是具有完全民事行为能力的自然人,年龄在 18(含)～65 周岁(含),并且具有良好的信用记录和还款意愿。贷款可用于购买房地产开发企业依法建造、销(预)售住房。

贷款最长期限可达 30 年，且借款人年龄与贷款期限之和不超过 70 年。最高贷款金额可达到所购住房市场价值的 70%，贷款办理过程中银行不收取费用。

工商银行个人住房商业贷款提供如图 11-3 所示的 5 种灵活的还款方式，贷款人可根据自己的实际情况进行选择。

① 等额本息还款法：贷款期每月以相等的额度平均偿还贷款本息。

② 等额本金还款法：每月等额偿还贷款本金，贷款利息随本金逐月递减。

③ 按周（双周、三周）还本付息还款：以等额本息或等额本金还款法为基础，以 7 天或者 7 天的整倍数作为还本付息的周期，周期最短为 7 天，最长不超过 21 天（含）。

④ "随心还" 还款：在合同约定的还款期内，以等额本息法计算的还款金额作为每期最低还款额，在此基础上可随意增加还款额，实现提前还款。

⑤ "入住还" 还款：在购买特定类型房产时，可在所购房产入住之前，暂缓归还贷款本金，仅归还贷款利息。

图 11-3　商业贷款还款方式

11.2.3　中国银行个人住房商业贷款

中国银行个人一手住房贷款用于贷款人购买一手个人住房，单笔贷款额度最高不超过所购住房价值的 70%，人民币贷款最长期限不超过 30 年，外币个人住房贷款最长期限不超过 8 年。

贷款人可以选择一次性还本付息法、等额本息还款法和等额本金还款法偿还贷款。借款合同生效后，如果贷款人有足够的资金来源，可提前向中国银行提出部分或全部提前还款申请。

11.2.4　农业银行个人住房商业贷款

农业银行一手住房贷款用于借款人购买首次交易的住房（即房地产开发商或其他合格开发主体开发建设后销售给个人的住房）。

贷款期限最长不超过 30 年，贷款最高额度不超过所购住房成交价格的 80%。贷款利率在中国人民银行规定的基准利率上下浮动 15%。可以采用固定利率、浮动利率或固定加浮动利率（混合利率）方式锁定贷款利率，来规避加息所增加的还款压力。

贷款申请后，农业银行提供以下后续服务。

- **提前还款**：在贷款的有效期内，借款人若提前归还贷款，需提前向经办行提出书面申请，经经办行同意后，可以提前归还全部或部分贷款本金，已计收的利息不再调整。

- **部分提前还款**：可采取每期还款额不变、缩短还款期限或还款期限不变、减少每期还款额的方式，提前偿还部分贷款。

11.2.5 建设银行个人住房商业贷款

建设银行个人住房贷款用于在中国大陆城镇购买、建造、大修各类型住房，凡具有完全民事行为能力的中国公民；在中国大陆拥有居留权的具有完全民事行为能力的港澳台自然人；在中国大陆拥有居留权的具有完全民事行为能力的外国人均可申请。

贷款期限一般最长不超过 30 年，对购买自住住房且套型建筑面积 90 平方米以下的，最高可贷房屋成交价的 80%，面积在 90 平方米以上的，最高可贷房屋成交价的 70%（剩余部分为购房者自筹的首付）。

11.2.6 交通银行个人住房商业贷款

交通银行一手房按揭贷款用于购买首次交易住房，包括住房公积金商业性组合贷款和纯商业性住房贷款。贷款期限最长可达 30 年，贷款额度最高可达房产价值的 80%，其具有如下特色。

- **节省贷款成本及费用**：尽量减少贷款人的贷款成本及利息支出。

- **丰富的配套贷款产品**：装修贷款、转按贷款、e 贷通等多种配套产品供借款人选择；随着借款人的一手住房贷款逐步归还，借款人还可以再次使用已释放出来的抵押额度，办理其他贷款。

- **灵活多样的还款方式：** 支持等额本金法、等额本息法及分阶段还款法等 7 种还款方式。
- **方便省心的贷后服务：** 便捷的还款、贷款提醒服务、贷款变更服务等。

11.2.7　招商银行个人住房商业贷款

招商银行个人住房商业借款最长借款期限可达 30 年，最高可贷住房成交价的 70%。

如果借款人是招商银行私人银行客户、钻石卡客户、金葵花客户和信用卡白金卡客户，或是公务员、教师、医生等政府机关或行政事业单位员工及招商银行认定的其他优质客户，希望享受购房一次性付款折扣的，可申请按"直客式"流程办理——既能使用银行贷款，又可享受一次性付款折扣，同时还可享受利率优惠。

11.2.8　兴业银行个人住房商业贷款

兴业银行个人一手住房贷款用于购买初次交易的商品住房，并以所购房产向兴业银行提供抵押担保，具有还款宽限期、随薪供、双周供等特色功能可供选择。

贷款期限最长不超过 30 年，且贷款期限加借款人年龄不超过 70 年。对借款人家庭购买首套商品住房的，首付款比例不低于 30%，实施利率在中国人民银行规定的基准利率上下浮动。

11.2.9　民生银行个人住房商业贷款

民生银行一手住房按揭贷款是指申请人（购房人）在向房地产商购买房

产时，自己先交首期房款，其余部分由民生银行贷款，并用所购买的房产权益作为抵押，分期还本付息。

一手住房按揭借款最长期限可达 30 年，但要求申请人年龄加贷款年限不超过 70 周岁，最高借款金额可达住房成交金额的 80%。

11.2.10　浦发银行个人住房商业贷款

浦发银行个人住房贷款具有还款方式多样、扣款日期自由选择、贷款最多 7 成、贷款期限可调整、还款方式皆可变更以及"及时语"短信温馨提醒等特色功能。

贷款可申请的最长期限为 30 年，但要求贷款人在贷款到期日之前，年龄不得大于 70 周岁。

11.3　住房公积金贷款

住房公积金贷款是指由各地住房公积金管理中心运用职工以其所在单位所缴纳的住房公积金,委托商业银行向缴存住房公积金的在职职工和在职期间缴存住房公积金的离退休职工发放的房屋抵押贷款。

11.3.1　什么是住房公积金

住房公积金是单位及其在职职工缴存的长期住房储金,是住房分配货币化、社会化和法制化的主要形式。住房公积金制度是国家法律规定的重要的住房社会保障制度，具有强制性、互助性和保障性。

单位和职工个人必须依法履行缴存住房公积金的义务,这里的单位包括国家机关、国有企业、城镇集体企业、外商投资企业、城镇私营企业及其他城镇企业、事业单位、民办非企业单位、社会团体等。

11.3.2　住房公积金的缴存

同样是上班的职工，为什么有的人有住房公积金，而有的人没有呢？这就需要了解住房公积金缴存范围。图 11-4 中所示的单位及其在职职工（不含在以下单位工作的外籍员工），需要缴存住房公积金。

① 机关、事业单位。

② 国有企业，城镇集体企业，外商投资企业，港澳台商投资企业，城镇私营企业及其他城镇企业或经济组织。

③ 民办非企业单位、社会团体。

④ 外国及港澳台商投资企业和其他经济组织常驻代表机构。

图 11-4　需要缴存住房公积金的单位

此外，城镇个体工商户、自由职业人员，也可以申请缴存住房公积金（并不是每个社区城市的住房公积金管理中心都允许城镇个体工商户、自由职业人员交纳住房公积金，具体情况请咨询当地住房公积金管理机构）。

职工住房公积金的缴存比例均不得低于职工上一年度月平均工资的5%，有条件的城市，也可以适当提高缴存比例。

单位不办理住房公积金缴存登记或者不为本单位职工办理住房公积金账户设立手续的，由住房公积金管理中心责令限期办理。

单位逾期不缴或者少缴住房公积金的，由住房公积金管理中心责令限期缴存；逾期仍不缴存的，可以申请人民法院强制执行。

11.3.3　公积金贷款有哪些好处

公积金贷款可用于新房贷款、二手房贷款、自建住房贷款、住房装修贷款、商业性住房贷款转公积金贷款等。

公积金贷款是很多人非常热切盼望的贷款方式，因为大家都瞅准了一些好处，其中低首付低利率的特点最为吸引人，除此以外，公积金贷款还具有如图 11-5 所示的一些好处。

① 贷款的额度高，而且贷款的年限较长，还款方式较为灵活，可以自由还款。

② 由公积金管理中心给出一个最低还款额，在每月还款额不少于这一最低还款额的前提下，可根据自身的经济状况，自由安排每月还款额的还款方式。

③ 公积金贷款不仅广泛应用于新房的购买，在二手房购买方面的使用也十分普遍。

图 11-5 公积金贷款的好处

11.3.4 公积金贷款与商业贷款的区别

住房公积金贷款相对于商业住房贷款，具有利率较低、还款方式灵活、首付比例低的优点，缺点在于手续复杂、审批时间长。

从贷款利率来看，现行的贷款利率是 2014 年 11 月 22 日调整并实施的，公积金贷款 5 年期以下的利率固定为 3.75%，5 年期以上的利率固定为 4.25%，不可打折。商业贷款的利率基准为 6.15%，各商业银行可以根据各地情况，在允许的范围内上下浮动，这就导致了各家银行的商业贷款的利率是不统一的。

从贷款额度方面来看，公积金贷款一般不超过 100 万元；而商业贷款可根据房屋情况以及个人资质而定，一般无明确的上限，比公积金贷款额度高。

从还款方式来看，公积金贷款可自由还款，而商业贷款一般采用等额本息法、等额本金法或双周供等还款方式。公积金自由还款的"人性化"体现在对于借款人来说比较自由，可设定每月最低还款额，而这恰恰是商业贷款众多还款方式无法比拟的。

11.3.5 各地公积金贷款额度

公积金贷款具有一定的额度限制，主要限制有几下几点。

- **不得超出个人还款能力**：即（借款人月缴存额/借款人公积缴存比例 +借款人配偶公积金月缴存额/借款人配偶公积金缴存比例）×50% ×12（月）×借款期限。

- **受个人住户面积限制**：购买首套普通自住房，不得超过所购住房房款的 70%（套型建筑面积在 90 平方米（含）以下的，不得超过所购住房房款的 80%）。

- **与配偶公积金挂钩**：借款人（含配偶）要具备偿还贷款本息后月均收入不低于本市城乡居民最低生活保障的能力，申请公积金贷款还应满足月还款/月收入不大于 50%(月还款包括已有负债和本次负债每月还款之和）。

表 11-2 所示为 2017 年部分地区公积金贷款的最高额度。

表 11-2 部分地区公积金贷款额度

地区	首套最高贷款额度	二套最高贷款额度
北京	120 万元	80 万元
上海	个人 60 万元，家庭 100 万元	个人 40 万元，家庭 80 万元
广州	个人 60 万元，两人及以上 100 万元	个人 60 万元，两人及以上 100 万元
深圳	个人 50 万元，家庭 90 万元	个人 50 万元，家庭 90 万元
天津	60 万元	40 万元
南京	个人 30 万元，夫妻 60 万元	个人 30 万元，夫妻 60 万元
杭州	个人 50 万元，夫妻 100 万元	个人 50 万元，夫妻 100 万元
武汉	50 万元	50 万元扣减首次公积金贷款金额后的差额
成都	个人 40 万元，家庭 70 万元	个人 40 万元，家庭 70 万元
长沙	60 万元	60 万元
大连	个人 45 万元，双人 70 万元	个人 45 万元；双人 70 万元
郑州	60 万元	40 万元

地区	首套最高贷款额度	二套最高贷款额度
合肥	个人 45 万元，夫妻 55 万元	个人 45 万元，夫妻 55 万元
重庆	个人 40 万元，非个人 60 万元	个人 40 万元，非个人 60 万元
苏州	个人 45 万元，家庭 70 万元	个人 45 万元，家庭 70 万元
西安	个人 50 万元，夫妻 75 万元	个人 50 万元，夫妻 75 万元
石家庄	60 万元	60 万元

11.3.6 公积金贷款的费用

个人住房贷款，根据房屋类型不同，需要收取不同的费用，具体收费如表 11-3 所示。

表 11-3 各类房产公积金贷款收费

房屋类型	收费项目
商品房	保险或担保费、契税、抵押登记费、工本费、代办费、维修基金、测量费
现住房	保险或担保费、抵押登记费、工本费
二手房	保险或担保费、抵押登记费、工本费、代办费
无产权房	保险或担保费、抵押登记费、工本费、代办费
拍卖房	保险或担保费、抵押登记费、工本费、代办费

以上费用适合于商业贷款和公积金贷款，如果使用公积金贷款，其收费标准如下。

- **保险或担保费**：纯公积金贷款为贷款额×相应费率×贷款年限；组合贷款为房款总额×相应费率×贷款年限。

- **契税**：房款总额×1.5%。

- **抵押登记费**：贷款额×1.5%；最多不超过200元。

- **工本费**：商品房为纯公积金贷款160元，组合贷款170元；其他为纯公积金贷款80元，组合贷款为90元。

- **代办费**：纯公积金贷款为200元，组合贷款为250元。

- **维修基金**：建筑面积×40元/m²。

- **测量费**：建筑面积×0.19元/m²。

11.3.7　新房如何办理公积金贷款

相对于银行商业贷款而言，公积金贷款的手续要复杂一些，参考流程如图11-6所示。

①贷款人到银行提出书面申请，填写住房公积金贷款申请表并提供相关资料。

②对资料齐全的借款申请，银行及时受理审查，并及时报送公积金中心。

③公积金中心负责审批贷款，并及时将审批结果通知银行。

④银行通知申请人办理贷款手续，由借款人夫妻双方与银行签订借款合同及相关的合同或协议，并将借款合同等手续送公积金中心复核，公积金中心核准后即划拨委贷基金，由受托银行按借款合同的约定按时足额发放贷款。

⑤以住房抵押方式担保的，借款人要到房屋座落地区的房屋产权管理部门办理房产抵押登记手续，抵押合同或协议由夫妻双方签字，以有价证券质押的，借款人将有价证券交管理部或盟中心收押保管。

图11-6　公积金贷款基本流程

其中，申请人向银行提出申请时，需要提供如下资料。

- 申请人及配偶住房公积金缴存证明。

- 申请人及配偶身份证明，婚姻状况证明文件。
- 家庭稳定经济收入证明及其他对还款能力有影响的债权债务证明。
- 购买住房的合同、协议等有效证明文件。
- 用于担保的抵押物、质物清单、权属证明以及有处置权人同意抵押、质押的证明，有关部门出具的抵押物估价证明。
- 公积金中心要求提供的其他资料。

11.4　二手房贷款

住房贷款不仅仅面对新房，很多地方二手房也能贷款，但贷款的利率和首付款比例相对于新房来说要高很多。

11.4.1　了解二手房贷款的条件

二手房贷款是指购房人以在住房二级市场上交易的楼宇作抵押，向银行申请贷款用于支付购房款，再由购房人分期向银行还本付息的贷款业务。要申请二手房贷款，需要满足如图 11-7 所示的条件。

① 贷款人必须是年满 18～60 周岁，具备完全民事行为能力的自然人。

② 具有稳定的职业与收入，具备还款能力，信用记录良好。

③ 自筹购房款（首付款）不低于房屋购买价格的 30%～50%。

④ 贷款金额不高于房产实际交易价格与银行认可评估价格孰低的一定比例。

⑤ 贷款期限不超过 30 年，且与借款人年龄之和不超过 65 年。

图 11-7　二手房贷款申请条件

11.4.2　申请二手房贷款的注意事项

在房产交易市场上，二手房以其自身地理位置好、配套设施完善的天然优势赢得了众多购房者的青睐，但二手房贷款相对于新房贷款而言要困难一些。要想成功申请到二手房贷款，就必须要注意以下事项。

- **确定二手房首付款金额**：二手房的首付款要根据二手房的评估价来计算，通常计算公式为"二手房净首付款=实际成交价-二手房评估价×70%"。

- **了解二手房的竣工年代与贷款年限**：银行对于二手房贷款通常都有房龄限制，大银行的政策都是"二手房房龄+贷款年限≤40年"，房龄过老很可能会影响贷款的审批。

- **贷款银行的选择**：外资银行服务相对较好，但对客户资质有比较严格的要求；国内银行网点数量多，方便客户办理业务。

- **证明自己的还款能力**：借款人最主要的还款能力证明就是自己的收入证明，通常每月还款额不应超过借款人月工资的一半。对于已婚人士可以同时提交配偶的收入证明，这样可以提高总的贷款额度。

- **借款人自身情况**：借款人应该对自己的信用记录有所了解，如果借款人还有其他的贷款尚未还清，如房产抵押贷款、信用贷款等，可能降低银行贷款额度。

个人信用贷款

个人信用贷款是指银行或其他金融机构为信用资信良好的借款人提供的无须担保的信用贷款。个人信用贷款由于申请手续简单、放款速度快且还款方便，因此备受广大借款人的青睐。

◇ 累积芝麻分，支付宝借款并不难
◇ 京东金融借贷，不用等待
◇ 微信借钱，借钱不求人
◇ 个人信贷，银行也能贷

12.1　累积芝麻分，支付宝借款并不难

作为全球领先的第三方支付平台，支付宝不仅提供了安全快速的支付服务，还为其用户提供了其他金融服务，其中就包括信贷服务。

12.1.1　呈现个人信用的芝麻分

芝麻信用分（以下简称芝麻分）是由独立第三方信用评估机构——芝麻信用管理有限公司（以下简称芝麻信用），在用户授权的情况下，依据用户在互联网上的各类消费行为数据，结合传统金融借贷信息，运用云计算及机器学习等技术，通过逻辑回归、决策树和随机森林等模型算法，对各维度数据进行综合处理和评估，从用户信用历史、行为偏好、履约能力、身份特质和人际关系 5 个维度客观呈现个人信用状况的综合分值。

通过芝麻分可以很好地了解用户的信用状况，目前芝麻分已应用于各个行业，如出行、住宿、通信和金融等。商户或金融机构会参考芝麻分来评估是否为用户提供各种信用服务，如信用借还、免押出行、免押出借和信用借款等。

芝麻分的信用等级分为 5 级，不同级别对应不同的芝麻分和评级，具体如表 12-1 所示。

表 12-1　芝麻分信用等级

等级	评分	评级
一等级	700～950	信用极好
二等级	650～700	信用优秀
三等级	600～650	信用良好
四等级	550～600	信用中等
五等级	350～550	信用较差

个人可以在支付宝 APP 中查询自己的芝麻分，下面来看看具体的查询流程。

打开支付宝 APP，在登录页面输入个人支付宝账号和密码，单击"登录"按钮，登录支付宝账号。在打开的页面中单击"我的"按钮，如图 12-1 所示。

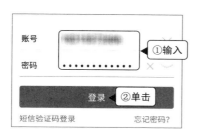

图 12-1　登录手机支付宝

进入"我的"页面，选择"芝麻信用"选项，在打开的页面中即可查看到个人芝麻分，如图 12-2 所示。

图 12-2　查询芝麻分

芝麻分的评级越高，能享受到的信用服务也越多。在每月的 6 号，芝麻信用会进行芝麻分的评估。

12.1.2　芝麻分可以提升吗

信用提升是一个循序渐进的过程，需要用户在日常生活中养成良好的信用习惯，以下行为可以帮助个人逐渐提高芝麻分。

- **维持良好的个人信用履约记录**：历史的信用履约记录对信用评估很重要，历史信用履约记录包括信用卡的还款以及金融或生活信用服务的按时履约等。

- **适度消费，适当存款**：从信用的角度来看，适度消费，拥有稳定存款的个人具有更强的还款能力。

- **适度使用借贷产品**：良好的信贷履约记录对提高个人信用是有帮助的，但如果使用了比较多的信用卡或信贷产品，即使按时履约，也会对信用评估有一定影响，因此使用信贷产品要适度。

- **保持个人信息的稳定性**：个人身份信息、手机号码和居住地的稳定性可以反映个人生活是否安定，从侧面反映个人信用的高低。

- **其他行为**：保持一定的互联网消费，及时缴纳水电煤气费等对评估信用状况会更有帮助。

在支付宝 APP 中可以通过完善身份特质来帮助芝麻信用更全面地进行信用评分，具体操作方法如下。

在芝麻分查询结果页面，单击"了解分"按钮，在打开的页面下方选择要补充的个人信息，如选择"提交学历学籍"选项，如图 12-3 所示。

图 12-3　选择要补充的个人信息

在打开的页面中根据真实情况填写学历学籍信息，单击"提交"按钮，在打开的对话框中单击"继续提交"按钮，如图 12-4 所示。

图 12-4 提交个人信息

12.1.3 用花呗开启先消费后还款信贷生活

花呗是由蚂蚁金服旗下蚂蚁小微小贷推出的一款消费信贷产品,用户在消费时,可以使用花呗的额度,享受"先消费,后付款"的购物体验。开通花呗需要用户满足一定的条件,具体条件如下所示。

● 大陆实名认证用户。

● 年龄在 18～60 周岁的中国公民。

● 支付宝账户手机绑定。

● 账户支付功能已开通。

● 支付宝支付正常使用中。

满足以上条件后,系统会根据用户的综合情况进行评估,最终确定用户是否能开通花呗,以及花呗的额度是多少,下面来看看如何在手机支付宝中开通花呗。

在支付宝"我的"页面,选择"花呗"选项,在打开的页面中可以查看到花呗额度,单击"开通花呗"按钮,如图 12-5 所示。

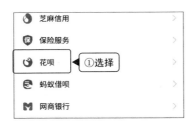

图 12-5 进入花呗开通页面

进入身份验证页面，输入支付宝支付密码即可完成花呗的签约，如图 12-6 所示。

图 12-6 开通花呗

开通花呗后，不管是网购还是线下使用支付宝支付都可以使用花呗。与信用卡一样，花呗也有账单日和还款日，花呗的账单日为每月的 1 号，还款日一般为每月的 9 号或 10 号。

花呗的还款方式有两种，一种是自助还款，另一种是自动还款。自动还款是默认开通的，系统会在还款日当天自动扣款，自动扣款的顺序如下所示。

● 若设置了支付顺序，则会按设置的支付顺序进行扣款（不含信用卡）。

● 若未设置支付顺序，则按先余额，然后借记卡快捷/卡通（按照签约顺序从最近往最早顺序轮询，最多轮询 20 张），再余额宝（需开通余额宝代扣功能）的顺序进行扣款。

> **花呗的额度可以调整吗**
>
> 　　花呗额度是系统根据个人支付宝账户情况综合评估而确定的，评估结果越好，额度越高，目前暂无上限。不同用户的花呗额度可能不同，同一用户的花呗额度可能会根据账户情况不定期变更。花呗暂不支持主动申请或人工操作提升额度。

12.1.4　花呗账单分期还款

　　若花呗还款逾期，也会产生逾期记录，影响个人信用记录，因此使用花呗消费后一定要按时还款，若当期无法全额还款，那么可选择账单分期还款。出账金额中，除逾期费、分期手续费和分期出账本金部分的全部金额外，均可分期。

　　花呗账单分期的期数有 3 期、6 期、9 期和 12 期，每期的应还金额和分期手续费的收取可按如下所示的计算方式核算。

分期还款每期应还本金=可分期还款本金总额÷分期期数

分期还款每期手续费=可分期还款本金总额×分期总费率÷分期期数

　　若无法申请账单分期还款，那么可能是由以下几点原因导致的。

- **分期日期不正确**：只能在每月账单日和还款日之间才能对当月账单申请分期还款。

- **分期次数超过一次**：用户一个月只有一次申请分期还款的机会，且申请后无法取消。

- **账户关闭或暂停**：若支付宝账户支付功能关闭或支付宝账户暂停使用都是无法申请账单分期的。

- **有逾期**：若当前有逾期情况，那么也不能申请分期还款。

　　花呗分期后，也支持提前还清，提前还清会减免未出账手续费。如花呗的分期账单月份为 4、5、6、7 月，若在出账日 4 月 1 日前还清，则 4、5、6、7 月分期的手续费不收取。若在出账日 4 月 1 日后，下一个出账日 5 月 1

日前还清，则收取 4 月分期手续费，5、6、7 月手续费不收取。

12.1.5　蚂蚁借呗，随借随还

蚂蚁借呗是一款用于个人消费的借款产品，目前，只有部分优质客户才能使用蚂蚁借呗。只要用户能找到蚂蚁借呗的入口，且借呗页面显示有可借额度，那么就可随之支用额度，并支持随借随还，下面来看看如何在手机支付宝中申请蚂蚁借呗借款。

在支付宝"我的"页面，选择"蚂蚁借呗"选项，在打开的页面中可以查看到可借额度，单击"去借钱"按钮，如图 12-7 所示。

图 12-7　进入借呗页面

在打开的页面中阅读骗术内容，单击"我已阅读 确认借钱"按钮。进入"借钱"页面，输入借款金额，如图 12-8 所示。

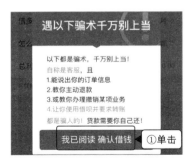

图 12-8　进入借钱页面

选择"借多久"选项，在打开的对话框中选择借款期限，这里选择"6

个月"选项,如图 12-9 所示。

图 12-9 选择借款期限

默认还款方式为每月等额还款,选择"收款账户"选项,在打开的页面中选择收款账户或添加储蓄卡,这里选择"中国民生银行"选项,如图 12-10 所示。

图 12-10 选择收款账户

在返回的页面中选中"本人已阅读……"复选框,单击"确定"按钮。在打开的页面中输入支付密码,完成借款,如图 12-11 所示。

图 12-11 完成借呗借款

蚂蚁借呗支持的收款账户

　　申请蚂蚁借呗借款可以选择放款至支付宝账户或支付宝绑定的储蓄卡中。储蓄卡支持的银行有网商银行、工商银行、招商银行、建设银行、中国银行、农业银行、交通银行、浦发银行、广发银行、中信银行、光大银行、兴业银行、民生银行、平安银行、杭州银行、邮政储蓄银行、宁波银行和上海银行，其中招商银行、中国银行和交通银行的银行卡需添加快捷卡，超过 30 天才能作为收款账户。

12.1.6　蚂蚁借呗的几种还款方式

　　申请借呗借款成功后，会涉及还款。根据借款日期和借款期限的不同，还款日也会不同，个人借款的最近还款日可在借呗发送的借款成功短信中查看，如图 12-12 所示。

图 12-12　借款成功短信

　　目前，在申请蚂蚁借呗借款时，可选还款方式有两种，一种是每月等额，另一种是先息后本。

- **每月等额**：是指按月等额本息还款，即每月以固定金额偿还贷款本息，贷款到期日归还剩余本金和利息。

- **先息后本**：是指按月等额本金还款，即每月以固定金额偿还贷款本金，并偿付当月实际产生的利息，贷款到期日归还剩余贷款本金和利息。

　　这两种还款方式所产生的利息是不同的，先息后本可充分降低月供，但产生的利息要高于每月等额。每月等额产生利息对应的本金是逐步减少的，所以要比先息后本还款方式产生的利息少，如借款 12 000 元，借款期限为

12 个月，先息后本的利息为 1 303.20 元（左），每月等额的利息为 710.49
元（右），如图 12-13 所示。

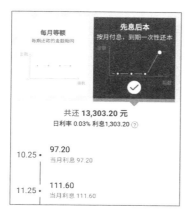

图 12-13 先息后本（左）和每月等额（右）利息比较

申请蚂蚁借呗借款成功后，若借款人想提前结清借款也是可以的，提前
结清按实际使用天数收取利息。

蚂蚁借呗的利息如何计算

蚂蚁借呗的利息是按日收取的，日利率的区间为 0.15‰～0.6‰，具体以页面显示为准，如日利率
为 0.5‰，借款金额为 10000 元，则每日的利息为 5 元，若借款 90 天，则利息共 450 元。

12.2 京东金融借贷，不用等待

京东金融是京东金融集团打造的"一站式"在线投融资平台，至今已建
立八大业务板块，包括供应链金融、消费金融、众筹、财富管理、支付、保
险、证券和金融科技服务。京东金融为个人客户提供了多样化的信贷服务，
能满足不同客户的借款需求。

12.2.1 白条小额贷款，月底资金不再紧

白条是京东推出的"先消费，后付款"的全新支付方式。在京东网站使

用白条进行付款，可享受账期内延后付款或者最长 36 期（陆续开放中）的分期付款服务。激活白条可在京东金融 PC 端或 APP 中进行，下面以在京东金融 APP 激活白条为例。

打开京东金融 APP 并进入登录页面，输入个人京东账号和密码，单击"登录"按钮，在"白条"列表中单击"立即激活"按钮，如图 12-14 所示。

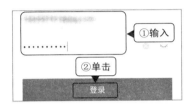

图 12-14　进入京东金融首页

在打开的页面中单击"立即激活"按钮，在新打开的页面中输入姓名和身份证号，单击"下一步"按钮，如图 12-15 所示。

图 12-15　进行实名认证

在打开的页面中输入银行卡卡号和银行预留手机号，单击"完成"按钮，在打开的安全校验对话框中，输入短信验证码，单击"确定"按钮，如图 12-16 所示。

图 12-16　进行银行卡验证

进入白条激活页面，选择家庭所在地，输入详细地址，选中"我已阅读并同意京东白条服务协议"单选按钮，单击"立即激活"按钮，在打开的页面中可查看激活结果和白条额度，如图 12-17 所示。

图 12-17　激活白条

成功激活白条后，在京东购物时就可以使用白条进行支付，享受"先消费，后还款"的金融服务。白条额度是系统综合评估得出的，因此不同用户的白条额度都是不同的，若白条额度不够用，可尝试每周领取固定提额包或临时额度提额包的方式提升额度。

白条提额包是对信用良好的白条用户的奖励，提额包金额依据白条使用及账户消费情况综合计算而得。每周一 0:00 开始可领取当周提额包，以下情况暂时无法领取提额包。

● 白条新用户。

● 当前有违约行为（还清违约账单，次周可继续尝试领取提额包）。

● 账户有超过 30 天的违约记录或账户被止付。

● 账户未通过系统领取提额包资格评估。

● 购买理财开通白条的用户。

12.2.2　安居、旅游打白条

除前面介绍的普通白条外，京东金融还提供了其他白条信贷服务，如旅游白条、家装白条和租房白条等。

1．旅游白条

　　旅游白条是京东金融推出的一款旅游信贷服务，只需在出行前支付首期金额即可出行，剩余款项需每期按时还款。使用旅游白条可购买京东旅游及合作旅游商户提供的旅游度假品类下的旅游线路、机票和酒店等产品。进入京东首付游首页（http://go.baitiao.com/）后，选择旅游路线或产品，在打开的页面中选择出行日期和出行人数后，可以查看到每月应还金额和期数，单击"立即预订"按钮即可购买该旅游白条产品，如图 12-18 所示。

图 12-18　购买旅游白条产品

2．家装白条

　　家装白条是京东金融白条推出的装修贷款服务，用于支付购买合作商户装修服务的款项。目前合作商户有百安居、塞纳春天、一起装修网、哒哒美家和商城 POP 店铺。

　　目前，家装白条可贷款金额为 2～50 万元，最高可个案沟通，其贷款利率为 0.5%/月，可选择的贷款期限为 6 期、12 期、18 期、24 期和 36 期（产品不同，贷款期限有所不同），申请家装白条需满足以下申请条件。

- 申请人须为中国大陆公民，年龄 20~60 周岁，无不良信用记录，具备相应还款能力。

- 申请家装白条的房产需符合房主本人、配偶、与配偶共有、与父母共有或与子女共有的条件。

- 申请家装白条的装修房屋需要为自住型房屋，商铺及租赁房屋无法申请家装白条。

满足以上申请条件的申请人可以进入安居贷款页面（https://fang.baitiao.com/），选择"家装白条"选项，单击"立即贷款"按钮。在打开的页面中选择银行卡和意向商户，输入获取的验证码，单击"确认"按钮，申请家装白条，如图 12-19 所示。

图 12-19　申请家装白条

3．租房白条

租房白条是京东金融为租户打造的房租月付的金融产品，申请成功的用户，由京东金融为其向商户垫付除首月房租和押金以外的房屋费用，用户仅需按月还款即可，全程线上申请，实时审批。

根据商家的不同，租房白条的总贷款额最高可达 15 万~20 万元，租房白条目前支持的商户和地区如表 12-2 所示。

表 12-2   租房白条支持的商户和地区

商户	支持的地区
自如	北京、上海、深圳
租了么	北京、上海、西安、石家庄、郑州、杭州、南京、成都、武汉
优客逸家	成都、武汉、杭州、北京
V 领地	上海、杭州
异乡好居	美国、英国、澳洲、新西兰、加拿大所有城市的所有公寓

申请人可在安居贷款页面，选择"租房白条"选项，单击"立即贷款"按钮。在打开的页面中扫描合作商户白条合作页二维码，进行租房白条的申请，如图 12-20 所示。

图 12-20   扫描二维码进入白条合作页

12.2.3   金条，量身定制的现金借贷服务

金条是为信用良好的京东用户量身定制的现金借贷服务，如果当前京东账号无法申请金条借款或没有金条入口，那么说明该账号信息暂时未能通过系统评估，京东金融目前无法为该账户提供金条借款服务。

金条借款服务可以选择 1 个月、3 个月、6 个月和 12 个月（期）进行借款，支持提前还款、按日计息，京东用户可在京东金融 APP 中申请金条借款，下面来看看具体的申请流程。

打开京东金融 APP 并登录个人京东账号，单击"我"按钮，在打开的页面中选择"我的金条"选项，如图 12-21 所示。

图 12-21　进入"我"页面

在打开的页面中可以查看到金条可借额度，单击"我要借款"按钮。进入"金条借款"页面，输入借款金额，选择借款期限和收款账户，单击"确认借款"按钮，如图 12-22 所示。

图 12-22　进行金条借款

在打开的页面中阅读协议，阅读完成后单击"同意协议并继续"按钮，在打开的页面中输入身份证号码，单击"确定"按钮，如图 12-23 所示。

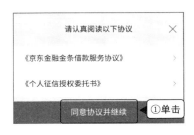

图 12-23　阅读协议

在打开的对话框中输入短信验证码和支付密码，单击"确定"按钮，如图 12-24 所示。

图 12-24　确认借款

金条借款申请提交成功后，资金一般会在借款申请提交后 30 分钟内到账，如遇银行系统升级和维护，可能影响到账时间，金条借款页面会有公告提醒。

金条自借款到账之日起按日计息，日利率为 0.04%～0.095%，实际借款利率在借款页面会有展示。

> **金条如何提升额度**
>
> 　目前，金条暂不支持主动申请提额和人工提额，但通过保持更好的京东消费记录和借款、还款习惯，会获得系统不定期的提额。

12.2.4　京农贷，助力农村致富

京农贷是京东金融为农户和涉农企业提供的贷款服务，其具有如图 12-25 所示的优势。

图 12-25 京农贷的优势

目前，京农贷的贷款期限最长为 12 个月，借款人可在最长期限内灵活选择借款期限，贷款月利率在 0.54%～1%，最高可贷金额为 500 万元，不同借款用途的最高贷款金额有所不同。京农贷并不是对所有农户开放，需满足以下资格才能申请。

- 为中国大陆公民，年龄 18～65 周岁。
- 无不良信用记录，具备相应还款能力。
- 试点地区和京农贷合作商户已签署合约的农户。

其中，部分试点可申请地区如下所示。

- 先锋京农贷首批只对山东地区先锋种子种植户开放。
- 仁寿京农贷首批只对四川仁寿地区的枇杷种植户开放。
- 养殖贷只针对（新希望旗下普惠农牧融资担保有限公司）体系内的农户。
- 京农贷还向汇源（濮阳）羊业有限公司、平顶山现代养殖专业合作社总社和新疆建设兵团等企业的农行开放个人贷款业务。

不同的京农贷产品具有不同的优势，具体如表 12-3 所示。

表 12-3 京农贷不同产品的优势

产品	用途	优势
先锋京农贷	为种植环节的生产资料需求提供融资贷款，帮助农民增产增收	1.满足扩大种植所需资金需求，让用户生产无忧； 2.还款方式灵活，利息按天数计算

续表

产品	用途	优势
养殖贷	探索"互联网信贷+保险+担保"的模式，为新希望六和产业链上下游的农户提供贷款支持	1.满足养殖农户生产所需流动资金和固定资产贷款； 2.还款方式灵活，按日计息，到期利随本清； 3.保险和担保共同提供外部增信，提高风控管理能力
仁寿京农贷	依托农产品收购订单，为订单农户提供生产所需的流动资金贷款	1.农户直接获得现金贷款，使用灵活； 2.农户可以通过订单履约偿还贷款本息

　　申请京农贷要在京农贷网页端进行，进入京农贷首页（http://nj.jd.com/），单击"申请贷款"按钮，在打开的对话框中输入合作验证码，单击"申请贷款"按钮进入申请页面，如图 12-26 所示。

图 12-26　合作验证码验证

　　申请人提交京农贷申请后，京东金融的审核时间一般为 1～7 个工作日，若贷款审核完成，当天会操作放款。

　　京农贷申请成功后，借款人需在贷款生效日的次月进行还款，每月还款日与申请生效日一致，若还款当月没有该日，则还款日为月度最后一天，如申请贷款日为 1 月 31 日，则 2 月还款日为 2 月 28/29 日，3 月还款日为 3 月 31 日，4 月还款日为 4 月 30 日。

12.3　微信借钱，借钱不求人

微信是超过 9 亿人使用的手机应用，目前，在微信中不仅能进行社交通信，还能办理贷款，且操作简便，放款速度快，可以帮助借款人快速解决短期资金需求。

12.3.1　微粒贷，小额信贷产品

微粒贷是微众银行推出的首款互联网小额信贷产品，2015 年 9 月在微信平台上线，能为有借款需求的用户提供 7×24 小时的借款服务，最高 30 万元，最快 3 分钟到账。目前，微粒贷还提供了线下扫码消费的借款服务，借款人可与微粒贷合作商家，通过线下扫码方式进行借款消费，借款资金将直接发放至指定商家账户。

微粒贷借款按实际借款天数计息，日利率最高为 0.05%，每日利息计算公式如下所示。

$$每日利息=剩余未还本金 × 日利率$$

如日利率为 0.05%，借款金额为 10 000 元，每日利息为 5 元。借款 10 期，还清 1 期后，剩余本金为 9 000 元，则每日利息为 4.5 元（9 000×0.05%）。每月还款后本金越少，利息也逐步减少。

微粒贷借款可选借款期限为 5 个月、10 个月和 20 个月（期），为将所有借据每月统一为一个还款日，以便借款人进行还款管理，单笔借款实际期限并不一定是整月，借款实际期限及到期日以借据页面展示及微众银行系统记录为准。

借款申请提交后，一般会在 3 分钟内到账，若提示需要等待电话确认，则需要电话确认通过后到账。

借款利息从哪天开始计算

自借款成功发放当天（即借款从微众银行转出）起开始计息。当借款人提前还清某笔借款时，不计算还款日当天利息（如果今天借次日还，只计算一天利息）。

12.3.2　如何进行微粒贷借钱

在进行微粒贷借款前首先要开通微粒贷并获取额度，下面就来看看如何获取额度并进行借款操作。

打开微信并登录个人微信账号，单击"我"按钮，在打开的页面中选择"钱包"选项，如图 12-27 所示。

图 12-27　登录微信

进入"我的钱包"页面，单击"微粒贷借钱"按钮，在打开的页面中选中"同意微众银行……"复选框，单击"获取额度"按钮，如图 12-28 所示。

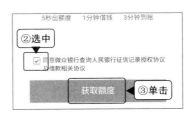

图 12-28　获取额度

在打开的页面中输入支付密码，获取额度后单击"借钱"按钮，如图 12-29 所示。

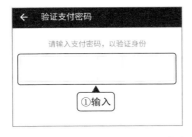

图 12-29　准备进行微粒贷借钱

在打开的页面中输入借钱金额，选择还款期数，单击"下一步"按钮，进入选择收款银行卡页面，选择银行卡（或添加新卡），单击"下一步"按钮，如图 12-30 所示。

图 12-30　填写借款信息

在打开的页面中查看借款信息，单击"确认借钱"按钮，进入验证支付密码页面，输入支付密码，如图 12-31 所示。

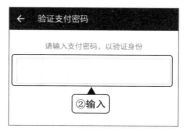

图 12-31　完成借款

在微粒贷申请借款后，有时会提示发起视频审核。视频审核是微众银行确认用户身份信息的一种方式，这样能进一步保障账户安全，可通过单击"立即开始"按钮，进行视频审核，审核时要注意以下几点。

● 若视频审核发起后无人接听，则审核人员可能处于忙线中，借款人可换个时间发起。

● 视频审核的服务时间为 8:00～24:00，在进行视频审核时，要在网络通畅的状态下进行，避免因网络环境较差而影响审核结果。

● 若暂时不方便进行视频审核，可以单击"稍后验证"暂缓审核。但需要在 48 小时内完成审核，否则本次借款申请会被撤销。

支持微粒贷借款的收款银行有哪些

中国银行、兴业银行、中信银行、民生银行、工商银行、农业银行、交通银行、上海银行、江苏银行、重庆农商银行、华融湘江银行、莱商银行、稠州银行、重庆银行、广州银行、广东华兴银行、长沙银行、洛阳银行、哈尔滨银行、桂林银行、泰安银行、江西银行、昆山农商银行、上饶银行、宁夏银行、晋城银行、泉州银行、嘉兴银行、济宁银行、深圳农商银行、江苏长江商业银行、平安银行、浦发银行、华夏银行、广发银行、光大银行、北京银行、东莞银行、建设银行、邮政储蓄银行和招商银行。

12.3.3　自动还款和提前还款

微粒贷借款成功后，每期应还金额=贷款本金÷贷款期数+（贷款本金-累计已还本金）×贷款日利率×当期实际天数。借款人可选择自动还款和提前还款两种还款方式，自动还款只需在还款日前一天确保还款银行卡（即借款时选择的收款银行卡）资金足够归还当期应还本金和利息即可，为避免自动还款失败，需要借款人注意以下事项。

● 银行会在还款日 00:00～12:00 之间进行第一次自动扣款，借款人要在还款日 00:00 之前，确认还款银行卡状态正常且有足够的活期存款余额。

● 若在还款日第一次扣款失败，则当日 17:00～21:00 会进行第二次自动扣款，借款人需在 17:00 前确认还款银行卡状态正常且有足够的活期存款余额。

当日的借款，第二天起就可提前还清，利息收取至提前还清日当日，无其他费用。提前还清目前暂不支持使用微信零钱进行还款，可选择支持银行的储蓄卡进行还款。微粒贷还款成功后，额度不会实时恢复。只有将一笔借款完全还清后，该笔借款对应的额度才会恢复，而不是还一期就恢复一期的额度。

若还款逾期，微粒贷会自逾期之日后，每天对逾期本金额外收取约定利率50%的罚息，直至还清借款，罚息和逾期利息计算公式如下所示。

$$罚息=逾期本金 \times 日利率 \times 50\% \times 逾期天数$$

$$逾期利息=逾期本金 \times 日利率 \times 逾期天数+罚息$$

> **微粒贷借款还款日是如何确定的**
>
> 还款日是首笔借款的发放日，以后每笔借款的还款日都是这一天。其中，如果首笔借款发放日在当月的29日、30日和31日中的一天，每月还款日为15~28日的某一天，具体以系统登记为准。非首笔借款的第一个还款日，会跨越最近的一个还款日（含当日），如现在的还款日为每月21日，在1月15日再次借款，那么这笔借款的第一个还款日为2月21日。

12.4　个人信贷，银行也能贷

当需要进行购房贷款时，大多数借款人首先想到的就是银行，实际上，除了购房这样的大额贷款外，不少银行也提供了小额的、放款快速的个人信用贷款。

12.4.1　建行"快贷"，全新贷款体验

建设银行快速贷款简称"快贷"，是为网银用户中的存量房贷、金融资产及私人银行客户提供的互联网金融服务。可在线申请审批，支持在线或线下签约、支用多种形式，可满足客户快速融资需求。

快贷申请操作简单，使用灵活，支持随借随还。在最大额度内，可自主决定每次想申请的贷款金额，剩余额度可再次申请。

快贷有4种产品，分别为信用方式的"快e贷"和"车e贷"，信用或房产抵押方式的"融e贷"以及质押方式的"质押贷"，这里将信用贷款方式的"快e贷""车e贷"和"融e贷"进行比较，如表12-4所示。

表 12-4 "快贷"信用贷款方式比较

贷款产品	快e贷	融e贷	车e贷
贷款金额	1千元（含）～30万元（含）	5万～300万元	1千元（含）～30万元（含）
贷款期限	最长可达12个月	最长可达60个月	12个月或36个月
贷款利率	年利率6.3%	年利率5.16%	年利率4.35%（12个月）或4.75%（36个月）
贷款条件	1.22（含）～60岁（含）；2.信用状况良好；3.中国内地居民（不含港澳台）；4.持有建设银行个人金融资产（包括存款、理财产品等），或有未还清的建设银行个人住房贷款等的客户	1.22（含）～60岁（含）；2.信用状况良好；3.中国内地居民（不含港澳台）；4.持有建设银行个人金融资产（包括存款、理财产品等），或有未还清的建设银行个人住房贷款等的客户	1.22（含）～60岁（含）；2.信用状况良好；3.中国内地居民（不含港澳台）；4.持有建设银行个人金融资产（包括存款、理财产品等），或有未还清的建设银行个人住房贷款等的客户
办理流程	全程线上办理	线上申请，线下签约	线上贷款选择，线下刷卡提车
支用方式	可全额提现至本人建设银行储蓄账户中，并可在国内任意商户POS刷卡消费和电商网站购物，贷款可随时归还，按实际使用金额及天数计息	可在国内任意电商网站购物和商户POS刷卡消费，贷款不可提现或转入本人及他人账户，贷款可随时归还，按实际使用金额及天数计息	需在建设银行合作汽车厂商指定的4S店POS刷卡消费，可用于购买汽车、保险及相关售后服务等，贷款不可提现或转入本人及他人账户，贷款可随时归还，按实际使用金额及天数计息
还款方式	1.网上自助还款；2.ATM自助还款；3.建设银行网点还款；4.柜面还款	1.网上自助还款；2.ATM自助还款；3.建设银行网点还款；4.柜面还款	1.网上自助还款；2.ATM自助还款；3.建设银行网点还款；4.柜面还款

借款人可登录建设银行手机银行或个人网上银行申请快贷，这里以个人网上银行为例。登录建设银行个人网上银行，在"贷款服务"下拉列表中选择"个人快贷"栏中的"申请"选项，在打开的页面中选择贷款产品，如单

击"快 e 贷"栏中的"现在申请"按钮，如图 12-32 所示。

图 12-32　选择贷款产品

进入申请页面，填写联系地址和用途声明等信息，选中"我已认真阅读……"复选框，单击"提交审批"按钮，如图 12-33 所示。

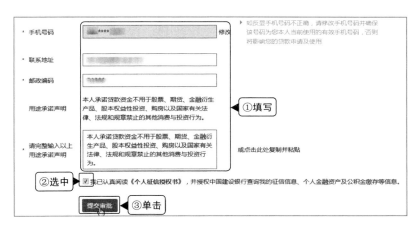

图 12-33　提交审批

提交审批后会进入合同签署页，在线进行合同签约，签约完成后便能获得借款。

12.4.2　招行"闪电贷"，全线上贷款产品

"闪电贷"是招商银行为个人客户提供的一款全线上的个人网络贷款产品，"闪电贷"办理手续简单方便，最高贷款金额不超过 30 万元，最低不低于 1 000 元。符合招商银行贷款授信条件的客户，招商银行会主动为客户核

定一个贷款额度申请资格，可通过登录招商银行 APP 查询最高申请金额，具体查询流程如下。

登录招商银行手机银行 APP，单击"我的"按钮，在打开的页面中选择"我的贷款"选项，如图 12-34 所示。

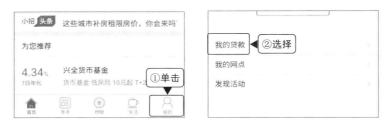

图 12-34　登录招商银行手机银行

进入闪电贷页面，单击"申请额度"按钮，在打开的页面中选择"线上自助申请"选项，如图 12-35 所示。

图 12-35　申请额度

进入申请页面，选择公积金缴纳地，选中"本人已阅读并同意……"复选框，单击"申请额度"按钮，在打开的页面中单击"我知道了"按钮即可，如 12-36 所示。

图 12-36　完成额度申请

提交申请后，可在申请页面或通过短信查询审核结果，若提示"暂未能获取额度"，则表示综合授信不符合申请要求，可通过以下几招获得"闪电贷"申请资格。

- 在招商银行办理更多零售业务，如存款、理财等。

- 如果在做生意，可办理招商银行"收付易"POS机，每月多刷卡。

- 如有房产或其他抵押资源，可拨打95555进入人工服务进一步咨询。

12.4.3 浦发"浦银点贷"，纯信用贷款

"浦银点贷"是浦发为顺应个人消费贷款小额化、即时化、便捷化和线上化的发展趋势而推出的纯信用贷款产品。

"浦银点贷"采用"纯信用、全线上、无须纸质资料、实时审批放款"的业务模式，从申请到放款全流程在一分钟内便可完成，最高可贷30万元，最长可贷一年，按日计息，贷款申请条件如下所示。

- 年龄在18（含）~60（含）周岁之间。

- 具有中华人民共和国国籍。

- 通过中国人民银行个人信用信息基础数据库查询无不良记录。

- 不得为浦发银行关系人。

- 浦发银行要求的其他条件。

申请人可根据自身需求自主选择贷款金额、贷款期限以及还款方式，借款人可在手机银行客户端或网上银行全线上渠道随时随地办理"浦银点贷"贷款。

如借款人可进入浦发银行官方网站（http://www.spdb.com.cn/），单击"浦银点贷"按钮，在打开的页面中单击"立即申请"按钮进行贷款申请，如图12-37所示。

图 12-37　在网上银行进行贷款申请

除"浦银点贷"外，浦发银行还推出了其他信用贷款产品，如盈利贷、洽洽快贷和君乐宝快贷等。盈利贷适用爱盈利系统经销商，洽洽快贷适用洽洽经销商，君乐宝快贷适用君乐宝经销商，这 3 种贷款产品的最高可贷金额为 100 万元，支持免抵押担保，随借随还。

12.4.4　平安银行信用贷款，信用可以当钱花

平安银行推出的信用贷款产品有很多，如应急钱包、公积金信用贷、保单贷和平安易贷。

1. 应急钱包

应急钱包是平安银行为互联网用户量身定制的信用贷款产品，具有如图 12-38 所示的特点。

图 12-38　应急钱包的特点

应急钱包的日息为 0.04%起，在授信额度内，只要正常还款，都可以无限循环再贷。在申请应急钱包前，借款人需提前做好如表 12-5 所示的准备。

表 12-5　申请应急钱包要做的准备

工具	准备
银行卡	用于放款的银行卡，目前支持工商银行、建设银行、农业银行、中国银行、交通银行、兴业银行、招商银行、光大银行、民生银行、平安银行、邮储银行、浦发银行、上海银行、北京银行、深圳农村商业银行、江苏银行、中信银行、华夏银行、广东农村信用社、渤海银行和杭州银行
人脸识别	为人脸识别提高成功率，请避开室外强光环境，并尽量保持水平正面拍摄，角度不要太高或太低
网络账号	绑定账号可快速提额，目前支持微博、京东、淘宝和一号店的账号
WiFi 信号	申请时需要传输图片等大流量数据，建议使用 Wi-Fi 或 3G/4G 网络

2．公积金信用贷

公积金信用贷的可贷金额为 3 万～50 万元，贷款月利率为 1.1%～1.53%，可选贷款期限为 12 个月、24 个月、36 个月和 48 个月，还款方式为等额本息，贷款条件如下所示。

● 持有第二代身份证的中国公民。

● 25（含）～55 周岁（含）。

● 良好的信用记录。

● 公积金缴纳满足一定条件。

公积金信用贷的放款速度很快，只要资料齐全，最快一天便能放款，借款资金可用于装修、旅游、进修或婚庆等个人消费，以及采购、资金周转等企业经营活动。

> **公积金信用贷支持的城市**
>
> 北京、上海、广州、深圳、东莞、佛山、中山、珠海、惠州、天津、济南、青岛、厦门、福州、泉州、杭州、宁波、温州、南京、重庆、成都、大连、沈阳、合肥、郑州、海口、石家庄、昆明、西安、武汉、长沙及太原。

3. 保单贷款

保单贷款是针对有寿险保单的客户推出的信用贷款，可贷金额为 3 万～50 万元，贷款期限为 12 个月、24 个月和 36 个月，贷款月利率为 1.1%～1.53%，还款方式为等额本息。

保单贷款支持的保单公司有平安人寿、中国人寿、新华人寿、泰康人寿、太平洋人寿、中国人民人寿保险（中国人保）、太平人寿、友邦人寿、生命人寿和阳光人寿。

4. 小额消费贷款

小额消费贷款是属于平安易贷下的一种贷款产品，可贷金额为 2～50 万元，贷款期限为 12 个月、24 个月和 36 个月，贷款月利率为 0.9%～1.9%，还款方式为等额本息和每月还息，贷款条件如下所示。

- **国籍**：必须有中华人民共和国国籍（国内居民）。
- **年龄**：21～55 周岁。
- **月收入**：3 000 元/月或以上。
- **现居住地址居住时间**：最低 6 个月。
- **城市**：在申请地居住或工作，客户职业不属于限制性行业。

12.4.5　农行随薪贷，资信好就能贷

随薪贷是农业银行以信用方式向资信良好的个人优质客户发放的、以个人稳定的薪资收入作为还款保障的、用于满足消费需求的人民币贷款。随薪贷无需担保、抵押或第三方保证，农业银行会根据借款人的薪资收入水平和资信情况，综合确定信用额度。

最高可贷 200 万元，期限最长为 5 年，根据贷款期限不同，还款方式会

有所不同。贷款期限在一年以内（含）的，可选择会计核算系统提供的各种还本付息方式；贷款期限在一年以上的，可选择按月（季）等额本息或等额本金方式分期偿还，借款人申请随薪贷需具备如表 12-6 所示的条件。

表 12-6　申请随薪贷需要具备的条件

序号	条件
1	年满 18 周岁且不超过 60 周岁，具有中华人民共和国国籍，具有完全民事行为能力
2	具有合法有效身份证件及贷款行所在地户籍证明（或有效居住证明）
3	借款人及配偶符合农业银行规定的信用记录条件
4	信用评分、工作年限及税后年收入达到农业银行规定的标准
5	收入稳定，具备按期偿还信用的能力
6	贷款用途合理、明确
7	在农业银行开立个人结算账户
8	农业银行规定的其他条件

借款人可在农业银行官方网站在线提交随薪贷借款申请，具体申请流程如下所示。

进入农业银行官方网站（http://www.abchina.com/cn/），在页面下方单击"在线申请"超链接，如图 12-39 所示。

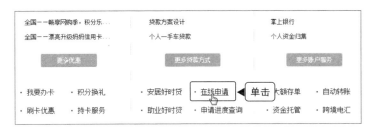

图 12-39　进入农业银行官网首页

在打开的页面中单击"个人薪资保障贷款"选项卡中的"选择"按钮，如图 12-40 所示。

图 12-40　选择贷款产品

在受理机构栏中，选择是否有合作编号和受理分行，选中受理机构单选按钮，输入验证码，单击"下一步"按钮，如图 12-41 所示。

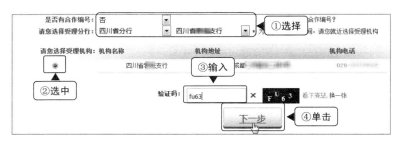

图 12-41　选择受理机构

进入个人贷款在线申请页面，填写基本信息，包括客户类信息、贷款类信息、职业经营类信息、家庭收支类信息、担保类信息和担保类信用信息，单击"下一步"按钮，如图 12-42 所示。

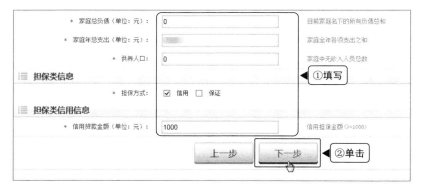

图 12-42　填写基本信息

完成以上步骤后，会进入详细信息填写页面，填写文化程度、现居住详细地址、邮编和通信地址等信息，填写完成后单击"下一步"按钮。最后在信息确认页面输入短信验证码，单击"确认以上信息并提交"按钮完成申请。

读 者 意 见 反 馈 表

亲爱的读者：

感谢您对中国铁道出版社的支持，您的建议是我们不断改进工作的信息来源，您的需求是我们不断开拓创新的基础。为了更好地服务读者，出版更多的精品图书，希望您能在百忙之中抽出时间填写这份意见反馈表发给我们。随书纸制表格请在填好后剪下寄到：北京市西城区右安门西街8号中国铁道出版社综合编辑部 张亚慧 收（邮编：100054）。或者采用传真（010-63549458）方式发送。此外，读者也可以直接通过电子邮件把意见反馈给我们，E-mail地址是：lampard@vip.163.com。我们将选出意见中肯的热心读者，赠送本社的其他图书作为奖励。同时，我们将充分考虑您的意见和建议，并尽可能地给您满意的答复。谢谢！

- -

所购书名：_____

个人资料：

姓名：_____ 性别：_____ 年龄：_____ 文化程度：_____

职业：_____ 电话：_____ E-mail：_____

通信地址：_____ 邮编：_____

- -

您是如何得知本书的：

☐书店宣传 ☐网络宣传 ☐展会促销 ☐出版社图书目录 ☐老师指定 ☐杂志、报纸等的介绍 ☐别人推荐
☐其他（请指明）

您从何处得到本书的：

☐书店 ☐邮购 ☐商场、超市等卖场 ☐图书销售的网站 ☐培训学校 ☐其他

影响您购买本书的因素（可多选）：

☐内容实用 ☐价格合理 ☐装帧设计精美 ☐带多媒体教学光盘 ☐优惠促销 ☐书评广告 ☐出版社知名度
☐作者名气 ☐工作、生活和学习的需要 ☐其他

您对本书封面设计的满意程度：

☐很满意 ☐比较满意 ☐一般 ☐不满意 ☐改进建议

您对本书的总体满意程度：

从文字的角度 ☐很满意 ☐比较满意 ☐一般 ☐不满意
从技术的角度 ☐很满意 ☐比较满意 ☐一般 ☐不满意

您希望书中图的比例是多少：

☐少量的图片辅以大量的文字 ☐图文比例相当 ☐大量的图片辅以少量的文字

您希望本书的定价是多少：

本书最令您满意的是：

1.

2.

您在使用本书时遇到哪些困难：

1.

2.

您希望本书在哪些方面进行改进：

1.

2.

您需要购买哪些方面的图书？对我社现有图书有什么好的建议？

您更喜欢阅读哪些类型和层次的理财类书籍（可多选）？

☐入门类 ☐精通类 ☐综合类 ☐问答类 ☐图解类 ☐查询手册类

您在学习计算机的过程中有什么困难？

您的其他要求：